高等院校经济管理类通用教材

高等学校省级规划教材

统计学原理与应用

（修订版）

主　编　万伦来　王立平

编　委　（按姓氏笔画排序）

　　　　万伦来　王立平　马莲菁　未良莉

　　　　吕民乐　李　影　李　玲　张根文

　　　　吴开亚　胡东兰　随学超

主　审　黄志斌

合肥工业大学出版社

图书在版编目(CIP)数据

统计学原理与应用/万伦来,王立平主编. —修订本 . —合肥:合肥工业大学出版社,2017.1(2018.8 重印)

ISBN 978 - 7 - 5650 - 3228 - 8

Ⅰ.①统… Ⅱ.①万… ②王… Ⅲ.①统计学—高等学校—教材 Ⅳ.①C8

中国版本图书馆 CIP 数据核字(2016)第 325375 号

统计学原理与应用(修订版)

主编	万伦来 王立平	责任编辑	陆向军
出 版	合肥工业大学出版社	版 次	2017 年 1 月修订版
地 址	合肥市屯溪路 193 号	印 次	2018 年 8 月第 8 次印刷
邮 编	230009	开 本	710 毫米×1000 毫米 1/16
电 话	综合编辑部:0551 - 62903028	印 张	19.25
	市场营销部:0551 - 62903198	字 数	376 千字
网 址	www.hfutpress.com.cn	发 行	全国新华书店
E-mail	hfutpress@163.com	印 刷	合肥现代印务有限公司

ISBN 978 - 7 - 5650 - 3228 - 8 定价:35.00 元

如果有影响阅读的印装质量问题,请与出版社市场营销部联系调换

修订版前言

《统计学原理与应用》于 2006 年 11 月第一次出版,2007 年 7 月进行修编出版了第二版。虽然本教材得到学界同行的高度好评,但是感觉仍存在许多不足之处,为了保证本教材的先进性、实用性和可读性,我们对本教材进行了认真修改完善,更新了有关内容和许多陈旧的数据,并增加了一些课后练习,调整部分章节内容和图表,力求使本教材趋于完美。

本教材作为安徽省"十一五"规划教材和合肥工业大学"计量经济学精品课程"体系建设项目资助的成果之一,是合肥工业大学经济学院数量经济教学和科研团队共同努力的成果,可作为大专院校经济管理类专业统计学教学用书和有志于统计学原理与应用研究的同仁的重要参考资料。考虑到目前我国经济管理类教学计划的重大调整,本着"厚基础、宽口径、重应用"的原则,本书不仅涵盖了一般统计学原理教材的所有重要内容,而且还增加了国民经济统计、金融统计学、资源环境统计、财政统计和贸易统计等应用统计的相关内容和方法,旨在便于经济管理类不同专业的师生选用学习。本教材注重利用实际数据、例题和案例来阐明统计学基本原理和方法,以期读者花最少时间掌握统计学的应用精髓。

本教材是在我们多年从事统计学原理、国民经济统计、金融统计学、资源环境统计、财政统计和贸易统计等应用统计的教学和研究经验的基础上编纂而成。具体分工如下:万伦来、王立平负责全书框架体系设计和审查;胡东兰、随学超、未良莉(合肥师范学院)、李玲(安徽工商职业学院)主要承担第三版修订工作。万伦来、胡东兰承担第三、四章编写工作;吕民乐、未良莉编写第五、十三章;王立平、随学超承担第六、七章的编写工作;李影、李玲编写第八、十章;张根文编写第九、十一章;吴开亚编写第二、十二章;马莲菁编写第一、十四章。在本书编写和出版过程中,合肥工业大学黄志斌教授担任本书的主审,中国科学技术大学刘志迎教授提出了许多建设性的修改意见。产业经济学硕士研究生张娜、金炎、黄咏梅等同学也参与了资料的收集和部分章节的修改工作。这些同学扎实的专业知识功底和勤奋的苦学精神令我们感到十分欣慰。在此,谨向以上诸位女士和先生表示由衷的感谢!

编　者

2017 年 1 月

第 2 版前言

《统计学原理与应用》一书自 2006 年 11 月初版以后,承蒙学术界同行和广大读者的厚爱,纷纷采用本书作为经济管理类专业本科生和专科生的教材,使本书发行量迅速增加。虽然如此,该教材出版使用近一年来的实践表明仍存在许多不足之处,为了保证本书的先进性和实用性,进行修订是十分必要的。为此,我们对初版进行了认真讨论,增加了一些课后练习,调整部分章节内容和图表,力求使该教材趋于完美。

本书虽然经我们认真的修订、补充和校正,但由于我们理论水平、研究能力和知识深广度的限制,书中难免还存在缺点和错误,真诚希望同行专家和广大读者指教和帮助。

编　者

2007 年 7 月

前　言

本书作为安徽省"十一五"规划教材和"计量经济学精品课程"体系建设项目资助的成果之一，是合肥工业大学人文经济学院经济系数量经济学教学和科研团队的一项合作成果，可作为大专院校经济管理类专业统计学教学用书和有志于统计学原理与应用研究的仁人志士的重要参考资料。考虑到目前我国经济管理类教学计划的重大调整，本着"厚基础、宽口径、重应用"的原则，本书不仅涵盖了一般统计学原理教科书的所有重要内容，而且还增加了国民经济统计、金融统计学、资源环境统计、财政统计和贸易统计等应用统计的相关内容和方法，旨在便于经济管理类不同专业的师生选用学习。本书注重利用实际数据、例题或案例来阐明统计学基本原理和方法，以期读者能花最少时间掌握统计学的应用精髓，提高学习效率。

本书是在我们多年来从事统计学原理、国民经济统计、金融统计学、资源环境统计、财政统计和贸易统计等应用统计的教学和研究经验的基础上编写而成的。具体分工如下：万伦来、王立平负责全书框架体系设计和审查，并分别承担，第六、七章的编写工作；胡东南承担第三、四章的编写工作。吕民乐编写了第五、十三章；李影编写了第八、十章；张根文编写了第九、十一章；吴开亚编写了第二、十二章；马莲菁编写了第一、十四章。在本书编写和出版过程中，合肥工业大学人文经济学院黄志斌教授担任本书的主审，刘志迎教授提出了许多建设性的修改意见。产业经济学硕士研究生张娜、金炎、黄咏梅等同学也参与了资料的收集和部分章节的修改工作。这些同学扎实的专业知识功底和勤奋的苦学精神令我们感到十分欣慰。此外，合肥工业大学出版社总编钟玉海教授对本书的出版给予了很大的支持。谨向以上诸位女士和先生表示由衷的感谢！

本书出版得到合肥工业大学"生态经济与人文"中青年科技创新群体基金资助。

由于我们才疏学浅，加上时间仓促，书中一定存在许多缺点和不足之处，祈望读者批评指正。

编　者

2006 年 11 月

目　　录

第一章 导 论

第一节 统计学的产生与发展

一、统计学的产生

统计实践已有四五千年的历史。最早产生的统计是社会统计，它是随着人类社会活动的需要而产生和发展的。

在阶级社会中，统计为一定的阶级利益服务。最早的统计可以追溯到原始社会末期。在奴隶社会和封建社会，奴隶主、封建主统治的国家为了征兵和课税方面的需要，开始进行人口、土地和财产方面的统计。我国早在公元前2000多年的夏朝，就已有人口和土地的数字记载。在欧洲，古希腊和古罗马时代已有对人口和财产的统计调查。初期的统计都是对事物进行原始的调查登记和简单的计数汇总。以后，随着社会的发展，统计的范围已由人口、土地、财产等扩大到社会经济生活的各个方面，逐渐成为管理国民经济、组织和指挥生产的重要手段。

随着资本主义的产生和发展，资产阶级由于追求利润、争夺市场和对外扩张的需要，资产阶级统计除了原有的人口、土地和财产等统计外，逐渐扩展到工业、商业、贸易、银行、保险、交通、邮电、海关等各个方面，其内容与方法更趋复杂，形成了资产阶级各个专业的社会经济统计。

随着资产阶级统计工作的发展，人们开始对不断丰富的统计实践经验加以总结，逐渐形成比较系统的统计理论知识。

二、统计学的发展

从统计学的产生和发展的过程来看，大致可以划分为三个时期：统计学的萌芽期、统计学的近代期和统计学的现代期。

（一）统计学的萌芽期

统计学初创于17世纪中叶至18世纪，当时主要有政治算术学派和国势学派。

1. 政治算术学派

统计理论在英国和德国几乎同时产生，由于两国的社会背景、经济发展和思想渊源不同，统计理论各具特色。在英国，当时从事统计研究的人被称为政治算术学派，其主要采取数量分析的方法进行研究。因此，从严格意义上来说，政治算术学派作为统计学的开端更为合适。

政治算术学派在统计发展史上有着重要的地位。首先，它并不仅仅满足于社会经济现象的数量的登记、列表、汇总、记述等过程，还要求把这些统计经验加以全面系统的总结，并从中提炼出某些理论原则。这个学派在收集资料方面，较明确地提出大量观察法、典型调查、定期调查等思想；在处理资料方面，较为广泛地运用了分类、制表等各种指标来浓缩与显现数量资料的内涵信息。其次，政治算术学派第一次运用可度量的方法，力求把自己的论证建立在具体的、有说服力的数字上面，依靠数字来解释与说明社会生活。然而，政治算术学派毕竟还处于统计发展的初创阶段，它只是用简单的、粗略的算术方法对社会经济现象进行计量和比较。

2. 国势学派

又称记述学派。这一学派与政治算术学派产生于同一时期，发源于德国。其代表人物是康令（H. Conring）、阿亨瓦尔（G. Achenwall）等。他们在大学中开设了一门课程，叫"国势学"。后人把从事这方面研究的德国学者称为国势学派。国势学记载着关于国家组织、人口、军队、领土、居民职业以及资源财产等事项，偏重于事件的记述，而忽视量的分析。严格地说，这一学派的研究对象和研究方法都不符合统计学的要求，但在当时，由于它有社会宏观定性分析的特点，加之，统计学的学科内涵与外延不清楚，这一学派与政治算术学派共存近 200 年，并一直处于争论中。

（二）统计学的近代期

统计学的近代期是 18 世纪末至 19 世纪末，主要有数理统计学派和社会统计学派。

1. 数理统计学派

最初的统计方法是随着社会政治和经济的需要而初步得到发展的，直到概率论被引入之后，才逐渐形成为一门成熟的科学。在统计发展史上，最初把古典概率论引入统计学领域的是法国天文学家、数学家、统计学家拉普拉斯（P. S. Laplace）。他发展了对概率论的研究，阐明了统计学的大数法则，并进行了大样本抽样的尝试。

随着资本主义经济的发展，统计被应用于社会经济生活的各个方面，统计学逐步走向昌盛。比利时天文学家、数学家、统计学家凯特勒（A. Quetelet）完成了统计学和概率论的结合，从此，统计学进入更为丰富的新阶段。凯特勒把统计学发展中的三个主要源泉，即英国的政治经济算术学派、德国的国势学派和意大利、法国的古典概率论加以统计、改造并融合成具有近代意义的统计学，促使统计学向新的境界发展。可以说，凯特勒是古典统计学的完成者，又是近代统计学的先驱者，在统计发展史上具有承上启下、继往开来的地位。凯特勒是数理统计学派的奠基人，因为数理统计就是在概率论的基础上发展起来的。随着统计学的发展，对概率论的运用逐步增加；同时，自然科学的迅速发展和科技的不断进步，对数理统计方法又提出了进一步的要求。这样，数理统计学就从统计学中分离出来自成一派。

2. 社会统计学派

19 世纪后半叶，正当致力于自然领域研究的英美数理统计学派刚开始发展的时候，在德国兴起了与众不同的社会统计学派，这个学派是近代各种统计学派中比较独特的一派——社会统计学派。

社会统计学派由德国大学教授尼斯（K. G. A. Knies）首创，主要代表人物为恩格尔（C. L. E. Engel）和梅尔（G. V. Mayr）。他们认为，统计学的研究对象是社会现象，目的在于明确社会现象内部的联系和相互关系；统计应当包括资料的收集、整理以及对其进行分析研究。他们还认为，在社会统计中，全面调查，包括人口普查和工农业调查，居于重要地位；以概率论为理论基础的抽样调查，在一定的范围内具有实际意义和作用。

（三）统计学的现代期

统计学的现代期是自 20 世纪初到现在的数理统计时期。20 世纪 20 年代以来数理统计学发展的主流从描述统计学转向推断统计学。19 世纪末和 20 世纪初的统计学主要是关于描述统计学中的一些基本概念、资料的搜集、整理、图示和分析等，后来逐渐增加概率论和推断统计的内容，直到 20 世纪 30 年代，费歇尔（Fisher）的推断统计学才促使数理统计学进入现代范畴。

现在，数理统计学的丰富程度完全可以独立成为一门学科，但它也不可能完全代替一般统计方法。不仅如此，数理统计学主要涉及资料的分析和推断方面，而统计学还包括各种统计调查、统计工作制度和核算体系的方法理论、统计学与各专业相结合的一般方法理论。由于统计学比数理统计在内容上更为广泛，因此，数理统计学相对于统计学来说不是一门并列的学科，而是统计学的重要组成部分。

三、统计学的应用

目前统计方法已经被运用到自然科学和社会科学的众多领域，统计学已经发展成为由若干分支学科组成的学科体系。可以说，几乎所有的研究领域都要用到统计方法。下面给出了统计在工商管理中应用的一些例子。

1. 企业发展战略

发展战略是一个企业长远发展方向的指南。制定发展战略，一方面需要及时了解和把握整个宏观经济的状况及其发展变化趋势，了解市场的变化；另一方面，还要对企业进行合理的市场定位，把握企业自身的优势和劣势。所有这些，都离不开统计，需要统计提供可靠的数据，利用统计方法对数据进行科学的分析和预测等。

2. 产品质量管理

质量是企业的生命，是企业持续发展的基础。在一些知名的跨国公司中，六西格玛准则已成为一种重要的管理理念。质量控制已成为统计学在生产领域中的一种重要应用，各种统计质量控制图现已被广泛应用于监测生产过程。

3. 市场研究

企业要在激烈的市场竞争中取得优势，首先必须了解市场。要了解市场，则需要作广泛的市场调查，取得所需的信息，并对这些信息进行科学的分析。上市公司的财务数据是股民投资选择的重要依据。一些投资咨询公司主要是根据上市公司提供的财务和统计数据进行分析，为股民提供投资参考。企业自身的投资，也离不开对财务数据的分析，其中要用到大量的统计方法。

4. 经济预测

企业要对未来的市场状况进行预测，经济学家也常常对宏观经济或其中某一方面进行预测。他们在进行预测时，都需要使用各种统计信息和统计方法。比如，企业要对自己产品的市场潜力做出预测，以便及时调整生产计划，这就需要利用市场调查取得数据，并对数据进行统计分析。经济学家在预测通货膨胀时，要利用有关生产价格指数、失业率、生产能力等统计数据，然后利用统计模型进行预测。

5. 人力资源管理

在人力资源管理中，需要利用统计方法对企业员工的年龄、性别、受教育程度、工资等进行分析，并作为企业制定工资计划、奖惩制度的依据。

统计并不是仅仅在管理中才有用，它是为自然科学、社会科学多个领域的应用而发展起来的，为多个学科提供了一种共同的数据分析方法。从某种意义上说，统计仅仅是一种数据分析的方法工具，与数学一样，它是一种数据分析帮助工具。统计学必将在未来的各个领域内发挥越来越大的作用。

第二节 统计学的研究对象和方法

一、统计学的内涵

统计一词由来已久，而统计语源则出自中世纪拉丁语的 status，意思是指各种现象的状态和情况。自 18 世纪，阿亨瓦尔首先为"国势学"定了一个新名词 statistic，即为统计学。现代生活中"统计"一词的涵义，延伸得更为广泛。可以分别从以下不同角度来理解：

（一）统计活动

表示从事具体的统计工作和实践活动。具体地说，社会经济统计活动，就是对社会经济现象总体的数量方面进行调查、整理和分析的全部活动总和。统计工作是统计实践活动的重要组成部分。

（二）统计学

阐述统计理论和方法的科学。从广义上说，统计学是包括自然科学和社会科学在内的统计科学理论的总和。其中，既有运用数理统计方法对自然现象进行研究的自然学科统计学，也有作为观察和分析社会经济现象的社会经济统计学及其分支学科，如社会经济统计学、商业统计学等等。

（三）统计资料

即统计实践活动的工作成果，是进行统计调查、整理和分析所得出的数字状况和有关数量变动的规律。

统计的三种含义是紧密结合、相互联系的。首先，丰富的社会统计实践活动为认识社会提供了有效的工作成果，这就是统计资料。反过来，社会统计工作和实践又需要正确的统计理论和方法作指导。统计学对统计实践活动的推动与发展具有重要的指导意义，但统计学的发展又是统计实践活动智慧的结晶和经验的提炼与升华。这些都说明统计学的理论和方法来源于丰富的社会统计实践，实践又不断检验和发展统计理论，并提出新的统计理论需求，它的产生又对统计实践有着重要的指导作用。由此可见，统计理论——统计实践——统计资料，三者之间构成一组相互联系、相互作用的辩证逻辑关系，这是我们进一步理解统计一词的关键。

二、统计学的研究对象及理论基础

统计学是从研究社会经济现象的数量开始的，随着统计方法的不断完善，统计学在不断发展。统计学的研究对象为大量现象的数据方面。就其性质来说，它是一门适用于自然现象和社会现象的方法论学科。例如，社会经济统计学是研究社会经济现象关系的方法论学科；天文统计学、生物统计学等是研究自然现象的统计学科。

统计学最初是作为一门实质性科学建立起来的，它从数量上研究具体的社会经济发展的规律。但是，随着统计学研究范围的不断扩大以及统计学在社会领域和自然领域内的有效应用，加之统计方法体系本身的不断发展和完善，使得统计学的研究对象也发生了变化。统计学已从实质性科学中分离出来，转而研究统计方法，成为一门方法论的科学。

马克思主义哲学史研究自然界、人类社会和思维发展最一般规律的方法论科学，它为各门学科提供了理论基础。作为研究社会经济现象数量关系的方法论的统计学，无论在一般的理论指导方面，还是在论述整个统计研究过程中的许多方法方面，均须以哲学中的各项原理为指导。例如，根据客观事物质和量的相互关系及互变规律，运用统计方法研究社会经济现象时，必须在确定其质的规定性的基础上，研究其量的差别，分析社会经济现象过程和发展规律性的数量关系和数量特征。根据对立统一规律及事物矛盾运动的原理，统计学运用综合指标法、动态分析法、指数分析法等，分析社会经济现象发展变化的趋势。可见，统计学只有在马克思主义哲学的指导下，才能科学地确立和运用统计研究方法，也才能最终达到认识社会的作用。

统计能够揭示社会经济现象的发展变化及其趋势，成为认识社会的一种工具，终究是通过研究数量和数量关系来实现的，所以，它与数学特别是概率论有密切的联系。概率论与统计学的结合便形成了数理统计学。推断统计学是指以总体全面资料或非随机局部资料为基础的统计理论与方法体系。其次，无论推断统计学还是描述统计学，它们无一不用数学方法进行统计研究。例如，概率论中的大数定律为统计推断技术奠定理论基础；统计学在研究社会经济现象数量关系时，需要编制变量分布数列，计算各种平均数，测定标志变动度，计算相关系数，进行统计预测等等。这都表明统计学离不开数学。统计学必须借助于数学方法研究社会经济现象，但是数学不能代替统计学，数学是统计学的方法论基础。

应该指出，随着统计学应用范围的不断扩大，统计学与其他方法论科学的联系也日益密切，如计量经济学、运筹学等等。所以统计学应从其他有关方法论科学中汲取有用的成分，不断丰富和完善统计学的方法体系。

三、统计学的基本研究方法

统计学的研究对象和性质决定着统计学的研究方法。统计学的基本研究方法主要有大量观察法、统计分组法、综合指标法、统计推断法和统计模型法。

（一）大量观察法

大量观察法是统计学所特有的方法。所谓大量观察法，是指对所研究的事物的全部或足够数量进行观察的方法。社会现象或自然现象都受各种社会规律或自然规律相互交错作用的影响。在现象总体中，个别单位往往受偶然因素的影响，如果任选其中之一进行观察，其结果就不足以代表总体的一般特征了；只有观察全部或足够的单位并加以综合，影响个别单位的偶然因素才会相互抵消，现象的一般特征才能显示出来。大量观察法的意义在于可使个体与总体之间在数量上的偏误相互抵消。

大量观察法的数学依据是大数定律。大数定律是随机现象的基本规律。大数定律的一般概念是指在观察过程中，每次取得的结果不同，这是由偶然性所致的，但大量、重复观察结果的平均值却几乎接近确定的数值。狭义的大数定律就是指概率论中反映上述规律性的一些定理，表述平均数的规律性与随机现象的概率关系。

大数定律的本质意义，在于经过大量观察，把个别的、偶然的差异性相互抵消，而必然的、集体的规律性便显示出来。例如，当我们观察个别家庭或少数家庭的婴儿出生时，生男生女的比例极为参差不齐，有的是生男不生女，有的是生女不生男，有的是女多男少，有的是男多女少，然而经过大量观察，男婴、女婴的出生数则趋向均衡。也就是说，观察的次数愈多，离差的差距就愈小，或者说频率出现了稳定性。这就表明，同质的大量现象是有规律的，尽管个别现象受偶然性因素的影响出现误差，但观察数量达到一定程度就呈现出规律性，这就是大数定律的作用。

（二）统计分组法

根据研究对象内在的性质和统计研究的需要，将研究对象按照一个或几个特征分成若干组成部分。例如，将人口按性别划分为男性人口和女性人口两组；将企业按照所有制划分为国有、集体、私营等若干组。

（三）综合指标法

统计研究的对象具有数量性和总体性的特点，要综合说明大量现象的数量关系，概括地表明其一般特征，必须采用综合指标，它是统计分析的基本方法之一。所谓综合指标是指利用各种综合指标的对比和计算，对被研究的经济总体进行综合分析说明的研究方法。例如，某市 2005 年国内生产总值为 8005 亿元，某市 2005 年国有企业职工的年平均工资为 16390 元等，都是综合指标。

在应用综合指标法时，必须谨慎选择统计指标的分析方法，例如权数如何确定、指标综合评价的方法等，以实现正确、深入研究经济总体特征的目的。

（四）统计推断法

统计在研究对象的总体数量关系时，需要了解的总体对象的范围往往是很大的，有时甚至是无限的，而由于经费、时间和精力等各种原因，以致有时在客观上只能从中观察部分单位或有限单位进行计算和分析，根据局部观察结果来推断总体。例如，要说明一批灯泡的平均使用寿命，只能从该批灯泡中抽取一小部分进行检验，推断这一批灯泡的平均寿命，并给出这种推断的置信程度。这种在一定置信程度下，根据样本资料的特征，对总体的特征做出估计和预测的方法称为统计推断法。统计推断是现代统计学的基本研究方法之一，在统计研究中得到了极为广泛的应用，它既可以用于整体参数的估计，也可以用作对总体的某些特征的假设检验。从这种意义上来说，统计学是在不确定条件下做出决策或推断的一种方法。

（五）统计模型法

统计模型法是根据一定的经济理论和假定条件，用数学方程或方程组去模拟社会经济现象相互关系的一种研究方法。利用统计模型可以进行数量依存关系及其发展变化的评估和预测。统计模型包括三个基本要素：社会经济变量、基本关系式和模型参数。将总体中一组相互联系的统计指标作为社会经济变量，其中有些变量被描述为其他变量的函数，这些变量成为因变量，它们所依存的其他变量被称为自变量。现象的基本关系式通常用一组数学方程来表示，方程可以是线性的也可以是非线性的，可以是二维的也可以是多维的。模型参数表明方程式中自变量的影响程度，它由一组实际观察数据来确定。

第三节　统计学的基本范畴

统计工作的全部过程，主要分为统计调查、统计整理和统计分析三个阶段。这些基本环节虽然各有一定的侧重点和要求，但它们是相互衔接、紧密联系的。就其主要内容来说，通常要建立相应的统计指标体系，运用统计方法搜集统计指标数值，进行综合研究，阐明社会现象的数字特征及其规律性，以充分发挥统计的服务作用和监督作用。围绕这些问题，涉及一系列的概念，首先介绍统计研究中最基本的常用概念。

一、统计总体和总体单位

根据一定的目的和要求，统计需要研究有关的统计总体。所谓统计总体，是由客观存在的、具有某种共同性质的许多个别单位所构成的整体，简称总体。它是由特定研究目的而确定的统计研究对象。例如，研究某个工业部门的企业生产情况时，该部门的所有工业企业可以作为一个总体，因为它是由许多客观存在的工业企业组成的，而每个工业企业都是进行工业生产活动的基层单位，具有同质性。又如，各个工业企业或整个工业企业中的职工可以作为一个总体，因为它是由客观存在的许多工业企业的职工组成的，而每个职工都是在工业企业中从事生产或工作的人员，就这一方面来说，他们都是同质的。

如果一个统计总体中包括的单位数是无限的，称为无限总体。例如，连续大量生产某种零件时，其总产量是无限的，构成一个无限总体。总体中包括的单位数可以是有限的，称为有限总体。例如，在特定时点上的人口总数、工业企业总数等等，都是有限总体。对于有限总体，既可以进行全面调查，也可以抽样调查。对于无限总体来说，只能进行抽样调查，根据样本数据推断总体特征。此外，统计总体还可以分为静态总体和动态总体，前者所包含的各个单位属于同一个时间，后者所包含的各个单位则属于不同时间。根据一定的目的，针对这两类总体可以分别进行静态研究或动态分析。

综上所述，可见总体和总体范围的确定，取决于统计研究的目的要求。而形成统计总体的必要条件，亦即总体必须具备的三个特性是大量性、同质性和变异性。

（一）大量性

大量性是总体的量的规定性，即指总体的量的规定性，仅仅由个别单位或极少量的单位不足以构成总体。因为个别单位的数量表现可能是各种各样的，只对少数单位进行观察，难以反映现象总体的一般特征。统计研究的大量观察法表明，只有观察足够多的量，在对大量现象的综合汇总过程中，才能消除偶然因素，使大量社会经济现象的总体呈现出相对稳定的规律和特征，这就要求统计总体必须包含足够多数的单位，当然，大量性也是一个相对的概念，它与统计研究目的、客观现象的现存规模以及总体单位之间的差异程度等都有关系。

（二）同质性

总体的同质性是指构成总体的各个单位至少有一种性质是共同的，同质性是将总体各单位结合起来构成总体的基础，也是总体的质的规定性。如果违反同质性，把不同性质的单位结合在一起，对这样的总体进行统计调研，不仅没有实际意义，甚至会产生虚假或歪曲的分析结论。

同质性的概念是相对的，它是根据一定的研究目的而确定的，目的不同，同质性的意义也就不同。例如，要研究全国工业企业的生产状况时，所有工业企业都是同质的，而研究乡镇工业企业生产状况时，那么，乡镇工业企业与国有工业企业就是异质的。可见，同质性是相对研究目的而言的，当确定后，同质性的界限也就确定了。

（三）变异性

总体各个单位除具有某种或某些共同的性质之外，在其他方面则各不相同，具有质的差别和量的差别，这种差别称为变异。正因为变异是普遍存在的，才有必要进行统计研究，这是统计的前提条件。总体中各个单位之间具有变异性的特点，这是由于各种因素错综复杂作用的结果，所以有必要采取统计方法加以研究，才能表明个体的数量特征。

构成总体的每一个事物或基本单位成为总体单位。原始资料最初就是从各个总体单位取得的，所以总体单位是各项统计数字最原始的承担者。例如，研究某个工业部门的生产状况时，该工业部门的所有工业企业的生产状况可以作为总体，每个工业企业的生产状况则是总体单位，将每个工业企业的生产状况的某些数量特征加以登记汇总，就取得该工业部门的统计资料。

总体和总体单位是相对而言的，随着研究目的的不同，同一事物在不同情况下，可以作为总体也可以作为总体单位。例如，在某一工业部门所有工业企业的统计总体中，每个企业是一个总体单位。但为了要研究一个典型企业的内部问题时，则被选为典型的某一企业又可以作为一个总体。

二、统计标志和标志表现

标志是说明总体单位共同属性或特征的名称。例如，企业具有经济类型、职工人数、产值、利润等属性和特征；工人具备性别、工种、工龄、工资等属性和特征。显然，总体单位与标志两者的关系是十分密切的。标志是用来表现总体单位的特征的，离开标志，总体单位就仅仅是一个单位而已，而离开了总体单位，标志也就失去了意义。所以说，总体单位是标志的直接承担者，标志是依附于总体单位的。

标志是用来说明总体中各单位的属性和特征的，而不是说明总体中个别单位的某一属性和特征的。标志可以分为品质标志和数量标志两类。如上举例，总体的各个企业都有所属的经济类型，都会有职工人数等，作为总体单位的每个人都有性别、工龄等。显然，标志有的是表明单位属性方面特征的，如企业的经济类型、职工的性别等；有的标志是表明总体单位数量方面特征的，如企业的职工人数、工人的年龄等等。前者我们称之为品质标志，后者称之为数量标志。标志表现是标志特征在各个总体单位上的具体表现。例如，某工人的工资是 1800 元，这里的"工资"是数量标志，它在该工人这个总体单位的具体表现为 1800 元，也就是数量标志表现。又如某企业是全民所有制企业，全民所有制是品质标志"经济类型"的表现，即品质标志表现。标志表现有数量标志表现和品质标志表现之分。可以看出，数量标志表现可以用数量表示，数量标志的具体表现也就称为标志值；而品质标志表现则能用文字表示。一般的，标志就是统计所要调查的项目，标志表现则是调查所得的结果。总体单位是标志的承担者，而标志表现则是标志的实际实现者。

三、统计指标和统计指标体系

根据统计研究的目的和要求，确定了总体、总体单位及其各种标志以后，就应采用一定的统计方法对各单位的标志的具体表现进行登记、核算、汇总和综合，以说明各个总体的数量特征。这主要是通过统计所特有的指标来实现。

（一）统计指标

统计指标是反映社会经济现象总体的数量特征的概念和数值。与标志不同，它是依附于统计总体的。例如，人口数目、土地面积、工农业产品总值、成本、利润、国民收入等等，这些概念用于反映一定统计总量的数量方面时，就是统计指标。任何统计指标总是要通过一定的数值来加以说明的，这种数值称为统计指标数值。统计指标数值是社会经济现象发展变化的规律性在一定时间、地点和条件下的数量表现。统计实践活动中，从不同的角度出发，有时仅把指标概念理解为统计指标，有时又把指标数值称为统计指标。这种理解实际上是把统计指标的两部分分开来理解的，事实上，每种理解又都是以另一部分的存在作为前提的。因此，一个完整的统计指标应该是由两部分构成的，即指标名称和指标数值。可见，指标名称和指标数值是两个既有联系又有区别的概念。指标名称是统计所研究的社会经济现象的科学概念，表明社会经济现象的质的规定，反映某一社会现象内容所属的范围；指标数值则是统计所研究现象的具体数量综合的结果，对某一社会经济现象总体特征从数量上加以说明。统计指标名称及其指标数值的有机结合，也就是事物的规定性和量的规定性有机联系的表现。

统计指标一般包含有六个要素：指标名称、计量单位、核算方法、时间限制、空间限制和指标具体数值。从事统计指标的理论设计主要是制订和规范前三个要素，而从事具体的统计调查和数据搜集工作，则是准确核算后三个要素，这也是具体统计工作的繁重任务。根据统计指标的定义略加分析，可知统计指标具有以下三个特点：

1. 数量性

统计指标反映的是现象总体的数量特征，因此都是可以用数字来表现的。能够用统计指标来表述的现象，其前提条件必须是可以度量的。

2. 综合性

统计指标是大量同质总体单位的数量综合的结果，通过将总体各单位的数量差异抽象概括，来反映现象总体的综合数量特征。

3. 具体性

统计指标是现象总体在一定时间地点下的数量特征的具体表现，并不是抽象的概念和数字，它是客观存在的真实反映。

通过统计指标，可以反映社会经济现象的规模、水平、比例和速度等，研究社会经济发展规律的数量表现，检查国民经济和社会发展计划以及各项政策的执行情况，衡量生产经营活动的经济效益。因此，统计指标成为经济管理和科学研究的基本依据之一，起着社会指示器和反映数量规律性的作用。

统计指标按其所反映的数量特点和内容的不同，可以分为数量指标和质量指标两类。凡是反映社会经济现象范围的广度、规模大小和数量多少的指标叫数量指标，它表示事物外延量大小。例如人口总数、企业总数、耕地面积、工业总产值和商品流转额等，都属于这一类指标。数据指标是用绝对数表示的，并具有实物的或货币的计量单位。统计实践中这类指标通常以总量指标的形式出现。由于数量指标反映的是现象总体的绝对量，因此，其指标数值大小随总体范围的大小而增减变动。

反映现象本身质量、现象的强度、经营管理工作质量和经济效果等的统计指标，称为质量指标，它表示事物的内涵量状况。例如产品一级品率、固定资产的利用率、单位成本指标、利润率、劳动生产率等等。质量指标是用相对数和平均数表示的，统计工作中，这类指标通常以相对指标或平均指标的形式出现。由于质量指标反映的是现象总体内部的数量关系，因此其指标数值大小与总体范围大小没有直接的关系。

（二）统计指标体系

任何一个统计指标都只能反映社会经济现象某一侧面的特征，说明一个简单的现象的数量关系。而社会经济现象是一个复杂的整体，各类现象之间又存在着相互联系和相互制约的关系，这就是产生统计指标体系的客观基础，同时也就要求采用一套相互联系的统计指标，借以反映社会现象各个方面的特征以及事物发展的全过程，说明比较复杂的现象数量关系。由若干个相互联系的统计指标所组成的整体，叫做统计指标体系。

通过人们对客观存在的各种现象之间相互联系的认识，结合各种需要和不同的问题，可以拟定不同种类的统计指标体系：

1. 基本统计指标体系

即反映国民经济和社会发展及其各个组成部分的基本情况的指标体系。首先是应反映整个国民经济和社会发展的统计指标体系。设置这类指标体系的目的在于记录社会扩大再生产过程，全面检查分析经济与社会发展计划的执行情况，以及编制综合平衡统计表。其次是各地区和各部门的统计指标体系，设置这类指标体系时，既要考虑到全局的要求以及纵横交错的联合，又应该结合该地区或部门的特点，以便更好地发挥统计指标体系对本地区或本部门的社会管理服务和检查监督的作用。最后是基层企业事业单位的统计指标体系，既要为本单位的经营管理进行服务和监督，又要符合上述两类统计指标体系的要求。

2. 专题研究指标体系

为了配合生产、经营管理和经济研究的需要，按各个专门问题而设置相应的统计指标体系，例如主要经济效果统计指标体系，能源研究问题的统计指标体系等等。由于这种统计指标的内容具有专门化的特点，因此，必须与相应的经济问题和社会问题研究具体结合，才能建立符合研究目的和实际要求的指标体系。

四、总量指标与相对指标

总量指标是用来反映某种社会经济现象在一定时间、地点和条件的规模或水平，是在统计资料汇总后的综合指标，从指标的数字来看表现为绝对数。如：一个地区的人口数、国内生产总值、企业的产品总量、商品销售额等。

总量指标按其所说明的总体内容的不同，可以分为标志总量和总体单位总量。

标志总量是指总体各单位某一数量标志值的总和。如：工业总产值、利润总额、商品销售额、工资总额等。总体单位总量代表总体单位的总和。如：职工总数、企业总数、学校总数等。

总量指标按其所反应的时间状态不同，可以分为时期指标和时点指标。

时期指标是说明在一段时期内发展过程的总量，是累计的结果，如产品产量、商品销售额等。时点指标说明现象在某一时点上的状态，如期末人口数、设备台数、商品库存数等。

总量指标按其所使用的计量单位不同，可以分成实物量总量指标、价值量总量指标、劳动量总量指标。

实物量总量指标是根据事物的属性和特点而采用的计量单位的总量指标。

由自然计量单位、度量衡单位、标准实物计量单位和复合单位。价值总量指标是用货币单位来表示社会财富或劳动成果的一种总量指标。如：国内生产总值、商品销售额、工资总额、产品成本、利润、国民收入等都是以货币计量的，它是不能直接相加的产品数量过渡到能够加总，用来综合地说明具有使用价值的产品总量或商品销售量的总规模、总水平、总速度。劳动量总量指标也称工作量总量指标，是用劳动时间来计量的总量指标。如：生产企业工人的工作工日、工时。

　　总量指标可以反映一个国家的国情和国力，反映一个地区，一个部门和一个单位的人力、物力和财力的基本数据。它是进行经济分析，研究客观规律，平衡供求关系，保证国民经济协调发展的重要依据。它是政府了解情况，制定方针政策，编制和检查国民经济各项指标完成情况的重要依据，是计算相对指标和平均指标的基础。

　　相对指标也称相对数，是社会经济现象中两个有关联的指标之比，它表明各种经济现象间的数量对比关系。相对指标能将社会经济现象间的数量对比关系做出明确的说明，清晰而概括地说明现象的发展过程、相互关联程度和效益。能将现象的绝对数的具体差异抽象化，使一些不能直接对比的指标可以进行对比。它还是进行计划管理和考核企业经济活动效果的工具，并且利用相对数说明社会经济现象时，有利于保守国家机密和便于记忆。

　　常见的相对指标有：

　　1. 计划完成情况相对指标，它以现象在某一段时间内的实际完成数与计划任务数相比，借以观察计划完成程度。主要用来检查、监督计划执行情况。

$$计划完成情况相对数 = \frac{实际完成数}{计划数} \times 100\%$$

　　2. 结构相对数，是在资料分组的基础上，以总体总量作为比较标准，求出各组总量占总体总量的比重，来反映总体内部组成情况的综合指标。

$$结构相对数 = \frac{总体中部分数值}{总体中全部数值} \times 100\%$$

　　3. 比例相对数，是总体中不同部分数量对比的相对指标，用以分析总体范围内各个局部、各个分组之间的比例关系和协调平衡状况。

$$比例相对数 = \frac{总体中某部分的指标数值}{总体中另一部分的指标数值}$$

　　4. 比较相对数，是指不同单位（国家、部门、地区、企业、个人等等）的同类现象数量对比而确定的相比指标，用以说明某一同类现象在同一时间内各单位发展的不平衡程度，以表明同类事物在不同条件下的数量对比关系。

$$比较相对数＝\frac{某空间（或某条件下）某类指标数值}{另一空间（或另一条件下）某类指标数值}$$

5. 动态相对数，又称发展速度，表示同类事物的水平报告期与基期对比发展变化的程度。本书将在第四章中详细介绍。

$$动态相对数＝\frac{报告期指标值}{基期值}\times 100\%$$

6. 强度相对数，是两个性质不同而有联系的总量指标之间的对比，用来表明某一现象在另一现象中发展的程度、密度和普遍程度。

$$强度相对数＝\frac{某一总量指标数值}{另一有联系但性质不同的总量指标值}$$

相对指标的表现形式有成数，是将对比的基数化为 10 而计算出来的相对数。如：今年的粮食比去年增产一成，即增产 1/10。百分数，是将对比的基数化为 100 而计算出来的相对数，这是相对数指标中最常用的一种表现形式。当相对指标中的分子数值和分母值较为接近时，采用百分数较合适。千分数，是将对比的基数化为 1000 而计算出来的相对数。它是用于对比的分子值比分母值小得多的情况。如：人口出生率、死亡率、自然增长率。系数和倍数，是将对比的基数化为 1 而计算出来的相对数。当两个相对指标数值进行对比，分子数值和分母数值差别不大时常用系数。如：工资等级系数、标准实物量折合系数。复合数，是将对比的分子指标和分母指标的计量单位结合使用。如：人口密度用人/平方公里，平均每人分摊的产品产量用"吨/人"表示等。

复习思考题

1. 统计学产生与发展过程中曾有哪几个重要的学派？
2. 统计学的内涵是什么？从研究对象、方法和学科体系来看，统计学的主要特点是什么？
3. 什么是统计总体和总体单位？
4. 什么是标志和指标？统计指标体系包括哪些？
5. 总量指标与相对指标的内涵是什么？两者之间有什么区别？
6. 时期指标与时点指标的区别与联系是什么？

第二章　统计调查与统计数据

第一节　统　计　调　查

一、统计调查方案

（一）确定调查目的

制订统计调查方案的首要问题是明确调查的目的。目的不同，调查的内容和取得资料的方法以及资料的详细程度也不同。如果调查的目的不明确，就无法确定向谁调查、调查什么以及用什么方式调查等等。如果盲目进行调查，其结果可能造成调查来的资料不需要，而需要了解的情况又没有反映，既浪费了人力、物力和时间，又延误了整个工作。因此，制定调查方案，首先要确定调查的目的和任务。此外，调查目的和整个统计研究的目的应该是一致的。

（二）确定调查对象和调查单位

调查对象是需要进行调查的社会现象的总体，它由许多性质相同的调查单位组成，确定调查对象的目的就是明确总体的界限，划清调查的范围。如：根据第五次人口普查的调查目的，则全体中华人民共和国的公民就是调查对象。

调查单位指构成调查对象的每一个单位（即总体单位）。它是所要登记的调查项目即标志的承担者。确定调查单位在于明确向谁作调查。如第五次人口普查中每一个中国公民即为调查单位。由于社会现象十分复杂，彼此之间相互联系、相互交叉，因此科学地确定调查对象非常重要。就是说，要把调查对象和它相近的一些现象划分清楚，区别应调查和不应调查的现象，避免因界定不清而影响资料的准确性。

（三）拟定调查提纲和编制调查表

1. 拟订调查提纲

在调查提纲中选择多少标志，是选择品质标志还是数量标志，都要根据调查目的和被调查研究的对象的特点来决定。

具体拟定调查提纲需要注意以下问题：

（1）调查提纲中只列入为实现调查目的所需的项目，备而不用、可有可无的项目不要列入，必须的项目也不能遗漏。

（2）本着需要与可能的原则，只列入能够得到确切答案的项目，不列入得不到答案或得不到圆满答案的项目。对于列入的项目，提法要具体明确，使人一看就懂，方便理解。有些项目需要加注释，规定定义或统一标准，以免被调查者按不同理解填写，造成资料不定。

（3）调查项目之间尽可能相互联系，以便相互核对，检查答案是否正确。同时，应尽可能做到此次调查与历次同类调查项目之间的联系，同样的项目最好保持不变，以便做动态对比。

2. 编制调查表

调查表就是将调查项目按一定顺序所排列的一种表格形成，它是统计调查的重要工具。调查表一般有两种形式：单一表和一览表。

单一表是在一份表上登记一个调查单位，如果调查项目较多，一份表格可以由几张表组成。优点是可以容纳较多的标志。但每份表格上都要注明调查地点，时间及其他共同事项。

一览表就是在每份表上设若干调查单位。优点是每个调查单位的共同事项，只需登记一次，可以节省人力和时间。但一般容纳的标志较单一。

为了准确填写调查表，常常需要附上填表说明。填表说明主要包括调查项目的内容解释，填写方法以及填表时应注意的问题。

（四）确定调查时间和地点

1. 规定资料所属的时点或时期

从资料的性质来看，对于时点资料要规定统一的时点，如季末的在册人员等，月末的库存额等。对于时期资料，如：产品产量，商品销售额，要明确资料所属起止日期，所登记的资料表明该时期第一天到最后一天的累计数字。

2. 规定调查期间

调查期间是指调查工作进行的起止时间，包括搜集资料和报送资料的整个工作所需的时间。

3. 确定调查地点

调查地点是指确定登记资料的地点。调查地点有时与调查单位所在地不一定一致。

（五）编制调查的组织计划

调查的组织计划是从组织上保证调查工作顺利开展的重要依据。主要包括：由什么机构组织领导调查工作；参加调查的单位和人员；调查的方式方法；调查的时间和地点；调查前的准备工作，对那些规模大而又缺乏调查经验的统计调查，在正式调查之前，往往需要进行试点调查。

二、统计调查的种类

统计调查可以分为以下几个种类：

（一）按调查对象范围的不同，可以分为全面调查和非全面调查

全面调查，是对构成调查对象总体的所有总体单位，逐一进行调查登记的

一种调查方式。例如，为了了解某地区工业企业职工状况，就要对该地区工业企业全体职工这一统计总体中所包括的每个总体单位即每一位职工都无一例外地加以调查登记，这样的调查就是全面调查。普查和全面统计报表都是全面调查。非全面调查是对构成调查对象的一部分调查总体单位进行调查登记的一种调查方式。重点调查、抽样调查和典型调查均属于这一类调查。

（二）按调查登记的时间是否连续，可以分为经常性调查和一次性调查

经常性调查是随着时间的推移而连续不断地对调查单位的变化情况进行计量、登记的一种调查方式。例如，对产品产量、主要原材料和燃料、动力的消耗等所进行的计量和登记都属于经常性调查。一次性调查是间隔一定时间，有时是相当长的时间（比如说，一年以上）对调查单位的某些标志进行计量、登记的一种调查方式。例如，工业企业每月末对其在产品数量、职工人数、库存量等进行一次盘点、登记，这就是一次性调查。经常性调查都是定期调查；一次性调查，可以是定期进行的，也可以是不定期进行的。

（三）按组织方式不同，可以分为统计报表和专门调查

统计报表是按一定的表式和要求，自上而下布置，自下而上提供统计资料的一种统计调查方式。专门调查是为了研究某一专门问题，由进行调查的单位专门组织的调查。这种调查多属于一次性调查，如普查、抽样调查、典型调查等。

（四）按调查体系不同，可以分为政府统计调查体系和非政府统计调查体系

我国政府统计调查体系是在国务院统一领导下，由国家统计局履行中央领导的职能，组织协调中央一级的职能部门（包括财政部、人民银行和其他专业部门）统计工作的调查体系。国家统计局同时负责决定统计优先项目、标准、方法以及具体部署。省统计局代表国家统计局执行任务，但也承担省政府决定和资助的其他统计任务。地方政府的统计局搜集报告单位的报表数据，然后在各自管辖范围内按一定的程序将这些报表汇总数据报送省统计局，再由省统计局汇总报送国家统计局，最后由国家统计局进行国家级的统计。中央一级的职能部门在省级和地方也有其下属统计单位。他们的统计调查活动类似于统计局的调查系统。国家统计局对这些部门的各级统计机构人员负有专业和技术指导的责任。

非政府统计调查体系，主要是由各种社团、新闻媒体、学术机构以及商业性调查公司所进行的统计活动组成。其调查内容常常具有专题性，专门为有关用户提供数据，既可有偿提供，也可无偿提供。

三、统计调查搜集资料的方法

目前常用的统计调查搜集资料的方法有：

（一）报告法

报告法一般是由统计工作机构将调查表格分发或电传给被调查者，被调查

者则根据填报的要求将填好的调查表格寄回的一种调查资料的方法。我国现行统计报表制度就是采用这种方法搜集资料的。

与其他调查方法相比较，报告法的特点是：（1）统计性和时效性。由于报告法的表格形式，指标体系，口径，范围及报送程序等都是统一规定的，各报送单位只是按规定执行。所以保证了资料的统一性和时效性。（2）周期性。采用报表法搜集资料，往往是不间断地按相等的时间间隔定期进行，资料具有动态衔接性和可比性。（3）相对可靠性。报告法建立在基层单位的原始记录和核算资料的基础上，因此资料相对可靠一些。（4）灵活性差。自上而下的报告制度需要严密的组织工作，使实际操作中的难度增加，降低了灵活度。

（二）直接观察法

直接观察法是由调查人员亲自到现场对调查单位进行观察和计量以取得资料的一种调查方法。如调查人员对库存的产品、商品直接地盘点计数，以掌握产品或商品的库存资料等。

直接观察法的特点是：（1）由调查员深入到调查现场，可以按照预定计划，细致地观察与调查项目有关的对象，以便获取客观准确的第一手资料。（2）由调查者深入现场去测量，从而获得大量生动具体的感性材料。（3）该调查只能搜集到现场资料，无法搜集到历史资料，这是由于观察对象是当前存在或正在发生的客观现象。（4）直接观察法需要花费大量的人力、物力、财力和时间，因此在应用上受到限制。（5）由于存在调查者主观因素与被调查者内在因素等因素，使调查资料的客观性受到影响。

（三）采访法

采访法也称访问法，是指由调查提纲或调查问卷向被调查者提出问题，根据被调查者的答复以取得统计资料的调查方法。采访法又可以分为个别采访和集体采访。

1. 个别采访。个别采访是由调查人员对每一个被调查者逐一提出所要调查的问题，由被调查者口头回答以取得调查资料的方法。个别采访形式灵活，便于被调查者理解调查目的和调查项目，在某种程度上也可观察被调查者的态度、心理等，以判断访问结果的准确性。

2. 集体采访。集体采访是采用开调查会的方式，请熟悉调查内容的人进行座谈。这种形式便于集思广益，利于相互启发，相互质疑，开展讨论并形成观点。

采访法的特点是：（1）由于询问者与被询问者直接接触，逐项研究问题，因而搜集的资料比较准确；（2）调查所需要的人力、费用较多；（3）对调查人员的要求较高，如知识面广，公关能力强，态度及心理素质较好等。

（四）通信法

通信法是指由调查者将调查表邮寄给被调查者，由被调查者根据调查的要求填写并寄回，以取得资料的一种调查方法。通信法的特点是：（1）可以扩大调查的地域和范围，所需经费相对较少；（2）被调查者有充足的时间思考和回答问题；（3）被调查者的数量不易太多，调查项目不宜过于复杂；（4）调查表的回收，调查内容的理解和回答的准确情况，可靠性等难以得到有效保证。

（五）问卷法

问卷法是调查者运用统一设计好的询问提纲或调查表，向被调查者了解情况，搜集资料的一种调查方法。问卷调查内容涉及政治、经济、科技、文化、教育等，是国际通行的一种调查方法，也是近年来在我国推广最快，应用最广的一种调查手段。

问卷调查多用于非全面调查，问卷单位的选择一般按随机原则抽取。问卷调查的特点是：通俗易懂，实施方便；适用于各种范围与环境；易于对资料进行处理和分析；节省时间和人力财力，能提高调查效率等。

（六）文献法

文献法是根据一定的目的和范围来搜集和摘取文献，以此获得所需资料的方法。它具有超时空性和间接性的特点，同时可以用较少的人力、经费、时间获得更多的信息。

（七）电话调查

电话调查是调查人员利用电话和被调查者进行语言交流以获得有关资料。随着通信技术的进步，数据信息搜集方法在不断变化，开始出现以电脑和网络为媒介的调查方法，包括通过远程传输提供数据，通过报告员在电脑支持下获得数据。如电脑支持的个人采访，电脑支持的电话采访等。

上述各种统计调查方式各有其优缺点，实际工作中，应根据不同情况灵活运用，并将各种调查方式的方法结合使用。

四、统计调查的组织形式

（一）统计报表制度

1. 统计报表制度的意义

统计报表制度是各企事业单位和机关，用一定的表格形式，根据一定的原始记录和核算资料，按照一定的报送时间和程序，自下而上地向上级主管部门和国家统计部门提供统计资料的一整套组织形式。统计报表制度是一整套完整的报告制度，它能提供反映国民经济全貌的基本统计资料，是编制和检查计划的重要依据。

统计报表以这样的表格形式提出的反映生产、经济和业务活动等情况的各种层面报告。

2. 统计报表的种类

（1）按制订颁发单位的不同，分为国民经济基本统计报表和专业统计报表。

（2）按统计报表报送周期的长短，分为日报、旬报、月报、季报、半年报、年报等。

（3）按报送方式的不同，分为电讯报表和邮寄报表。

（4）按填报单位的不同，分为基层报表和综合报表。

（5）按内容及实施范围不同，分国家统计报表、业务部门统计报表和地方统计报表。

3. 统计报表制度的基本内容

统计报表制度基本内容包括报表目录、表式和填表说明。

（1）报表目录

报表目录是各种不同统计报表的一览表，它明确规定各种报表的填报单位、调查对象、报送时间和程序等。

（2）表式

表式是指统计报表的具体格式。

（3）填表说明

填表说明指明对问题的理解、填写方法以及有关注意事项，包括填表范围、统计目录和指标解释等。填表范围指报表的实施范围，指明每一张报表应该由哪些单位（编报单位）来填报，又指明汇总时应该包括哪些单位（编报范围）统计目录是统计报表主栏项目的一览表。指标解释是具体解释指标的概念、计算范围。

（二）专门调查

1. 普查

（1）普查的意义和作用

普查是一种专门组织的一次性的全面调查，用于搜集属于一定时点状态的社会现象的全面详细资料。

通过统计报表，虽然可以经常搜集全面的基本统计资料，但它不能代替普查。因为有些社会经济现象如人口增长及其构成变化、物资库存、工业设备等情况不可能也不需要组织经常性的全面调查，但政府又必须掌握这方面的较全面详细的资料，这就需要通过普查解决。为了搞清楚某些与国情国力有关的重要数字，就要分期、分批地进行专项普查，利用普查得来的资料，深入地分析国家在政治、社会、经济、文化等各方面的发展情况；并为政府制定方针、政策，采取某些重大措施，或编制国民经济长期计划，提供必要的统计数字。

比如我国近些年在社会经济领域不定期进行过多次普查，如第四次和第五次人口普查、第一次全国城镇房屋普查、第二次和第三次全国工业普查，以及均为首次进行的全国第三产业普查、基本单位普查和农业普查，都是规模较大的国情国力调查。

（2）普查的方式

由专门组织的普查机构，派出调查人员，对调查单位直接进行登记；或者是利用企业、机关、团体内部的原始记录和报表资料进行登记。

普查收集资料的方法包括：①颁发调查表或普查报表，由各调查单位自行填报；②直接观察，由调查人员对所调查单位进行计量和观察；③派员询问，调查人员对被调查者采访以搜集资料。

（3）普查的组织原则

普查的组织原则主要包括：①要明确统一的普查时点，即标准时间，使所有普查资料都反映这一时点的状况，避免重复和遗漏。②在普查范围内，对各调查单位和调查点要同时进行普查，并尽可能在最短期间内完成，以便在方法上、步调上取得一致。③普查项目和指标一经统一规定，不得任意改变或增减，以免影响汇总综合，降低资料质量。同一种普查，每次项目和指标应力求一致，以便将历次普查资料进行对比。④根据普查的任务、特点和实地调查的条件，来选择最适当的普查时点。普查时期的间隔，应尽可能保持一定的周期，这样便于对比分析历次的普查资料，观察某种现象的变化发展及其规律性。

（4）快速普查

快速普查是一种特殊的普查，属于第二种普查方式。其特点是：①布置任务和报送资料越过中间一切环节，由组织领导普查工作的最高机关与基层单位直接联系；②采用电讯方式布置任务和报送资料；③普查资料由最高领导机关集中汇总。

2. 重点调查

重点调查是一种专门组织的了解基本情况的非全面调查，它在全部调查单位中只选择一部分重点单位进行调查。重点单位是指那些在全部调查单位中只占小部分比重，而它们的标志值在标志中占绝大比重的单位，即标志值比重最大的那一小部分单位。如要了解钢的生产情况，重点调查十大重点钢铁企业即可代表钢铁生产的基本情况，因为这些重点钢铁企业的钢产量占全国钢产量的大部分。重点调查可以是专门组织的调查，也可以颁发定期报表，由重点调查单位定期填报。

重点调查适用于调查对象的标志值比较集中于某些单位的场合，这些单位的管理比较健全，统计力量比较充实，能够及时取得准确资料。其特点为：①重点调查的目的在于了解总体现象某些数量方面的基本情况，而不要求全面准确地推算总体数字；②重点单位的各种数量特征比较显著，数量界限比较明显，便于研究现象内部的数量关系；③重点调查的实际调查的单位数目少，在满足调查目的要求的前提下，可以比全面调查节省人力、物力和时间。

3. 典型调查

（1）典型调查的意义和作用

典型调查是根据调查的目的和要求，在对被研究现象进行全面分析的基础上，有意识地从中选出少数几个具有代表性的典型单位进行深入细致的调查研究，借以认识事物的本质及其规律性，属专门组织的非全面调查。具有代表性的典型单位指一部分或个别单位，它们在被研究的现象总体中能最现实、最充分、最集中地体现总体的共性实质。

概括地说，典型调查的作用主要表现在：①典型调查可用来研究新生事物；②典型调查可用来研究事物变化发展的规律；③典型调查可用来分析事物的不同类型，研究它们之间的差别和相互关系；④典型调查的资料可用来补充和验证全面统计的数字，推论和测算有关现象的总体。

（2）典型调查的方法

典型调查的方法主要有：①"解剖麻雀"式的典型调查。当总体各单位差异不大，或者调查目的在于研究新生事物及总结经验教训等时，可以选择个别单位进行深入细致的调查研究。②"划类选典"式的典型调查。当总体各单位差异较大，且目的在于推算总体数字时，可以先对数字总体进行分类（组），然后在各类中按比例地，有意识地选择一定数目的单位构成典型总体，最后由典型总体的指标数字去估算总体的指标数字。③非定点的典型调查。为了了解典型单位一时性的问题，在完成调查后不再连续调查。④固定基点的典型调查。为了深入观察典型单位的发展原因及其变动趋势，需要以它为固定基点进行连续调查。

（3）典型调查搜集资料的方法

可以开调查会，个别访问，蹲点调查，查阅统计、会计、原始记录等资料，也可以通过统计报表的形式搜集资料。例如，为了了解总体的一般数量表现，可以选取中等水平的典型作为调查单位；为了总结先进经验，帮助后进，则选取先进典型和后进典型，或者选取上中下各类型进行调查和比较。

4. 抽样调查

抽样调查是一种专门组织的非全面调查，它按照随机原则，从总体中抽取一部分单位进行观察，根据观察的结果，用来推算全部总体的某些数值，即以部分推断全体。按随机原则进行，即所抽取的单位完全凭偶然的机会，抽中或不被抽中机会均等，不受调查者主观意图的影响。随机原则是抽样调查区别于典型调查和重点调查的最根本的特点，也是抽样调查的基础。

抽样调查的主要任务在于通过对样本单位的观察，计算出样本指标以及抽样误差，用以推算总体指标，并用概率推算其可靠程度。典型调查结果不能用以推算总体，其主要任务是深入了解少数典型单位，借以对总体作推论分析，以掌握总体的基本情况，没有推算总体的条件。

抽样调查主要应用于：①有些现象不可能进行全面调查，此时可采用抽样调查；②有些现象没有必要进行全面调查，此时也可采用抽样调查；③抽样调查可以用来检查和评价全面调查资料的质量；④运用抽样调查资料可以推断生产过程是否处在正常状态。

例如，灯泡的寿命检验、罐头食品的质量检验、炮弹射程和杀伤力的检验和电子元件性能的检验等等，又如对水库中的鱼苗数、森林区的木材蓄积量等进行全面调查是不可能的，只能采用抽样调查方法来推断总体的情况。关于抽样调查我们将在第六章中详细论述。

第二节　统计数据分类及其特征

统计是研究数据的科学，了解统计数据及其类型就显得很有必要。在英文中，"data"（数据）一词总是以复数形式出现，其单数形式为"datum"，这表明统计数据不是指单个的数字，而是由多个数据构成的数据集。单个的数据显然用不着统计方法进行分析，仅凭一个数据点，我们也不可能得出事物的规律。只有经过对同一事物进行多次观察或试验得到的大量数据，才能利用统计方法探索出内在的必然规律性。

一、统计数据的分类

按照所采用的计量尺度不同，可以将统计数据分为分类数据、顺序数据和数值型数据。统计数据还可以从其他角度进行分类，例如，按照统计数据的收集方法，可以将其分为观测的数据和实验的数据；按照被描述的对象与时间的关系，可以将统计数据分为截面数据和时间序列数据。

（一）分类数据、顺序数据、数值型数据

1. 分类数据（categorical data）

分类数据是对事物进行分类的结果，数据则表现为类别，是用文字来表述的。它是由定类尺度计量形成的。例如，人口按照性别分为男、女两类；企业按照经济性质分为国有、集体、私营、合资、独资企业等。虽然分类数据只是表现为某种类别，但为了便于统计处理，特别是为了便于计算机识别，我们可以对不同类别用不同的数字或编码来表示，比如用"1"表示男性人口，"0"表示女性人口。这些数字只是给不同类别的一个代码，并不意味着这些数字可以区分大小或进行任何数学运算。

2. 顺序数据（rank data）

顺序数据也是对事物进行分类的结果，但这些类别是有顺序的。它是由定序尺度计量形成的。比如我们可以将产品分为一等品、二等品、三等品、次品等；考试成绩可以分为优、良、中、及格、不及格等；一个人的受教育水平可以分为小学、初中、高中、大学及以上；一个人对某一事物的态度可以分为非常同意、同意、保持中立、不同意、非常不同意等。

3. 数值型数据（metric data）

数值型数据是使用自然或度量衡单位对事物进行计量的结果，其结果表现为具体的数值。如用人民币元来度量的收入，用百分制度量的考试成绩，用摄氏或华氏来度量的温度，用克度量的物体的重量，用米度量的物体长度，等等。对于数值型数据我们可以再细分为间隔数据和比率数据，它们分别是由定距尺度与比率尺度计量形成的。

分类数据和顺序数据说明的是事物的品质特征，通常是用文字来表述的，其结果均表现为类别，因而也可统称为定性数据或品质数据（qualitative data）。

数值型数据说明的是现象的数量特征，通常是用数值来表现的，因此也可称为定量数据或数量数据（quantitative data）。

（二）观测数据和实验数据

按照统计数据的收集方法，可以将其分为观测数据和实验数据。

1. 观测数据（observational data）是通过调查或观测而收集到的数据，这类数据是在没有对事物人为控制的条件下而得到的，有关社会经济现象的统计数据几乎都是观测数据。

2. 实验数据（experimental data）是在实验中控制实验对象而收集到的数据。比如，对一种新药疗效的实验，对一种新的农作物品种的实验等。自然科学领域的大多数数据都为实验数据。

（三）截面数据、时间序列数据和面板数据

按照被描述的对象与时间的关系，可以将统计数据分为截面数据、时间序列数据和面板数据。

1. 截面数据（cross sectional data）

截面数据是在相同或近似相同的时间点上收集数据，它所描述的是现象在某一时刻的变化情况，比如，2015 年我国各地区国内生产总值数据就是截面数据。

2. 时间序列数据（time series data）

时间序列数据是在不同时间上收集到的数据。它所描述的是现象随时间而变化的情况，比如 1980—2015 年我国的国内生产总值数就是时间序列数据。

3. 面板数据（panel data）

面板数据是指对一组个体（如居民、国家、公司等）连续观察多期得到的数据，是时间序列和截面数据的混合。如我国 31 个省 1980—2015 年的国民生产总值就是一组面板数据。

二、统计数据的特征

（一）统计数据具有"二合一"性

一个完整的统计数据包括两个部分：一是统计数据的概念，又称为指标名称，用来说明统计数据的含义；另一个是统计数据的数值，又称为指标数值，是统计数据数量特征的体现。统计数据的"二合一"性就是指统计数据是指标名和指标值的统一体，是不可分割、缺一不可的。

（二）统计数据具有历史性

统计数据是历史发展的积累，随着时间的推移，以往的历史数据不会失去存在的意义，而是进行统计分析、统计预测的基础。

（三）统计数据具有广泛性

统计数据所记录的对象可能横向涉及各行业的各种事物，而且随着统计手段的加强和统计能力的提高，统计的范围在不断拓展。

（四）统计数据具有大量性

统计数据的纵向历史性和横向广泛性造成统计数据的大量性。

（五）统计数据具有多维性和层次性

分析单个统计数据，可以看出它的指标名具有结构多维性，即：一个指标名是由多个基本元素构成的。缺少其中任何一个指标元，指标的含义就会变化或不清；分析多个统计数据，指标名之间又具有结构层次性。这种层次关系是由指标元的层次关系造成的。

（六）统计数据具有变化性和不规范性

历史性必然造成统计数据的变化性和不规范性。随着时间的推移和人们对分析问题认识的不断深入，统计数据的核算单位、统计口径等必然会产生变化，导致统计数据不具有可比性。

第三节 统计数据的基本描述

一、统计整理

（一）统计整理的意义

统计调查所获得的原始资料只是反映总体中各个单位的资料，要想获得关于总体特征的统计指标，就需要对统计调查资料进行统计整理。

所谓统计整理，就是根据统计研究的目的，对得到的资料进行科学的分类和汇总，使之条理化、系统化，以得出反映事物总体综合数量特征的资料。

统计整理是统计调查的必然继续，也是统计分析的基础和前提条件，起着承前启后的作用，成为人们对社会经济现象由感性认识上升到理性认识的过渡阶段。

（二）统计整理的内容

统计整理的内容通常包括：①根据研究任务的要求，选择应整理的指标，并根据分析的需要确定具体的分组；②对统计资料进行汇总，计算总体单位总量和总体标志总量；③通过统计表描述汇总结果。

统计整理是否科学，关键在于正确选择应整理的指标和采用恰当的统计分组。统计整理的步骤大体上分为以下几个步骤：第一步，设计整理方案。这是统计整理的依据，主要内容是根据分析研究的目的，确定应整理的指标或指标体系。第二步，资料审核。就是对原始资料进行逻辑检查或平衡检查。第三步，统计分组。通过分组区分现象内部质的差异，揭示总体内部的结构比例关系。第四步，统计汇总。对相关资料进行加总和必要的计算，以得到反映总体综合数量特征的资料。

二、统计分组

（一）统计分组的概念

统计总体是由具有某种共同性质（即同质性）的许多单位所组成的整体。这种同质性是相对的，总体中的各单位之间的其他方面还存在着质或量的差别。因此，可将统计总体进一步区分为性质不同的若干部分。

统计分组就是根据统计研究的目的和被研究总体的属性或数量特征，按照一定的标志将总体区分为若干个性质不同而又有联系的部分。

统计分组对总体而言是"分"，即将总体区分为性质不同的若干部分；对总体单位而言是"合"，即将性质相同的单位组合成一组。比如，全国人口是一个总体，按人口性别标志分，可将该总体分为两个组，即男性人口组和女性人口组。每个组内性别表现都相同，但组与组之间性别表现又是不同的。

统计分组应做到不重不漏，即每一总体单位必须归入一个组，且只能归入一个组。统计分组是基本的统计方法之一，在资料整理和统计分析中有着广泛的应用。

（二）统计分组的作用

1. 划分现象的类型

通过统计分组，将现象区分为不同类型，以表明不同类型现象的本质和发展规律。如将工业企业按经济类型划分，可研究各种经济类型工业发展规模、水平、效益等状况。

2. 反映现象内部结构比例关系

通过统计分组，可以说明组与总体之间、组与组之间的数量关系，从而反映现象内部的结构及比例关系。如工业增加值中，国有企业所占比重、国有企业与非国有企业的比例等。

3. 分析现象间的依存关系

社会经济现象不是孤立的，而是相互联系、相互依存的。这种依存关系，常常表现为因果关系。如果把那些表现为事物变化原因的标志称为影响标志，把表现为事物发展结果的标志称为结果标志，那么按照影响标志对总体进行分组，并对各组计算结果标志的总量，就可分析两个标志的联系方向和程度。例如，分析工人文化程度和劳动生产率的关系，可将前者作为影响标志，后者作为结果标志。把工人按文化程度分组后，通过计算各组的劳动生产率，便可了解和分析劳动生产率依文化程度变化的情况。

（三）正确选择分组标志的基本原则

分组标志是统计分组的依据和标准。对同一总体，选择的分组标志不同，分组结果及由此得出的结论也会不同。因此，正确选择分组标志，是统计分组的关键。

为了正确选择分组标志，我们必须做到：①根据研究目的来选择分组标志；②选择最能揭示事物内部矛盾和反映本质特征的标志作为分组标志；③结合现象所处的历史条件或经济条件选择分组标志。

（四）分组标志的种类

在统计分组中，无论品质标志、数量标志都可以成为分组标志。因此，分组标志也有品质标志和数量标志两种。

总体按品质标志分组，若分组标志表现明确，则分组界限也明确，分组就容易。如人口按性别分组。但有时分组标志表现不够明确，导致组界限含混，此时分组较难，必须慎重。如人口按城乡分组，由于城市与乡村的界限比较复杂，分组也就较为困难。实际工作中遇到这类问题，往往按相关规定或标准执行。

总体按数量标志分组，就是通过数量变化来区分各组的不同类型和性质。有两种情况：一种是分组标志取值是离散的，且可能取到的不同标志值不多，这时可作单项式分组，即用一个标志值代表一个组，这种分组较简单；另一种是分组标志的取值是连续的，或虽是离散的，但可能取到的不同标志值较多，这时只能作组距式分组，即以一定的区间代表一个组。

我们知道，统计分组的实质就是区分事物质的差别。因而在选择数量标志作为分组标志时，决定各组数量界限时必须十分慎重，注意通过量的差异体现质的差别。

（五）分组形式

1. 简单分组

简单分组就是对被研究总体只按一个标志进行分组，故也称单一分组。简单分组只能反映总体在某一标志特征方面的差异。

2. 复合分组

复合分组就是对同一总体按两个或两个以上的标志进行层叠分组。所谓层叠分组，是指总体在按某一标志分组的基础上，在各组内按另外的某标志进行再分组。如对某单位职工总体按性别分为男性人口和女性人口两组后，再分别对每个组按文化程度分组。

3. 分组体系

用一系列相互联系、互为补充的标志对总体进行多种分组所形成的体系，统计上称为分组体系。分组体系有两类：一类是由简单分组平行排列形成的平行分组体系；另一类是复合分组本身形成的复合分组体系，如对某单位职工按性别、文化程度两个标志分组，其平行分组体系和复合分组体系如下：

平行分组体系：

（1）按性别分组：①男职工；②女职工。

（2）按文化程度分组：①小学及小学以下；②中学及中专；③大专及大专以上。

复合分组体系：

按性别、文化程度分组：

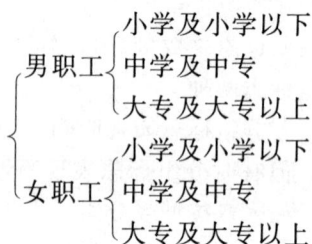

$$
\left\{
\begin{array}{l}
\text{男职工}\left\{
\begin{array}{l}
\text{小学及小学以下}\\
\text{中学及中专}\\
\text{大专及大专以上}
\end{array}
\right.\\
\text{女职工}\left\{
\begin{array}{l}
\text{小学及小学以下}\\
\text{中学及中专}\\
\text{大专及大专以上}
\end{array}
\right.
\end{array}
\right.
$$

三、次数分布

（一）次数分布的概念

在统计分组的基础上，将总体中所有总体单位按组归类整理，形成总体单位数在各组的分布，称次数分布。分布在各组的总体单位数叫次数，又叫频数。各组次数与总次数之比叫比重，又叫频率。将各组组别和次数依次编排而成的数列叫次数分布数列，简称分布数列，又称分配数列或次数分布。有时也可以把比重列入分布数列中。它反映总体中所有总体单位在各组的分布状况和分布特征。研究这种分布特征是统计分析的一项重要内容。

根据分组标志特征的不同，分布数列可以分为属性分布数列和变量分布数列两种。按品质标志分组形成的分布数列叫属性分布数列或品质分布数列，见表2-1所列。

表 2 - 1　我国第五次人口普查大陆人口的性别分布

性别	人口数（万人）	比重（%）
男性	65 355	51.63
女性	61 228	48.37
合计	126 583	100.0

资料来源：第五次人口普查。

按数量标志分组形成的分布数量称为变量分布数列，简称变量数量，见表 2-2 所列。

表 2 - 2　2015 年末某城镇居民私家车拥有量分布

私家车拥有量（辆）	居民户数（万户）	比重（%）
1	8.6	27.74
2	15.3	49.36
3	7.1	22.90
合计	31.0	100.0

（二）次数分布的编制

1. 编织次数分布应考虑的问题

（1）分组原则

统计分组属于定名测定，在方法上必须遵循穷尽和互斥两个原则。任何总体内部各单位之间都是既有共性又有差异性，分组便是以这种共性和差异性的对立统一为基础的测定，无论是自然科学或社会科学的研究都是必不可少的。

（2）组距与组数

单项数列不存在组距问题，其组数等于数量标志所包含变量值的数目。当变量值较多时，单项数列难以反映总体内不同性质组成部分的分布特征，这时就有必要编制组距数列。

在编制组距数列时，不仅要考虑各组的划分是否能区分总体内各组成部分的性质差异，还需要确定适当的组距和组数，才能准确、清晰地反映总体特征。

在等距数列中，由于各组的组距相等，各组次数的分布不受组距大小的影响，它和消除了组距因素影响的次数密度的分布是一致的，见表 2-3 所列。

表 2 - 3　某班学生统计学考试成绩

成绩（分）	组距（分）	人数（人）	次数密度
50～60	10	2	0.2
60～70	10	7	0.7
70～80	10	11	1.1
80～90	10	12	1.2
90～100	10	8	0.8
合计	—	40	—

在异距数列中，由于各组的组距不完全相等，因而各组次数的多少受组距不同的影响。在研究各组次数的实际分布时，要消除组距不同的影响，即用各组次数密度来反映次数的各级分布状况。因此，从明确反映总体分布特征考虑，编制组距数列时应尽可能采用等距式分组的方法。

分组时，一般应根据对总体内部情况的定性分析，先确定组数，然后用变量的变动范围除以组数来确定组距，并据以划分各组界限。即：

$$组距＝全距/组数＝（最大值－最小值）/组数$$

（3）组限与组中值

组限是指在组距数列中，区分各组性质差异的数量界限，用各组变量值中的最小值表示下限，最大值表示上限。在组距与组数确定之后，只要划定各组界限便可编制组距数列。此时，就应从次数分配特征的角度考虑所编制的组距数列能否真实的反映总体内各单位的实际分布特征。另外，连续变量分组时，一般遵循"上组限不在内"原则。例如，某小组 10 名学生某门课程考试成绩资料如下（单位：分）：

66，69，74，76，78，80，82，84，88，89

假定已确定分为一般、良好、优秀三个成绩组，各组组距均为 10 分，可以有如下两种划分组限的方法，形成两个分布特征不同的组距数列，见表 2-4 和表 2-5 所列。

表 2-4　学生按考试成绩分组

考试成绩（分）	学生人数（人）
60～70	2
70～80	3
80～90	5
合计	10

表 2-5　学生按考试成绩分组

考试成绩（分）	学生人数（人）
65～75	3
75～85	5
85～95	2
合计	10

将表 2-4 和表 2-5 的两个组距数列分别与 10 名学生成绩的实际资料对比，可见表 2-5 的组距更真实地反映了总体内各单位的实际分布特征，说明

其组限的划分是较成功的。

组中值是表明组内各变量值一般水平的一个代表值，通常按下式计算：

$$组中值＝（上限＋下限）/2$$

用组中值来代表组内变量值一般水平的必要前提，是各单位的变量值在本组范围内呈均匀分布或在组中值两侧对称分布。

（三）次数分布的显示方法

1. 表示法

用统计表的形式显示次数分布，不仅便于研究次数分布的特征，而且还便于研究累计次数，见表 2-6 所列。

表 2-6　某班学生统计学考试成绩

考试成绩（分）	分布次数		向上累计次数		向下累计次数	
	人数（人）	比重（％）	人数（人）	比重（％）	人数（人）	比重（％）
50～60	2	5.0	2	5.0	40	100.00
60～70	7	17.5	9	22.5	38	95.0
70～80	11	27.5	20	50.00	31	77.5
80～90	12	30.00	32	80.00	20	50.0
90～100	8	20.00	40	100.00	8	20.0
合计	40	100.00	—	—	—	—

累计次数分为向上累计次数和向下累计次数。向上累计次数是将各组次数由变量值小的组向变量值大的组累计，列在某组的累积次数反映该组上限以下的累积单位数。向下累积次数是将各组次数由变量值大的组向变量值小的组累计，列在某组的累积次数反映该组下限以上的累积次数。

2. 图示法

（1）直方图

直方图是用直方形的宽度和高度来表示次数分布的一种统计图。编制直方图时，用横坐标表示各组组限，纵坐标表示次数和比重，没有比重的直方图只保留左边的次数，然后按分布在各组的次数及比重确定各组在纵轴上的坐标，并依据各组组距的宽度与次数的高度绘制直方图。图 2-1 是根据表 2-6 的资料绘制的直方图。

（2）折线图

折线图可以在直方图的基础上，用线将各组组中值与次数高度的坐标点顺次连接而成，如图 2-2 所示。

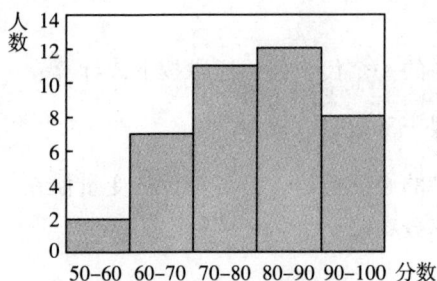

图 2-1 次数分布直方图

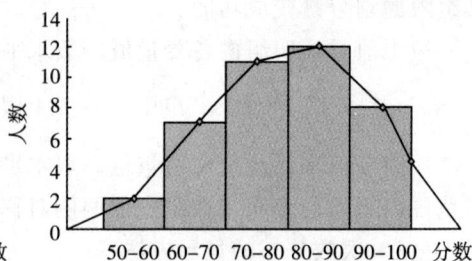

图 2-2 次数分布折线图

折线图即可以用来表示累积次数的分布。

（3）曲线图

当变量值非常多，变量数列的组数无限增多时，折线便近似地表现为一条平滑的曲线。曲线图是组数趋向于无限多时折线图的极限描述，是一种理论曲线。它实质上是对应于连续变量的次数或比重分布的函数关系图。

（4）茎叶图

前面介绍的直方图只是大概地给出一组数据的分布情况，但没有给出具体的数值。这里介绍的茎叶图则弥补了直方图的这一缺陷。所谓茎叶图，就是由数字组成的图形像茎和叶的一种分布图。

茎叶图一般将具有相同数位且最左边相同的数字由小到大垂直排列称为茎，然后将对应于茎的数字的其余数字由小到大从左到右记在茎的右边，称为叶，如图 2-3 所示。

从图 2-3 可以看出，54 和 58 都是 10 位数，共用一个茎就是 5，4 和 8 就是叶。从 54 到 99，共有 5 个茎。每一叶最右边括号中数字称为小叶，即这一叶中出现的数据的频数或次数。

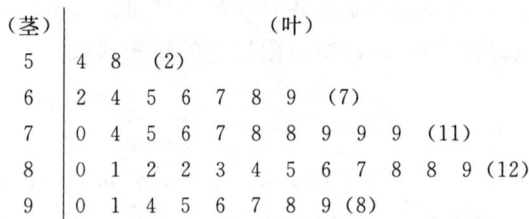

```
（茎）                （叶）
  5  │ 4  8  (2)
  6  │ 2  4  5  6  7  8  9  (7)
  7  │ 0  4  5  6  7  8  8  9  9  9  (11)
  8  │ 0  1  2  2  3  4  5  6  7  8  9 (12)
  9  │ 0  1  4  5  6  7  8  9  (8)
```

图 2-3 茎叶图

（四）次数分布的主要类型

各种不同性质的社会经济现象都有着特殊的次数分布。概括起来，主要有下列三种类型：

1. 钟形分布

钟形分布的特征是"两头小，中间大"，即靠近中间的变量值分布的次数多，靠近两端的变量值分布的次数少，绘制成曲线图，宛如一口古钟。如图 2-4 所示。

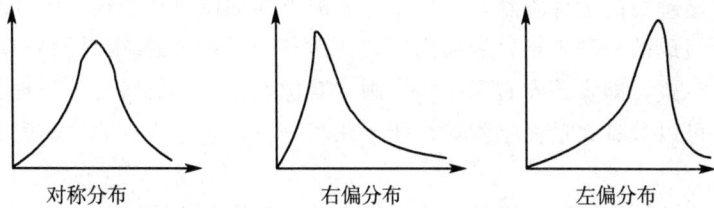

| 对称分布 | 右偏分布 | 左偏分布 |

图 2-4 钟形曲线图

钟形分布具体可分为对称分布和非对称分布两类。对称分布的特征是中间变量值分布的次数最多，两侧变量值分布的次数则随着与中间变量值距离的增大而渐次减少，并且围绕着中心变量值两侧呈对称分布。对称分布中的正态分布最重要，许多经济社会现象总体的分布都趋近于正态分布。在非对称分布中，有不同方向的偏态。右边托的尾巴较长，称为右偏或正向偏态，反之称为左偏或负偏态。

2. U 形分布

U 形分布的特征和钟形分布恰恰相反。靠近两端的变量值分布的次数多，靠近中间的变量值分布的次数少，形成"两头高，中间低"的分布特征。绘制成曲线图，如图 2-5 所示。

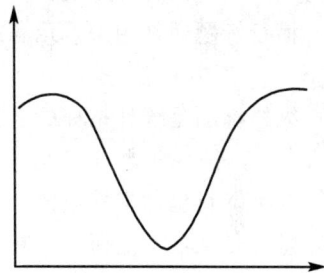

图 2-5 U 形分布

3. J 形分布

J 形分布有两种类型。正 J 形分布是次数随着变量值的增大而增多，绘制成曲线图，像英文字母"J"字，如图 2-6-1 所示。反 J 形分布次数随着变量值增大而减少，如图 2-6-2 所示。例如，在投资经济活动中，投资额按利润大小分布，一般呈正 J 形分布。在商业活动中，流通费用率按商品销售额的多少分布，一般呈反 J 形分布。

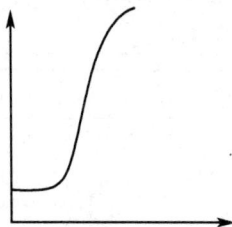

图 2-6-1 正 J 形分布   图 2-6-2 反 J 形分布

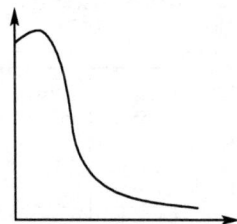

图 2-6 J 形分布

四、图表描述

（一）统计表

经过整理后的统计资料，可用统计表的形式加以概括表述。统计表是纵横线交叉所组成的一种表格，表格内所列的是整理后系统的统计资料。统计表一般采用开口式，即表的左右两条线不画。其优点在于：资料易于条理化，简单明了；且可以节省大量文字叙述，便于比较分析，易于检查数字的完整性和准确性。

统计表的结构可以从表的形式和内容两方面加以论述。

1. 统计表的形式

统计表是由总标题、横行标题、纵栏标题和数字资料构成。此外，有些统计表还需在表的下端增添注解，以说明资料的来源，如某些指标数值的计算方法、填表单位和其他需要说明的问题。

总标题也称为统计表的名称，它用概括性的文字简单明了地说明统计资料的时间、基本内容和范围。一般写在表的上部中端。

横行标题通常用来表示各组的名称，反映统计表的主要项目，写在表的左方。

纵栏标题是统计指标的名称，说明纵栏所列各项资料的内存，写在表内右上方。

数字资料也称指标数值，它是统计表的具体内容，列在各横行标题和各纵栏标题的交叉处。任何一个具体数值都由横行标题和纵栏标题所限定。

2. 统计表的内容

统计表由主词与宾词两部分组成。见表 2-7 所列，主词是统计表所要说明的总体及其分组；宾词是用来说明总体的统计指标。通常情况下，表的主词排列在左方，列于横栏；表的宾词排列在右方，列于纵栏。但有时为了更好地编排表的内容，也可将主词和宾词更换位置。

表 2-7　合肥市 2003 年国内生产总值（总标题）

主词	宾词		
按三次产业分	国内生产总值（亿元）	百分比（%）	（纵栏标题）
第一产业	40.02	8.25	
第二产业	243.71	50.25	
第三产业	201.24	41.50	
合计	484.97	100.0	

资料来源：《2004 年安徽统计年鉴》。

　　编制统计表时应注意以下几个问题：①统计表的栏数如果过多要加以编号，主词和计量单位各栏用（甲）、（乙）、（丙）等文字编写；宾词指标各栏则用（1）、（2）、（3）等数字编号。②表中数字要填写整齐，位数对准。当不存在这项数字时，用符号"—"表示。当缺乏某项资料时，用"..."表示。

　　（二）统计图

　　统计资料除用统计表加以概括表述外，还可用统计图表示。统计图的特点是形象、鲜明、直观，表示现象之间相互关系更便捷。主要也就是上节介绍的次数分布的图示法，如直方图、折线图、曲线图等。

复习思考题

1. 统计调查的种类有哪些？

2. 统计调查的组织形式有哪些？

3. 统计调查搜集资料的方法有哪些？并说明它们各自的适用条件。

4. 统计数据的种类及其特征是什么？

5. 某班学生统计学考试成绩（分）如下：

93	50	78	85	66	71	63	83	52	95	78	72	85	78	82	90	80
55	95	67	72	85	77	70	90	70	76	69	58	89	80	61	67	99
89	63	78	74	82	88	98	62	81	24	76	86	73	83	85	81	

　　要求：（1）根据资料编制组距数列。

　　（2）绘制次数分布的曲线图，据此分析成绩分布的特点。

　　（3）计算两种累计人数，并回答 60 分以下及 80 分以上的人数。

6. 某百货公司连续 40 天的商品销售额（单位：万元）如下：

41	25	29	47	38	34	30	38	43	40	46	36	45	37	37	36	45
43	33	44	35	28	46	34	30	37	44	26	38	44	42	36	37	37
49	39	42	32	36	35											

　　要求：根据上面的数据进行适当分组，编制频数分布表，并绘制直方图。

7. 某行业管理局所属 40 个企业 2015 年 8 月的产品销售收入数据（单位：万元）如下：

152	124	129	116	100	103	92	95	127	104	105	119	114	115
87	103	118	142	135	125	117	108	105	110	107	137	120	136
117	108	97	88	123	115	119	138	112	146	113	126		

　　要求：（1）根据上面的数据进行适当分组，编制频数分布表，并计算出累计频数与累计频率

　　（2）按规定，销售收入在 125 万元以上为先进企业，115 万元～125 万元为良好企业，105 万元～115 万元为一般企业，105 万元以下为落后企业，按先进企业、良好企业、一般企业、落后企业进行分组。

第三章   平均指标与变异指标

第一节   平均指标

一、平均指标的含义

平均指标也称平均数，是社会经济统计广泛应用的一种综合指标，它表明同类现象在一定时间、地点、条件下所达到的一般水平，是总体内各单位参差不齐的标志值的代表值。

平均指标固然决定于总体内各单位个体的水平，但它反映的是总体的数量特征，是总体变量分布的一个重要特征值。无论是自然现象或社会经济现象，很多变量的分布都表现为接近平均数的标志值居多，远离平均数的标志值较少，也即多数标志值以平均数为中心密集地分布在它的两侧，呈现出向心力作用下的集中趋势。因此，平均指标也是对变量分布趋势的测定，反映分布集中趋势的特征。

二、平均指标的作用

经济社会统计工作中经常要用到平均指标，平均指标作用很大，主要体现在：①反映标志值的集中趋势。例如，农民家庭收入情况，人均纯收入很少或很多的户数只是少数，但在人均纯收入周围的中等收入的户数占总户数很大的比重。所以农户人均纯收入这一指标反映了农户收入分配的集中趋势，是农民收入在具体条件下所达到的一般水平，具有规律性意义。②便于比较分析。例如，用单位产品成本、劳动生产率等平均数对比不同工业企业的生产情况，由于消除了企业规模大小的影响，就能反映不同规模企业的工作成绩和质量，以便找出差距，从而提高经济效益。③可用于分析现象之间的依存关系。例如，商业企业规模的大小和商品流通费用率之间存在的依存关系，可以根据商品流转额来划分不同规模的贸易企业，在计算各类企业的平均商品流通费用率，就可看出商品流转额的增减和流通费用率升降的依存关系。在企业管理中，劳动量、原材料消耗费用等定额的制定，也往往是以实际的平均数为依据，结合其他条件估算的。也可以进行数量上的估计推算。例如，对某企业劳动效率的评定，通常是以它们的平均劳动生产率水平为标准的。

三、平均指标的分类

在社会经济统计中常用的平均指标有中位数、众数、算术平均数、调和平均数、几何平均数等。

（一）算术平均数

算术平均数是最常用的一种平均指标。其基本公式是：

$$算术平均数 = \frac{总体标志总量}{总体单位总数}$$

算术平均数的具体计算方法分为简单算术平均和加权算术平均两种。

1. 简单算术平均数

根据未分组的原始统计资料，将总体各单位的标志值简单加总形成总体标志总量，而后除以总体单位总数，这种方法为简单算术平均法。计算公式为：

$$\overline{X} = \frac{x_1 + x_2 + x_3 + \cdots + x_n}{n} = \frac{\sum\limits_{i=1}^{n} x_i}{n}$$

式中：　$\overline{X}$ 为算术平均数；

x_i 为第 i 个单位的标志值（$i = 1, 2, 3, \cdots, n$）；

n 为总体单位总数。

2. 加权算术平均数

根据分组整理而形成的变量数列计算算术平均数的方法，称为加权算术平均法。计算公式为：

$$\overline{X} = \frac{x_1 \cdot f_1 + x_2 \cdot f_2 + \cdots + x_n \cdot f_n}{\sum\limits_{i}^{n} f} = \frac{\sum\limits_{i=1}^{n} x_i \cdot f_i}{\sum\limits_{i}^{n} f}$$

式中：

x_i 为各组变量值；

f_i 为各组单位数（次数）（$i = 1, 2, 3, \cdots, n$）；

$x_i \cdot f_i$ 为第 i 组的标志量总和；

n 为组数。

【例1】　表3-1为某企业职工月平均工资的分组数据，试计算职工的月平均工资。

表 3 - 1　某企业职工月平均工资的分组数据

职工按工资分组（元）	职工数（人）（f）	组中值（元）（x）	各组职工工资额（元）（xf）
10000 以下	10	7500	75000
10000～15000	10	12500	125000
15000～20000	30	17500	525000
20000～25000	30	22500	675000
25000～30000	10	27500	275000
30000 以上	10	32500	325000
合计	100	——	2000000

100 名职工月平均工资为：

$$\overline{X} = \frac{\sum xf}{\sum f} = \frac{2000000}{100} = 20000 \text{（元）}$$

答：职工月平均工资为 20000 元。

3. 算术平均数的性质

算术平均数有以下两个重要的数学性质：

（1）各个变量值与平均数离差之和等于零

简单算术平均数：$\sum (x - \overline{x}) = 0$

证明：$\sum (x - \overline{x}) = \sum x - n\overline{x} = \sum x - n\dfrac{\sum x}{n} = \sum x - \sum x = 0$

加权算术平均数：$\sum (x - \overline{x}) f = 0$

证明：

$$\sum (x - \overline{x}) f = \sum xf - \sum \overline{x}f = \sum xf - \overline{x}\sum f = \sum xf - \frac{\sum xf}{\sum f} \cdot \sum f$$

$$= \sum xf - \sum xf = 0$$

平均数的这种数学性质说明，平均数实质意义上是把总体各单位变量值的差异全部抽象化，采取截长补短的办法把变量值小于平均数的负离差全部用大于平均数的正离差抵消补齐。

（2）各个变量值与平均数的离差平方之和为最小值

即 $\sum (x - \overline{x})^2$ 或 $\sum (x - \overline{x})^2 \cdot f$ 为最小值。

下面以简单算术平均数为例来证明，也就是证明 $\sum (x - \overline{x})^2$ 为最小值。

证明：设 x_0 为不等于平均数 $\overline{x}$ 的任意值，则 $\overline{x} - x_0 = c,\ c \neq 0$

$\because \overline{x} - x_0 = c$，$\therefore x_0 = \overline{x} - c$，代入以 x_0 为中心的离差平方和，得：

$$\sum (x - x_0)^2 = \sum [x - (\overline{x} - c)]^2 = \sum [(x - \overline{x}) + c]^2$$

$$= \sum [(x - \overline{x})^2 + 2c(x - \overline{x}) + c^2] = \sum (x - \overline{x})^2 + 2c\sum (x - \overline{x}) + nc^2$$

$\because c \neq 0$，$\therefore nc^2 > 0$

得：$\sum (x - x_0)^2 > \sum (x - \overline{x})^2$

故：$\sum (x - \overline{x})^2$ 为最小值

用类似方法可证明 $\sum (x - \overline{x})^2 \cdot f$ 也为最小值。

平均数的这条性质说明，以任意不为平均数的数值为中心计算的离差平方和总大于以平均数为中心计算的离差平方和。因此，算术平均数是误差最小的总体代表值。

（二）调和平均数

调和平均数也称"倒数平均数"，它是对变量的倒数求平均，然后再取倒数而得到的平均数，记作 H。调和平均数有简单调和平均数和加权调和平均数两种计算形式。

1. 简单调和平均数

$$H = \frac{1}{\dfrac{\dfrac{1}{x_1} + \dfrac{1}{x_2} + \cdots + \dfrac{1}{x_n}}{n}} = \frac{n}{\dfrac{1}{x_1} + \dfrac{1}{x_2} + \cdots + \dfrac{1}{x_n}} = \frac{n}{\sum \dfrac{1}{x}}$$

2. 加权调和平均数

$$H = \frac{1}{\left(\dfrac{m_1}{x_1} + \dfrac{m_2}{x_2} + \cdots + \dfrac{m_k}{x_k}\right) / (m_1 + m_2 + \cdots + m_k)}$$

$$= (m_1 + m_2 + \cdots + m_k) / \left(\frac{m_1}{x_1} + \frac{m_2}{x_2} + \cdots + \frac{m_k}{x_k}\right) = \frac{\sum m}{\sum \dfrac{m}{x}} \quad (m \text{ 为权数})$$

在我们的生活中，直接用调和平均数的地方很少遇到，而在社会经济统计中经常用到的仅是一种特定权数的加权调和平均数，一般是把它作为算术平均数的变形来使用的，而且两者计算的结果是一样的，仅仅计算的过程不同而已。即有以下数学关系式成立：

$$\overline{x} = \frac{\sum xf}{\sum f} = \frac{\sum xf}{\sum x \dfrac{1}{x} f} = \frac{\sum m}{\sum \dfrac{m}{x}} = H$$

式中，$m=xf$，$f=\dfrac{m}{x}$。m 是一种特定权数，它不是各组变量值出现的次数，而是各组标志值总量。但是 m 具有加权算术平均数权数的数学性质，即各组权数 m 同时扩大或缩小若干倍数，平均值不变。应该指出，当各组标志总量相等，即 $m_1=m_2=m_3=\cdots=m_k$ 时，加权调和平均数等于简单调和平均数。即：

$$\frac{\sum m}{\sum \dfrac{m}{x}}=\frac{nm}{m\cdot\sum\dfrac{1}{x}}=\frac{n}{\sum\dfrac{1}{x}}$$

【例2】 设某种商品在三个农贸市场上的单价和贸易额资料见表 3-2 所列，求该商品的平均价格。

表 3-2   某种商品在三个农贸市场上的单价和贸易额资料

市场	单价（元）	贸易额（元）	贸易量（千克）
	x	xf	
甲	1.00	2500	2500
乙	0.90	2700	3000
丙	0.80	4000	5000
合计	——	9200	10500

解：平均价格 $=\dfrac{\sum m}{\sum \dfrac{m}{x}}=\dfrac{2500+2700+4000}{\dfrac{2500}{1.0}+\dfrac{2700}{0.9}+\dfrac{4000}{0.8}}=\dfrac{9200}{10500}=0.88$（元）

平均价格为 0.88 元。

（三）几何平均数

几何平均数是 n 个变量值连乘积的 n 次方根，常用于发展速度、比率等变量的平均。因为这类比率的变量的连乘积为总比率，故不能用算术平均方法，而只能用几何平均方法计算其平均指标。几何平均数记为 G。根据掌握的资料是否分组，几何平均数也分为简单几何平均数和加权几何平均数。

1. 简单几何平均数

$$G=\sqrt[n]{x_1\cdot x_2\cdots x_n}=\sqrt[n]{\prod_{i=1}^{n}x_i}$$

式中：

x_i 为第 i 个变量（$i=1,2,\cdots,n$）；

$\prod$ 为连乘符号。

2. 加权几何平均数

$$G=\sqrt[\Sigma f]{x_1^{f_1} \cdot x_2^{f_2} \cdots x_n^{f_n}}=\sqrt[\Sigma f]{\prod_{i=1}^{n} x_i^{f_i}}$$

式中：

f_i 为第 i 个变量值出现的次数（$i=1$、2、…、n）。

几何平均数也可用对数的算术平均形式表示。因此，几何平均数也称"对数平均数"。简单几何平均数：

$$\log G=\frac{1}{n}(\log x_1+\log x_2+\cdots+\log x_n)$$

加权几何平均数：

$$\log G=\frac{1}{\sum f}(f_1\log x_1+f_2\log x_2+\cdots+f_n\log x_n)$$

【例3】　某企业生产某种产品要经过三个连续作业车间才能完成。若某月份第一车间粗加工产品的合格率为 95%，第二车间精加工产品的合格率为 93%，第三车间最后装配的合格率为 90%，则该产品的企业合格率（即三个车间的平均合格率）为多少？

由于全厂产品合格率为各车间产品合格率的连乘积，故应该采用几何平均法计算。

$$G=\sqrt[3]{95\% \times 93\% \times 90\%}=\sqrt[3]{0.79515}=92.64\%$$

该产品企业合格率为 92.46%。

几何平均法除用于比率变量的平均之外，也适用于某些成几何级差变动的变量求平均数。

几何平均数在实际应用中有很多限制，如被平均的变量值中有一个为零，就不能计算几何平均数；如变量为负数，开偶次方根会形成虚根，失去意义。因此，几何平均数的应用范围比算术平均数较窄。

算术平均、调和平均和几何平均是三种不同的平均方法，对同一资料用这三种方法计算的结果必然不相同。可以证明，它们之间的关系是：

$$\bar{x}>G>H$$

（四）中位数

中位数是将总体各单位的标志值按大小顺序排列，处于中间位置的那个标志值。它把全部标志值分成两部分，一半比它小，另一半比它大。

中位数是位置平均数，它不受极端值的影响，在具有个别极大或极小标志值的分布数列中，中位数比算术平均数更具有代表性；在缺乏计量手段时，也可用中位数近似地代替算术平均数。

中位数的计算一般分为两步，首先确定中点位次，然后找出中点位次对应的标志值。

1. 由未分组资料计算中位数

如果资料未经分组，中位数的确定比较简单。先按从小到大的顺序将所有变量值排队，其次利用公式 $\dfrac{N+1}{2}$ 计算中位数位次，最后确定中位数。当变量值的项数 N 为奇数时，处于中间位置的变量值即为中位数；当 N 为偶数时，中位数则为处于中间位置的两个变量值的平均数。设五个工人的日产量（件）依次排列为 10、11、12、13、14，则：

$$中位数位次 \frac{5+1}{2}=3$$

也即排于第三位的工人产量为中位数，中位数 M_e 为 12 件。

又如，六个工人的日产量（件）依次排列为 10、11、12、13、14、15，则：

$$中位数位次 \frac{6+1}{2}=3.5$$

中位数位次为 3.5，说明中位数的位置在第 3 位和第 4 位的中间，取相邻两个变量值的简单算术平均数为中位数，即：

$$中位数 M_e=\frac{12+13}{2}=12.5 （件）$$

2. 由单项式分组资料计算中位数

经过分组的资料在确定中位数时，首先将变量数列的频数或频率进行累加，然后用公式 $\dfrac{\sum f}{2}$ 来计算中位数位次，确定中位数组，最后确定中位数。

【例 4】 某单位职工家庭按人口数多少分组资料见表 3 - 3 所列。

表 3 - 3 某单位职工家庭按人口数分布表

家庭人口数（人）	家庭数（户）	频率（%）
1	18	5.00
2	90	25.00
3	180	50.00
4	72	20.00
合计	360	100.00

根据表 3 - 3 资料确定中位数的方法如下：

首先计算累计频数见表 3-4 所列。

表 3-4 某单位职工家庭按人口数分组计算表

家庭人口数（人）	家庭数（户）	向上累计频数（户）
1	18	18
2	90	108
3	180	288
4	72	360
合计	360	—

然后确定中位数的项次：

中位数的位次 $=\dfrac{\sum f}{2}=\dfrac{360}{2}=180$

从向上累计频数中可以看出从第 109 户家庭到第 288 户家庭都包含在第三组。由此可以判断，中位数在第三组，因此第 180 户家庭的人口数即为中位数，中位数 $M_e=3$（人）。

3. 由组距式分组资料计算中位数

由组距数列求中位数，同样要先按中位数位次 $=\dfrac{\sum f}{2}$ 的公式确定中位数所在组，然后按下限公式或上限公式计算中位数。

下限公式：$M_e=L+\dfrac{\dfrac{\sum f}{2}-S_{m-1}}{f_m}\cdot i$

式中：

L 为中位数所在组的下限；

f_m 为中位数所在组的次数；

S_{m-1} 为中位数组前一组的累计次数（其累计次数按向上累计计算）；

i 为中位数所在组的组距。

上限公式：$M_e=U-\dfrac{\dfrac{\sum f}{2}-S_{m+1}}{f_m}\cdot i$

式中：

U 为中位数所在组的上限；

S_{m+1} 为中位数组后一组的累计次数（累计次数按向下累计计算）。

【例 5】 某市某年城市住户抽样调查资料见表 3-5 所列，计算该城市住户家庭奖金的中位数。

表 3-5　西部某城市住户抽样调查资料（2005 年）

按奖金分组 x（元）	调查户数 f（户）	向上累计	向下累计
500 元以下	40	40	500
500~800	90	130	460
800~1100	110	240	370
1100~1400	105	345	260
1400~1700	70	415	155
1700~2000	50	465	85
2000 以上	35	500	35
合计	500	—	—

$$中位数位次 = \frac{\sum f}{2} = \frac{500}{2} = 250$$

根据下限公式计算：

第四组累计次数为 345，含 250，故该组为中位数所在组。

$$M_e = L + \frac{\frac{\sum f}{2} - S_{m-1}}{f_m} \cdot i = 1100 + \frac{\frac{500}{2} - 240}{105} \times 300 = 1128.57 \text{（元）}$$

根据上限公式计算：

第四组累计次数为 260，含 250，故该组为中位数所在组。

$$M_e = U - \frac{\frac{\sum f}{2} - S_{m+1}}{f_m} \cdot i = 1400 - \frac{\frac{500}{2} - 155}{105} \times 300 = 1128.57 \text{（元）}$$

（五）众数

众数是指总体中出现次数最多的标志值，它能够鲜明地反映数据分布的集中趋势。众数也是一种位置平均数，不受极端数值的影响，在实际工作中应用较为普遍。如集市贸易上某种商品大多数的成交价格，大多数消费者所需的服装和鞋帽尺寸，具有水平或代表值的意义。在总体单位数目多且有明显集中趋势时，计算众数既方便且意义明确。当变量数列中有两个或几个变量值的次数都比较集中时，就可能有两个或几个众数。

众数通常按分组资料计算。由单项数列计算众数时，把次数最多的组定为众数组，该组的变量值即为众数。

由组距数列计算众数，也要先确定众数组，然后利用上限公式或下限公式计算。

下限公式：

$$众数 M_0 = L + \frac{d_1}{d_1 + d_2} \times i$$

式中：

L 为众数组下限；

d_1 为众数组次数与上一组次数之差；

d_2 为众数组次数与下一组次数之差；

i 为众数组的组距。

上限公式：

众数 $M_0 = U - \dfrac{d_1}{d_1 + d_2} \times i$

式中：

U 为众数组上限。

根据表 3-5，某西部城市 2005 年城市住户抽样调查 500 户家庭奖金收入资料计算众数，次数最多的组即第三组为众数组，将有关数据代入上面两公式计算众数。

根据下限公式计算：

$$M_0 = 800 + \frac{110 - 90}{(110 - 90) + (110 - 105)} \times 300 = 1040 \text{（元）}$$

根据上限公式计算：

$$M_0 = 1100 - \frac{110 - 105}{(110 - 90) + (110 - 105)} \times 300 = 1040 \text{（元）}$$

（六）位置平均数与算术平均数的关系

中位数、众数和算术平均数都反映被研究现象数量分布的集中趋势，它们存在一定的关系，这种关系既反映总体数量分布的特征，又可用于相互之间的估算。

1. 运用中位数、众数和算术平均数的数量关系判别总体分布特征

次数分布完全对称时，算术平均数和中位数、众数三者完全相等，如图 3-1 所示。

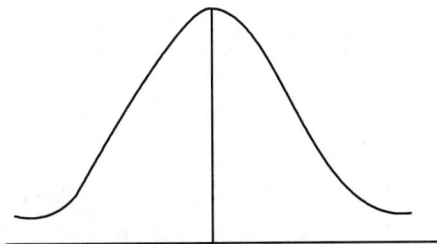

图 3-1　次数分布完全对称

　　次数分布为右偏态时，算术平均数大于中位数且大于众数，如图 3-2 所示。

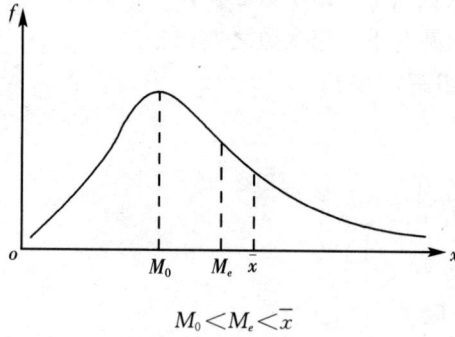

$$M_0 < M_e < \overline{x}$$

图 3-2　次数分布右偏态

　　次数分布为左偏态时，算术平均数小于中位数且小于众数，如图 3-3 所示。

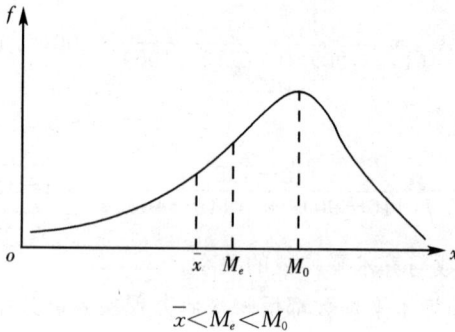

$$\overline{x} < M_e < M_0$$

图 3-3　次数分布左偏态

2. 利用位置平均数与算术平均数的关系进行推算

　　根据皮尔逊的经验，在分布偏斜度不大的情况下，不论右偏态或左偏态，算术平均数、中位数、众数之间存在一定的关系，众数与中位数的距离约为算术平均数与中位数距离的 2 倍，即：

$$M_e - M_0 = 2 \times (\overline{x} - M_e)$$

由此可以得到三个推算公式：　　$M_0 = 3M_e - 2\overline{x}$

$$M_e = \frac{M_0 + 2\overline{x}}{3}$$

$$\overline{x} = \frac{3M_e - M_0}{2}$$

【例6】 根据某城市住户家庭奖金收入的抽样调查资料计算得到众数为 1040元，中位数为1128.57元，问算术平均数约为多少？其分布呈何种形态？

解：$\bar{x} = \dfrac{3M_e - M_0}{2} = \dfrac{3 \times 1128.57 - 1040}{2} = 1172.86$（元）

$\bar{x} = 1172.86$（元），$M_e = 1128.57$（元），$M_0 = 1040$（元）

$\bar{x} > M_e > M_0$

说明该城市住户家庭奖金收入分布呈右偏态分布；也说明奖金收入分配中算术平均数偏向高端，多数居民奖金收入低于算术平均数。

四、平均指标的应用

（一）社会现象的同质性是计算和应用平均指标的基本前提

平均指标是总体内某数量标志的代表值，用以反映现象的一般水平，反映总体某一方面的共性。这就要求总体内各单位具有同质性，只有在同质总体内计算出来的平均指标才会有代表性，才能正确反映客观实际情况。否则，会歪曲现象的真实情况，得出错误的结论。例如，如果把小麦、棉花、茶叶、甘蔗等混合在一起计算平均单位产量，或把城镇职工的收入和农民的货币收入混合在一起，计算他们的平均收入，这样得到的平均指标就会掩盖现象质的差别，是一种人为的虚构平均数，没有任何实际意义。

（二）总平均数与组平均数要结合运用

根据同质总体计算的总平均数，虽能概括说明客观总体的一般水平，但是，仅仅根据总平均数，往往不能深入地说明客观现象变化的原因。还必须运用分组法，按照有关的标志，将总体区分为若干部分，然后计算各组的平均数，并把各组平均数与总平均数结合起来进行分析，才能深入地揭示客观事物发展变化的原因。例如，根据表3-6所示资料分析某厂奖金水平变动情况，就需要将总平均数与组平均数结合运用。

表3-6 某厂工人奖金水平资料表

工人组别	基期			报告期		
	工人数（人）	奖金总额（元）	奖金金额（元/人）	工人数（人）	奖金总额（元）	奖金金额（元/人）
技术工人	150	270000	1800	240	446400	1860
熟练工人	60	72000	1200	160	201600	1260
普通工人	40	36000	900	100	93000	930
合计	250	378000	1512	500	741000	1482

　　从表 3-6 中的总平均奖金看，报告期为 148.2 元，基期为 151.2 元，报告期低于基期。可是，从各组工人的平均奖金看，报告期高于基期。这种总平均数与组平均数不一致的现象，其原因在于报告期该厂熟练工人和普通工人大量增加，由基期的 40% 增加到 52%，而技术工人却由基期的 60% 降低到48%，这样，总平均数不仅把技术工人、熟练工人和普通工人的不同奖金水平加以平均了，而且还把这三类工人在人数构成上的差别也掩盖了。因此，为了全面研究该工厂报告期和基期工人奖金水平的差异，就需要分别计算不同工人组的平均奖金，以补充说明他们的总平均奖金收入。

　　（三）要用分配数列补充说明平均数

　　平均数把总体各单位的差异抽象化了，掩盖了各单位的数量差别和分配状况。因此，应用平均数说明社会经济现象一般水平时，还要具体分析总体单位的分配状况，用分配数列来补充说明平均数。例如，某车间加工零件的有关资料见表 3-7 所列。分析人均日产量的变化情况时，就需用分配数列补充说明。

表 3-7　某车间零件日产量资料表

按日产零件数分组（件）	组中值（件）	各组人数（人）	
		第三季度	第四季度
39～41	40	15	5
41～43	42	25	10
43～45	44	30	20
45～47	46	20	25
47～49	48	15	30
49～51	50	10	20
51～53	52	5	10
合计	—	120	120

　　由表 3-7 可算出，第三季度人均日产零件 44.75 件，第四季度为 46.75件，不仅平均日产水平发生了变化，分配数列结构也发生很大变化。第三季度整个分布偏低，低于平均水平的有 70 人，占一半以上；第四季度整个分布提高了，低于平均水平的仅剩 35 人，大部分是超过平均水平的。这个结构分布的变化，反映了事物内部总体质的变化，看到这点可使分析研究更具体直观。

第二节 变异指标

一、变异指标的含义

变异指标又称为标志变动度，它综合反映同质总体各单位数量标志值的差异程度，是社会经济统计中广泛应用的另一种综合指标。

平均指标反映的是同质总体的一般水平，它将总体各单位数量标志值的差异抽象化，综合反映总体内部的集中趋势。但同质总体内部各单位的差异还是客观存在的，并且差异程度还可能很大。因此，在研究平均指标的同时，还必须进一步对被抽象化的各单位标志值的变异程度进行测定，得到标志变异指标。将标志变异指标和平均指标结合起来应用，能使我们对现象的认识更深入、具体和全面。

二、标志变异指标的作用

（一）衡量平均数代表性的尺度

平均指标代表性的大小，取决于总体内各个标志值的差异程度。因此，反映总体内标志值差异程度的标志变异指标愈大，说明总体各单位的差异程度也愈大，平均指标的代表性就愈小；标志变异指标愈小，平均指标的代表性就愈大。

【例7】 某班级两个学习小组学生的统计学考试成绩资料如下：

甲组： 60 70 80 90 100

乙组： 70 75 80 85 90

这两个小组学生的平均成绩都是 80 分，但各组学生成绩的差异程度不同。甲组学生成绩每人相差 10 分，分布很分散；而乙组学生成绩每人相差 5 分，分布较集中。因而，虽然平均成绩都是 80 分，对甲组来讲，平均成绩的代表性要小得多；对乙组来讲，平均成绩的代表性相对较大。

（二）反映现象的均衡性和稳定性

标志变异指标可以表明生产过程中质量的稳定性，以及其他社会经济活动过程的均衡性和协调性，对于控制产品质量、进行投资分析和评价经济管理工作都有重要意义。例如，在农业生产培养新品种时，要选择单位面积产量较高，而且稳定性较大的品种，即单产的标志变异指标较小的品种；在工业生产计划执行过程中，除要计算平均计划完成程度外，还要用标志变异指标说明在计划执行过程中是否均匀地完成各项计划，是否存在有前松后紧的突击现象；在进行投资分析时，若两种股票的每股平均收益相同，则要计算有关的标志变异指标。若股票的变异程度小，说明收益波动性小，风险小，平均收益的代表性高；反之，说明收益波动性大，风险大，平均收益的代表性低。从回避风险的角度考虑，则要选择风险较低、收益稳定性较高的股票。

因此，标志变异指标是统计分析的一个重要指标，它广泛地应用于统计分析过程中的相关分析、趋势分析、抽样推断和统计预测与决策等诸多方面。标志变异指标主要有：全距、平均差、方差、标准差、离散系数等。

三、变异指标的分类

（一）全距

全距亦称极差，是同质总体各单位标志值中最大值与最小值之差。其计算公式为：

$$R = X_{max} - X_{min}$$

式中：

　　R 为全距；

　　X_{max} 为总体单位中最大的标志值；

　　X_{min} 为总体单位中最小的标志值。

计算全距是测定标志变异程度最简单的方法。全距可以直观地说明总体中标志值变动的范围。全距越大，说明总体中标志值变动的范围越大，从而说明总体各单位标志值差异程度越大；反之则越小。

如前例，甲组学生统计学考试成绩的全距为 40 分（＝100－60），乙组学生统计学考试成绩的全距为 20 分（＝90－70），说明甲组学生成绩差异大于乙组学生。

若根据组距数列计算全距，可用数列中最高一组的上限减去最低一组的下限来计算。

全距的计算方法比较简便，易于了解。由于它仅取决于总体中两个极端数值的大小，没有反映其他数值的差异，两个变量数列进行比较时，当极端数值相差较大，而中间数值分布比较均匀时，或当极端数值相同，即全距相同，而中间数值差较大时，使用全距便不能得到确切的反映。

（二）平均差与平均差系数

1. 平均差

平均差是总体中各单位标志值与算术平均数离差的绝对值的算术平均数，常用 MD 表示，其中，离差为总体单位的标志值与算术平均数之差。在上一节中，算术平均数的一个数学性质是：总体各单位标志值与算术平均数的离差之和等于零，即 $\sum (X - \overline{X}) = 0$。所以计算离差的平均数时，采用离差的绝对值（$| X - \overline{X} |$），使正负离差不致于相互抵消。平均差能够综合反映总体中各单位标志值变动的影响，平均差愈大，表示标志变异程度愈大；平均差愈小，

表示标志变异程度愈小。

根据掌握的资料不同，平均差有两种计算方法：简单平均法和加权平均法。

（1）简单平均法。用未分组资料计算的平均差采用简单平均法，其计算公式为：

$$MD = \frac{\sum |X - \overline{X}|}{n}$$

式中：

MD 为代表平均差；

X 为标志值；

$\overline{X}$ 为算术平均数；

n 为总体单位数。

【例8】　仍以前面甲、乙两组学生统计学考试成绩为例说明，见表3-8所列。

表3-8　两组学生成绩平均差计算表

甲组			乙组		
成绩	$X - \overline{X}$	$\|X - \overline{X}\|$	成绩	$X - \overline{X}$	$\|X - \overline{X}\|$
60	−20	20	70	−10	10
70	−10	10	75	−5	5
80	0	0	80	0	0
90	10	10	85	5	5
100	20	20	90	10	10
合计	—	60	合计	—	30

甲组平均差为：

$$MD_{甲} = \frac{\sum |X - \overline{X}|}{n} = \frac{60}{5} = 12 \text{（分）}$$

乙组平均差为：

$$MD_{乙} = \frac{\sum |X - \overline{X}|}{n} = \frac{30}{5} = 6 \text{（分）}$$

比较两组学生成绩的平均差，甲组为12分，乙组为6分。说明甲组学生成绩的差异大于乙组学生成绩的差异。

（2）加权平均法。对分组资料计算平均差，采用加权平均法，其计算公式为：

$$MD = \frac{\Sigma \mid X - \overline{X} \mid f}{\Sigma f}$$

式中，f 为各组的次数，其他字母含义与简单平均法相同，略。

【例9】　某单位职工的月奖金水平分组资料，见表 3 - 9 所列。

表 3 - 9　某单位职工某月份奖金分组情况

奖金水平	组中值	人数	奖金额（元）	$X - \overline{X}$	$\mid X - \overline{X} \mid \cdot f$
	X	f	$X \cdot f$		
400～550	475	20	9500	−412.5	8250
550～700	625	50	31250	−262.5	13125
700～850	775	120	93000	−112.5	13500
850～1000	925	280	259000	37.5	10500
1000 以上	1075	130	139750	187.5	24375
合计	—	600	532500	—	69750

$$\overline{X} = \frac{\Sigma X \cdot f}{\Sigma f} = \frac{532500}{600} = 887.5 \text{（元）}$$

$$MD = \frac{\Sigma \mid X - \overline{X} \mid f}{\Sigma f} = \frac{69750}{600} = 116.25 \text{（元）}$$

计算结果说明，600 个职工奖金水平差异程度平均为 116.25 元。

平均差是根据全部变量值计算出来的，所以对整个变量值的离散趋势有较充分的代表性。但平均差计算由于采用取离差绝对值的方法来消除正负离差抵消，因而不适合于代数方法的演算，使其应用受到一定的限制。

2. 平均差系数

平均差是各变量值与平均数离差绝对值的平均指标，反映了总体各标志值离散的绝对水平，其计量单位与标志值的计量单位相同。其数值的大小，不仅与离差有关，而且随变量值本身大小的变化而变化。因此，不便用于不同水平的同类现象，或不同类现象进行直接对比。为此引入平均差系数，即为将平均差与总体水平数对比的相对指标，以反映总体标志值离散的相对程度。其计算公式为：

$$V_{MD} = \frac{MD}{\overline{X}} \times 100\%$$

式中：

V_{MD} 为平均差系数。

【例10】　两组工人的零件日产量分别为：

甲组：　　20　　30　　30　　40　　40　　50

乙组：　　30　　45　　50　　53　　57　　65

则甲组工人的日产量平均数、平均差和平均差系数为：

$$\overline{X} = \frac{\sum X}{n} = \frac{20+30+30+40+40+50}{6} = 35 \text{（件）}$$

$$MD = \frac{\sum |X-\overline{X}|}{n} = \frac{50}{6} = 8.33 \text{（件）}$$

$$V_{MD} = \frac{MD}{\overline{X}} \times 100\% = \frac{8.33}{35} \times 100\% = 23.81\%$$

乙组工人的日产量平均数、平均差和平均差系数为：

$$\overline{X} = \frac{\sum X}{n} = 50 \text{（件）}$$

$$MD = \frac{\sum |X-\overline{X}|}{n} = \frac{50}{6} = 8.33 \text{（件）}$$

$$V_{MD} = \frac{MD}{\overline{X}} \times 100\% = \frac{8.33}{50} \times 100\% = 16.66\%$$

该结果说明甲组与乙组尽管平均差相等，但由于两者平均数大小不同，所以标志值的差异程度不同。甲组平均差系数为 23.81%，乙组平均差系数为 16.66%，所以甲组零件日产量差异程度比乙组大。

从上例可以看出，平均差系数越大，总体各单位离散的相对程度越大，平均数的代表性越差；平均差系数越小，总体各单位离散的相对程度越小，平均数的代表性越好。

四、标准差和标准差系数

（一）标准差

标准差也是总体各单位标志值对算术平均数的平均离差，又称为均方差。含义与平均差基本相同，只是在数学处理上有所区别。平均差是采用绝对值消除标志值与算术平均数的正负离差相互抵消问题，而标准差是用平方的方法消除这一问题。这种处理方法从数学性质上比平均差优越，所以标准差应用得较为广泛，测定总体各单位数量标志的平均离差，通常以标准差为标准。

根据掌握的资料不同，标准差有两种计算方法：简单平均法和加权平均法。

1. 简单平均法。用未分组资料计算的标准差采用简单平均法，其计算公式为：

$$\sigma = \sqrt{\frac{\sum (X-\overline{X})^2}{n}}$$

式中：

　　σ 为标准差；

　　X 为标志值；

　　$\overline{X}$ 为算术平均数；

　　n 为总体单位数。

　　【例11】　以表3-8甲、乙两组学生成绩为例，说明计算过程，见表3-10所列。

表3-10　两组学生成绩标准差计算表

甲组			乙组		
成绩	$X-\overline{X}$	$(X-\overline{X})^2$	成绩	$X-\overline{X}$	$(X-\overline{X})^2$
60	-20	400	70	-10	100
70	-10	100	75	-5	25
80	0	0	80	0	0
90	10	100	85	5	25
100	20	400	90	10	100
合计	—	1000	合计	—	250

甲组标准差为：

$$\sigma_{甲}=\sqrt{\frac{\sum(X-\overline{X})^2}{n}}=\sqrt{\frac{1000}{5}}=14.14（分）$$

乙组标准差为：

$$\sigma_{乙}=\sqrt{\frac{\sum(X-\overline{X})^2}{n}}=\sqrt{\frac{250}{5}}=7.07（分）$$

　　比较两组学生成绩的标准差，甲组为12.91分，乙组为6.45分，说明甲组学生成绩的差异大于乙组学生成绩的差异。

　　2.加权平均法。对分组资料计算标准差，采用加权平均法，其计算公式为：

$$\sigma=\sqrt{\frac{\sum(X-\overline{X})^2 f}{\sum f}}$$

式中：

　　f 为各组的次数。

　　其他字母含义与简单平均法相同，略。

【例12】　仍以某单位职工的月奖金水平分组资料说明加权平均法标准差的计算，见表3-11所列。

表3-11　某单位职工某月份奖金标准差计算表

奖金水平	组中值	人数	奖金额（元）	$X-\overline{X}$	$(X-\overline{X})^2 f$
	X	f	$X \cdot f$		
400～550	475	20	9500	−412.5	3403125
550～700	625	50	31250	−262.5	3445312.5
700～850	775	120	93000	−112.5	1518750
850～1000	925	280	259000	37.5	393750
1000 以上	1075	130	139750	187.5	4570312.5
合计	—	600	532500	—	13331250

$$\overline{X} = \frac{\sum X \cdot f}{\sum f} = \frac{532500}{600} = 887.5 \text{（元）}$$

$$\sigma = \sqrt{\frac{\sum(X-\overline{X})^2 f}{\sum f}} = \sqrt{\frac{13331250}{600}} = 149.06 \text{（元）}$$

计算结果说明 600 个职工，在平均奖金 887.5 元的水平上平均每人离差 149.06 元。

标准差是测定标志变异程度的最重要方法，但它的计算繁杂。当标志值很大或出现非整数的平均数时，计算工作量较大。因此，计算标准差，通常采用简捷法。

3. 简捷法。标准差简捷法的基本公式，源于算术平均数的第二个数学性质，即各标志值与算术平均数离差平方和最小。则：

$$\sum(X-\overline{X})^2 = \sum(X-X_0)^2 - nc^2 \text{，其中 } c = X_0 - \overline{X}$$

$$\therefore \frac{\sum(X-\overline{X})^2}{n} = \frac{\sum(X-X_0)^2}{n} - c^2$$

$$\therefore \sigma = \sqrt{\frac{\sum(X-X_0)^2}{n} - c^2}$$

由标准差的以上性质，根据具体掌握的资料，有以下两种标准差简捷计算公式。

资料未分组：$\sigma = \sqrt{\dfrac{\sum(X-A)^2}{n} - \left[\dfrac{\sum(X-A)}{n}\right]^2}$

式中：

　　A 为假定的平均数，一般取标志值的中间数值。

　　资料分组且为单项数列或异距数列时：$\sigma=\sqrt{\dfrac{\sum(X-A)^2}{\sum f}-\left[\dfrac{\sum(X-A)f}{\sum f}\right]^2}$

　　资料分组且为等距数列时：$\sigma=\sqrt{\dfrac{\sum(\frac{X-A}{d})^2\cdot f}{\sum f}-\left[\dfrac{\sum(\frac{X-A}{d})\cdot f}{\sum f}\right]^2}\cdot d$

式中：

　　d 为组距，其他同上。

　　以上两式 A 的取值与未分组时相同。这种简捷公式的优点在于避免计算平均数，特别是可以避免计算过程中的小数运算，从而简化计算。

　　（二）标准差系数

　　标准差和平均差一样，是反映标志变异程度的绝对指标，其数值大小受标志值的差异程度和平均水平的共同影响，而且亦为有名数，不利于不同平均水平和不同计量单位的数列进行比较。因而需要计算相对指标，即将标准差除以平均数，得到标准差系数，才能进行比较。其计算公式为：

$$V_\sigma=\frac{\sigma}{\overline{X}}\times100\%$$

式中：

　　V_σ 为标准差系数。

　　【例13】　以计算平均差系数的两组工人零件日产量说明标准差系数的计算。

　　如前例，已知甲组平均日产量 $\overline{X}_甲=35$ 件，乙组平均日产量 $\overline{X}_乙=50$ 件。

$$\sigma_甲=\sqrt{\frac{\sum(X-\overline{X})^2}{n}}$$

$$=\sqrt{\frac{(20-35)^2+(30-35)^2+(30-35)^2+(40-35)^2+(40-35)^2+(50-35)^2}{6}}$$

$$=\sqrt{\frac{550}{6}}=9.57\text{（件）}$$

$$V_{\sigma甲}=\frac{\sigma_甲}{\overline{X}}\times100\%=\frac{9.57}{35}\times100\%=27.36\%$$

$$\sigma_乙=\sqrt{\frac{\sum(X-\overline{X})^2}{n}}$$

$$= \sqrt{\frac{(30-50)^2+(45-50)^2+(50-50)^2+(53-50)^2+(57-50)^2+(65-50)^2}{6}}$$

$$= \sqrt{\frac{708}{6}} = 10.86 \text{（件）}$$

$$V_{\sigma乙} = \frac{\sigma_乙}{\overline{X}} \times 100\% = \frac{10.86}{50} \times 100\% = 21.73\%$$

本例中，乙组的标准差虽然大于甲组，但并不说明乙组日产量的变动度大于甲组。因为，两组的平均日产量相差悬殊，在这种情况下，只能利用标准差系数才能对比。计算结果表明，甲组的标准差系数较大，则甲组的标志值差异程度大于乙组，因而，甲组的平均数的代表性比乙组小。

第三节　偏度和峰度

一、偏度

偏度（Skewness）是对分布偏斜方向和程度的测度。在本章第一节介绍平均指标的分类时已经讲过，当分布中心对称时，均值、中位数和众数是一致的。总体分布越偏，三者差距就越大。显然，计算并比较三个集中趋势代表值就成为一种最简单、最基本的偏度测度方法。如果众数小于中位数，分布的长尾巴就拖向右边，可以判断为正偏或右偏；相反，如果众数大于中位数，则表明分布的尾巴拖向左边，属于负偏或左偏。如果没有众数，可以依照同样原理比较中位数和均值来判断偏斜的方向。

显然，判断偏斜的方向是不难的，但要测度偏斜的程度就需要计算偏度系数了。偏度系数的公式有多种，这里仅介绍其中较常用的一种。

$$a_1 = \frac{\sum_{i=1}^{k} (X_i - \overline{X})^3 f_i}{N\sigma^3}$$

式中：

　　a_1 为偏度系数；

　　$\overline{X}$ 为算术平均数；

　　σ^3 为标准差的三次方。

我们看到，该式是数据离差三次方的平均数再除以标准差的三次方。当分布对称时，离差三次方后正负离差可以互相抵消，因而 a_1 的分子为零，则 a_1 也为零。而当分布不对称时，正负离差不能抵消，就形成正或负的偏态系数 a_1。a_1 为正值时，表示正偏差数值较大，可判断为正偏或右偏；反之，a_1 为负值时，表示负偏差数值较大，可判断为负偏或左偏。在 a_1 的计算中除以 σ^3 是将偏态系数 a_1 转换成相对数，a_1 的绝对值越大，表示偏斜的程度越厉害。例如，表 3-12 的某车间工人日加工零件的数据代入上式得：

$$a_1 = \frac{\sum\limits_{i=1}^{5} (X_i - 103.67)^3 f_i}{30 \times (10.42)^3} = \frac{2626.31}{33940.98} = 0.08$$

表明某车间工人日加工零件数据略有一些正偏态。

表 3-12 某车间工人日加工零件数据的偏态和峰度计算表

按日加工零件分组	组中值 x_i	人数 f_i	$(x_i - 103.67)^3 f_i$	$(x_i - 103.67)^4 f_i$
80~90	85	3	−19523.34	364500.84
90~100	95	7	−4562.00	39552.55
100~110	105	13	30.58	40.68
110~120	115	5	7272.10	82392.87
120~130	125	2	19408.97	413993.40
合计	—	30	2626.31	900480.34

二、峰度

峰度（Kurtosis）是分布集中趋势高峰的形状。与正态分布的高峰相比，比其更瘦更高的称为尖顶峰，比其更胖更矮的称为平顶峰。

峰度系数是以均值为中心的离差的四次方的平均数，再除以标准差的四次方，即：

$$a_2 = \frac{\sum\limits_{i=1}^{k} (X_i - \overline{X})^4 f_i}{N\sigma^4}$$

式中：

a_2 为峰度系数，它除以 σ^4 也是为了将数值换成相对数。

由于正态分布的峰度系数为 3，当 $a_2 > 3$ 时为尖顶分布，当 $a_2 < 3$ 时为平顶分布。上例数据的峰度系数计算表见上表，由其结果可得：

$$a_2 = \frac{\sum\limits_{i=1}^{k} (X_i - \overline{X})^4 f_i}{N\sigma^4} = \frac{900480.34}{30 \times (10.42)^4} = 2.55$$

显然 $a_2 = 2.55 < 3$，表明该数据分布为平顶曲线，即较正态分布的高峰要平坦一些。

复习思考题

1. 什么是平均指标？在社会经济中，平均指标有何作用？常用的平均指标有哪几种？试比较它们的优缺点。

2. 在社会经济统计中，运用平均指标要注重哪几个原则？为什么？

3. 对 10 名成年人和 10 名幼儿的身高（厘米）进行抽样调查，结果如下：

成年组：166　169　172　177　180　170　172　174　168　173

幼儿组：68　69　68　70　71　73　72　73　74　75

计算其标准差并比较哪一组的身高差异大。

4. 某地区居民某年医疗费支出的众数为 300 元，算术平均数为 250 元。要求：

（1）计算中位数近似值；

（2）说明该地居民医疗费支出额分布的态势；

（3）若该地区居民医疗费支出额小于 400 元的占人数的一半，众数仍为 300 元，试估计算术平均数，并说明其分布态势。

5. 甲、乙两个企业生产三种产品的单位成本和总成本资料如下：

产品名称	单位成本（元）	总成本（元）	
		甲企业	乙企业
A	15	2100	3255
B	20	3000	1500
C	30	1500	1500

试比较哪个企业的总平均成本高并分析原因。

6. 两种水稻分别在五块田地上试种，其产量如表：

地块标号	甲品种		乙品种	
	地块面积（亩）	产量（斤）	地块面积（亩）	产量（斤）
1	1.2	1200	1.5	1680
2	1.1	1045	1.3	1300
3	1.0	1100	1.3	1170
4	0.9	810	1.0	1208
5	0.8	840	0.9	630
5.0	4995	6.0	5988	

假定每号地块上两个品种的生产条件相同，试计算这两个品种的平均收获率，进而确定哪一品种具有较大的稳定性和推广价值。

7. 根据平均数与标准差的性质，回答下列问题：

（1）已知标志平均数等于 1000，标准差系数为 25.6%，试问标准差为多少？

（2）已知标志平均数等于 12，各标志值平方的平均数为 169，试问标准差系数为多少？

（3）已知标准差为 3，各标志值平方的平均数为 25，试问平均数为多少？

（4）标准差为 30，平均数等于 50，试问各标志变量对 90 的方差等于多少？

（5）各标志值对某任意数的方差为 300，而该任意数与标志平均数之差等于 10，试问标志方差为多少？

第四章　时　间　数　列

第一节　时间数列的概念和种类

一、时间数列的概念

时间数列又称动态数列，是将反映某一现象总体在时间上变化发展的一系列同类统计指标数值，按时间先后顺序排列所形成的数列。时间数列由两个基本要素构成：一个是资料所属的时间，另一个是各时间上的统计指标数值。表4－1即为一个时间数列。

表 4-1　合肥市 1995—2004 年 GDP 的发展情况　　　　单位：亿元

年份	1995	1996	1997	1998	1999	2000	2001	2002	2003	2004
GDP	167.58	211.59	248.99	270.47	294.45	324.73	363.44	412.81	484.96	563.52

资料来源：《合肥统计年鉴》(2005 年)，中国统计出版社。

由以上时间数列我们可以看出，合肥市 GDP 呈逐年增加的趋势。动态分析法就是应用统计分析方法研究现象总体数量随时间变化而变化发展的过程，而时间数列则是动态分析时必须具备的统计资料。

研究时间数列具有重要的作用。通过时间数列的编制和分析：①可以描述社会经济现象发展的过程和结果；②可以研究社会经济现象的发展速度和发展趋势；③可以探索现象发展变化的规律；④可以根据时间数列对现象的发展进行统计预测；⑤可以利用不同空间范围，但又相互联系的时间数列进行对比分析或相关分析。

二、时间数列的种类

按构成时间数列的统计指标性质不同，可以分为绝对数动态数列、相对数动态数列和平均数动态数列三种。其中，绝对数动态数列是基本数列，相对数动态数列和平均数动态数列是派生数列。

（一）绝对数动态数列

把一系列同类的总量指标，按时间先后顺序排列而形成的动态数列叫绝对数动态数列。它反映社会经济现象在各个时期达到的绝对水平及其发展变化情况。根据指标所反映的社会经济现象所属的时间不同，绝对数动态数列又分为时期数列和时点数列两种。

1. 时期数列

在绝对数动态数列中，若每个指标所反映的是某种现象在一段时期内发展过程的总量，即是按总量指标中的时期指标排列而成的动态数列，叫做时期数列。如表 4-1 所示的是安徽省合肥市 1995—2004 年的 GDP 发展情况，该数列就是一个时期数列。时期数列具有以下特点：①数列中各个指标数值可以相加。由于时期数列中每个指标的数值是表示在一段时期内发展过程的总量，相加后就表示现象在更长一段时期内发展过程的总量，所以相加后具有一定的经济意义。②数列中每一指标数值的大小与时期长短有直接联系。在时期数列中，每个指标所包括的时期长度，称为"时期"。在表 4-1 中每一个指标的时期就是一年。时期的长短，根据研究的目的不同，也可以是一日、一旬、一月、一年、五年或更长时期。由于每个指标是反映现象在某一段时期内发展过程的总量，除了个别可能出现负值的总量指标，如利润总额等。一般来说，时期愈长，指标数值就愈大，时期愈短，指标数值就愈小。③数列中每个指标数值，通常是通过连续不断的登记取得的。时期序列中，各指标值反映现象在一段时间内发展的结果，因而必须把该段时间内现象所发生的数量逐一登记，并进行累计，这样才能得到所需的指标值。

2. 时点数列

在绝对数动态数列中，如果每个指标所反映的是现象在某一时点上所处状态的数量，即是按总量指标中的时点指标排列而成的动态数列，叫做时点数列。见表 4-2 所列。

表 4-2 某地区第三产业年末从业人员　　　　单位：人

年份	2004	2005	2006	2007	2008	2009	2010	2011	2012	2013	2014	2015
从业人员	9395	9636	17729	18328	18647	22979	24071	25456	26851	27901	28375	28679

以上数列明显地反映出某地区 2004—2015 年之间，第三产业从业人员不断增加。从某一侧面反映了第三产业的发展趋势。由于该数列的每个指标数值都是说明在该年末的从业人员，所以为时点数列。时点数列具有以下特点：①数列中每个指标数值不能相加。由于时点数列中每个指标数值表明在某一时点上现象的数量，几个指标相加后无法说明属于哪一时点的数量，因此，时点指标相加不具有实际经济意义。②数列中每一个指标数值的大小与其间隔长短没有直接的联系。在时点数列中，两个相邻指标在时间上的距离叫做"间隔"。由于时点数列中每个指标的数值，只表明现象在某一时点上

的数量，因此它的指标数值大小与时间间隔长短没有直接联系。③数列中每个指标数值，通常是间隔一段时间登记一次而取得的。依照时点数列的性质，只要在某一时点进行统计，取得的资料就代表现象在该时点上的数量水平；不同时点上的资料用以反映现象的发展过程，无须对两个时点间现象所发生的数量逐一登记。

（二）相对数动态数列

把一系列同类的相对指标按时期先后排列而形成的动态数列叫做相对数动态数列。它反映社会现象之间相互联系的发展过程。在相对时期数列中，各个指标数值是不能相加的。见表 4－3 所列。

表 4－3　我国某企业专业技术人员占总员工的比重（%）

年份	2010	2011	2012	2013	2014	2015
某企业年底职工人数（人）	8336	8809	10766	10949	10955	10890
某企业年底专业技术人员（人）	2143	2019	2050	1986	1913	1866
某企业专业技术人员比重（%）	25.71	23.74	19.04	18.14	17.46	17.13

（三）平均数动态数列

把一系列同类的平均指标，按时间先后顺序排列而形成的动态数列叫做平均数动态数列。它反映社会现象一般水平的发展趋势。显然，平均数时期数列中，各个指标数值也是不能相加的，相加后没有实际经济意义。但有时为了计算序时平均数，在计算过程中需要相加。

为了对社会经济现象发展过程进行全面分析，数列可以结合起来运用，见表 4－4 所列。

表 4－4　某厂职工月平均工资　　　　　　　　　单位：元

年份	2009	2010	2011	2012	2013	2014	2015
平均工资	3371	3538	3800	4000	4570	4779	5046

三、时间数列的编制原则

（一）时期长短应相等

时期数列的指标数值有可加性，所以指标数值的大小与时期长短的有着直接关系。时期长，数值就大，反之就小。所以时期数列各指标所属时期的长短应该相等。否则时间不同，长短不一，就很难直接做出判断和比较。但这一原则也不能绝对化，有时为了特殊的研究目的，也可以将时期不等的指标编成动态数列，见表 4－5 所列。

表 4 - 5　某地区各时期的钢产量　　　　　　　单位：万吨

时期	2005—2010	2010—2011	2011—2015
钢产量	760	1667	41435

资料来源：安徽省历年统计年鉴。

对于时点数列，由于各个指标数值都表明一定时点的状态，指标数值的大小与时间长短不存在直接联系，所以没有时期长短应该相等的问题。但是，一般情况下，时点数值间的时间间隔最好相等，便于分析对比。

（二）总体范围应一致

时间数列中，各个指标所包括的总体范围各期应该一致。例如要研究一个地区的工、农业生产及人口变动情况，就要注意该地区的行政区划是否发生变动。若存在变动，则不能直接对比，而必须对资料做一些相应的调整，才能做动态分析，得到正确的认识。

（三）指标的经济内容应相同

一般只有同质现象才能进行动态对比，才能表明现象变化发展的过程和趋势。而有时时期数列的指标在名称上是同一的，但经济内容却有了改变，根据这样的指标来进行分析，往往会得出错误的结论。例如，1985 年及以前，价格补贴冲减财政收入，1985 年以后价格补贴则列入财政支出，因此在进行历年财政收入与财政支出分析时，就不能直接对比，应作相应的调整。

（四）计算方法、计算价格和计算口径应一致

各个指标的计算方法、计算价格和计量口径如果不一致，会导致指标数值上的差异，从而失去可比性。例如，国内生产总值有的按当年价格计算，有的则按不变价格计算，两者若要进行对比，必须进行调整，否则不可比。

第二节　时间数列的水平指标

为反映不同时期社会经济现象达到的总规模、总水平以及发展趋势和发展速度，需要对时间数列进行动态分析。主要的分析指标有：发展水平、平均发展水平、增长量、平均增长量、发展速度、增长速度、平均发展速度、平均增长速度等。前面四种应用于现象发展的水平分析，后面四种应用于现象发展的速度分析。

一、发展水平和平均发展水平

（一）发展水平

在时间数列中每个统计指标的数值叫做发展水平或时间数列水平，它是计算其他时间数列分析指标的基础。

发展水平一般是总量指标，如钢产量、从业人数、国内生产总值等；也可以是相对指标，如学龄儿童入学率、劳动生产率、人均国民生产总值等；还可以是平均指标，如职工平均工资、居民人均消费水平等。

如果用符号 a_0, a_1, a_2, a_3, …, a_{n-1}, a_n 代表时间数列中各个发展水平，通常，时间数列中第一个指标数值 a_0 叫做最初水平；最后一个指标数值 a_n 叫做期末水平，其余各个指标数值叫做中间水平。此外，在动态分析中，常将所研究的那一时期的指标数值叫做报告期水平，用来进行比较的基础时期水平叫做基期水平。

（二）平均发展水平

将不同时间的发展水平加以平均而得到的平均数叫做平均发展水平，在统计上常称为序时平均数或动态平均数。它与第三章中所讲的一般平均数有相同之处，又存在着明显的区别。相同之处是：序时平均数和一般平均数都是把现象的个别数量差异抽象化，概括地反映现象的一般水平。两者的区别在于：第一，平均发展水平是根据动态数列来计算的，从动态上说明同一现象在某段时间内发展的一般水平；而一般平均数是根据变量数列来计算的，从静态上说明同质总体在一定时间、地点条件下的一般水平。第二，平均发展水平是对同一现象不同时间上的数值差异的抽象化，而一般平均数是对同一时间总体某一数量标志值差异的抽象化。

序时平均数可以根据绝对数动态数列计算，也可以根据相对数动态数列和平均数动态数列进行计算。其中，由绝对数动态数列计算序时平均数是最基本的。

1. 根据绝对数动态数列计算序时平均数

（1）由时期数列计算序时平均数。时期数列中的各指标是反映事物在一段时期内发展过程的结果，其数值可以相加，而且编制时期数列一般要求时期长短相等。因此，计算方法较为简单，可以采用简单算术平均法，即时期项数除时期数列中各个指标数值之和。其计算公式为：

$$\bar{a} = \frac{a_1 + a_2 + \cdots + a_n}{n} = \frac{\sum a}{n}$$

式中：

$\bar{a}$ 为序时平均数；

a_i 为各期发展水平；

n 为时期项数。

（2）由时点数列计算序时平均数。根据所掌握的时点资料的不同，计算方法亦有所不同。时点数列一般都是不连续数列，但是，若是逐日记录而又逐日排列形成的时点数列资料则可将其看成连续的时点数列。以此为标准可将时点数列分为连续时点数列和间断时点数列。

①根据连续时点数列计算序时平均数。在连续时点数列中有间隔相等和间隔不等两种情况。

a. 间隔相等的连续时点数列。即时点数列资料是逐日排列形成的。其计算公式为：

$$\bar{a} = \frac{\sum a}{n}$$

例如，已知某单位一个月内每天当班的工人人数，要计算该月的每天平均工人人数，可将每天的工人数相加，再除以该月的日历日数即可。

b. 间隔不等的连续时点数列。如果被研究的现象每隔一段时间才有变动，则用每次变动持续的间隔长度（f）为权数对各时点水平（a）加权，其计算公式为：

$$\bar{a} = \frac{\sum af}{\sum f}$$

【例1】 某企业8月1日至8月12日设备数为103台。8月13日到月底增加到110台，则该企业8月份平均拥有设备数为：

$$\bar{a} = \frac{\sum af}{\sum f} = \frac{103 \times 12 + 110 \times 19}{12 + 19} = \frac{3326}{31} = 107（台）$$

②根据间断时点数列计算序时平均数。间断时点数列中也有间隔相等和间隔不等两种情况。

a. 间隔相等的间断时点数列。在实际统计工作中，对时点性质的指标，为了简化登记手续，往往间隔一定时间登记一次。如商店企业的商品库存领、工业企业中的职工人数与流动资产等等，都只统计月末数字，从而组成间隔相等的间断时点数列。一般情况下，这时可以假定所研究的现象在两个相邻时点之间的变动是均匀的，则相邻两个时点之间的序时平均数，可以通过将两个相邻时点指标数值相加后除以2近似求得，然后根据这些平均数，再用简单算术平均法，求得整个研究时间的序时平均数，见表4-6所列。

表4-6 某企业2015年6月至9月各月末职工人数　　　　单位：人

日期	6月30日	7月31日	8月31日	9月30日
职工人数	136	142	140	152

根据表中资料，计算7、8、9各月和第三季度的平均职工人数如下：

$$7月份平均职工人数 = \frac{136 + 142}{2} = 139（人）$$

8 月份平均职工人数 $=\dfrac{142+140}{2}=141$（人）

9 月份平均职工人数 $=\dfrac{140+152}{2}=146$（人）

第三季度平均职工人数 $=\dfrac{139+141+146}{3}=142$（人）

上述计算第三季度平均职工人数的两个步骤可以合并为：

第三季度平均职工人数 $=\dfrac{\dfrac{136+142}{2}+\dfrac{142+140}{2}+\dfrac{140+152}{2}}{3}$

$$=\dfrac{\dfrac{136}{2}+142+140+\dfrac{152}{2}}{3}=142\text{（人）}$$

由此可见，如果是间隔相等的间断时点数列，计算序时平均数的公式可表示为：

$$\bar{a}=\dfrac{\dfrac{a_0}{2}+a_1+\cdots+a_{n-1}+\dfrac{a_n}{2}}{n}$$

式中：n 表示时间项数。

b. 间隔不等的间断时点数列。根据间隔不等的每期期末时点资料，则可用时间间隔的长度为权数（f），对各相应时点的平均水平进行加权平均。其计算公式为：

$$\bar{a}=\dfrac{\dfrac{a_0+a_1}{2}f_1+\dfrac{a_1+a_2}{2}f_2+\cdots+\dfrac{a_{n-1}+a_n}{2}f_n}{\sum f}$$

【例 2】　某地区人口资料见表 4 - 7 所列。

表 4 - 7　某地区 2015 年各时点的人口数　　　　　单位：万人

日期	1 月 1 日	4 月 1 日	8 月 1 日	12 月 31 日
人口数（万人）	425.4	452.8	446.7	458.3

根据表 4 - 7 资料，则该地区 2015 年平均人口数为：

$$\bar{a}=\dfrac{\dfrac{425.4+452.8}{2}\times3+\dfrac{452.8+446.7}{2}\times4+\dfrac{446.7+458.3}{2}\times5}{3+4+5}$$

$$= \frac{5378.8}{12} = 448.23 \ （万人）$$

根据间断时点数列计算序时平均数的前提是，假设被研究现象在相邻两个时点之间的变动是均匀的。当然这种现象的实际变动并不完全均匀，计算结果只能是实际值的近似值。同时，为了使计算结果能尽量反映实际情况，间断时点数列的间隔不宜过长。

2. 根据相对数动态数列计算序时平均数

相对数可分为静态相对数和动态相对数。这里讲的是由静态相对数组成的动态数列，是由两个具有密切联系的绝对数动态数列相应项对比而形成的相对指标所组成的。因此，根据相对数动态数列来计算序时平均数，其基本方法就是先要计算构成相对数动态数列的分子与分母数列的序时平均数，然后再将这两个序时平均数进行对比。其计算公式为：

$$\bar{c} = \frac{\bar{a}}{\bar{b}}$$

式中：

$\bar{a}$ 为分子数列的序时平均数；

$\bar{b}$ 为分母数列的序时平均数；

$\bar{c}$ 为相对数动态数列的序时平均数。

（1）由两个时期数列对比形成的相对数动态数列求序时平均数

【例3】 某企业1—4季度销售额与净利润情况见表4-8所列。

表 4-8 某企业 1~4 季度销售额与净利润情况

季度	1 季度	2 季度	3 季度	4 季度
净利润（万元）(a)	256	367	451	398
销售额（万元）(b)	1150	1280	1760	1630
销售利润率（%）(c)	22.26	28.67	25.63	24.42

$$\bar{c} = \frac{\bar{a}}{\bar{b}} = \frac{\sum a}{n} \div \frac{\sum b}{n} = \frac{\sum a}{\sum b}$$

根据表中资料代入以上公式，得：

$$年销售利润率 = \frac{256 + 367 + 451 + 398}{1150 + 1280 + 1760 + 1630}$$

$$= \frac{1472}{5820} = 25.29\%$$

（2）由两个时点数列对比形成的相对数动态数列求序时平均数

如前所述，由时点数列求序时平均数，有连续时点和间断时点两种，而每种又有间隔相等和间隔不等两种情况，每一种情况计算方法都不一样。其中最常用的是根据间隔相等的间断时点数列所形成的相对数动态数列求序时平均数。

【例4】 我国某省第一产业从业人员占全省从业人员的比重见表4-9所列。

表4-9　我国某省第一产业从业人员占全省从业人员的比重

年份	2008	2009	2010	2011	2012	2013	2014	2015
a. 第一产业从业人员（年末数）（万人）	38685	38349	37434	36489	35468	34769	34730	34838
b. 全省从业人员（年末数）（万人）	64799	65554	66373	67199	67947	68850	69600	69957
c. 第一产业占全省从业人员比重（%）	59.7	58.5	56.4	54.3	52.2	50.5	49.9	49.8

资料来源：《中国统计年鉴》。

$$\bar{c}=\frac{\bar{a}}{\bar{b}}=\frac{\dfrac{a_0}{2}+a_1+\cdots+a_{n-1}+\dfrac{a_n}{2}}{n}\div\frac{\dfrac{b_0}{2}+b_1+\cdots+b_{n-1}+\dfrac{b_n}{2}}{n}$$

$$=\frac{\dfrac{a_0}{2}+a_1+\cdots+a_{n-1}+\dfrac{a_n}{2}}{\dfrac{b_0}{2}+b_1+\cdots+b_{n-1}+\dfrac{b_n}{2}}$$

根据表中资料代入以上公式，得到2008—2015年第一产业从业人员占全国从业人员的平均比重为：

$$\bar{c}=\frac{\dfrac{38685}{2}+38349+37434+36489+35468+34769+34730+\dfrac{34838}{2}}{\dfrac{64799}{2}+65554+66373+67199+67947+68850+69600+\dfrac{69957}{2}}$$

$$=\frac{254000.5}{492901}=53.71\%$$

显然，由不同形式的时点数列对比形成的相对数动态序时平均数时，均可采用先求分子数列与分母数列平均数，然后再对比求得相对数动态数列序时平均数这一基本计算方法。

（3）由一个时期数列和一个时点数列对比所形成的相对数动态数列求序时平均数

【例 5】 某百货商店第三季度商品流转次数见表 4-10 所列。

表 4-10 某百货商店第三季度商品流转次数

月份	7 月	8 月	9 月
商品流转额（万元）（a）	720	696	812
平均商品库存额（万元）（b）	312	353	380
商品流转次数（c＝a/b）	2.31	1.97	2.14

表 4-10 中商品流转额为时期数列，平均商品库存额是时点数列的序时平均数，将商品流转额与平均商品库存额进行对比即得出商品流转次数。如果要计算第三季度平均每月商品流转次数，则可先计算两个动态数列的序时平均数，然后再进行对比。因此，根据上表资料，该百货商店第三季度平均每月商品流转次数为：

$$\bar{c}=\frac{\bar{a}}{\bar{b}}=\frac{(720+696+812)\div 3}{(312+353+380)\div 3}=\frac{2228}{1045}=2.13（次）$$

若计算第三季度商品流转次数，则是用该季度商品流转总额与该季度平均商品库存额对比来求得。

$$第三季度商品流转次数=\frac{\sum a}{\bar{b}}=\frac{720+696+812}{(312+353+380)\div 3}$$

$$=6.39（次）=3\times 2.13=3\bar{c}$$

所以，第三季度商品流转次数也可用该季度平均每月商品流转次数乘以月数求得。

3. 根据平均数动态数列计算序时平均数

平均数动态数列可由一般平均数或序时平均数组成，由于这两种平均数各有其自身的特点，因此，计算序时平均数的方法也各不相同。

根据序时平均数组成的平均数动态数列计算序时平均数，在时期相等时，可直接采用简单算术平均法来计算，如表 4-10 中，第三季度平均商品库存额 ＝（312＋353＋380）÷3＝348.3（万元）。若时期不相等，则可以以时期为权数，采用加权算术平均法计算。

根据一般平均数组成的平均数动态数列计算序时平均数，其方法和由相对数动态数列计算序时平均数的方法基本相同，即分别计算分子数列和分母数列的序时平均数，然后将这两个序时平均数进行对比，就可求得这两个平均数动态数列的序时平均数。

二、增长量与平均增长量

（一）增长量

增长量是指某种现象在一定时期内所增减的绝对数量，它是报告期水平与基期水平之差。即：

$$增长量＝报告期水平－基期水平$$

增长量可以为正，表示增加额；也可以为负数，表示减少额。

增长量由于采用的基期不同，可以分为逐期增长量和累计增长量。逐期增长量是报告期水平与前一时期水平之差，说明本期比上期增长或减少的绝对数量；累计增长量是报告期水平与某一固定时期水平（通常为最初水平）之差，用以说明本期比某一固定时期水平增长或减少的绝对数量，即说明在某一段较长时期内总的增长（或减少）量。

可用符号表示如下：

逐期增长量：$a_1 － a_0, a_2 － a_1, \cdots, a_n － a_{n-1}$

累计增长量：$a_1 － a_0, a_2 － a_0, \cdots, a_n － a_0$

显见，两者之间具有一定的关系，累计增长量等于相应各个逐期增长量之和，即：

$$a_n － a_0 ＝ (a_1 － a_0) ＋ (a_2 － a_1) ＋ \cdots ＋ (a_n － a_{n-1})$$

【例6】　现以某民营企业的总产值（可比价格）资料计算增长量，见表4-11所列。

表 4 - 11　某民营企业 2010—2015 年总产值　　　　　单位：万元

年份	2010	2011	2012	2013	2014	2015
发展水平：						
总产值	4840.2	7017.6	9189.4	9959.5	11373.3	11904.8
增长量：						
逐期	—	2177.4	2171.8	770.1	1413.8	531.5
累计	—	2177.4	4349.2	5119.3	6533.1	7064.6

上表 2010—2015 年逐期增长量之和等于累计增长量，都是 7064.6 亿元。即：

$$2177.4＋2171.8＋770.1＋1413.8＋531.5＝7064.6（亿元）$$

在实际工作中，为消除季节变动的影响，计算年距增长量，它是报告期水平与上年同期水平之差。可用公式表示为：

$$年距增长量＝报告期发展水平－去年同期发展水平$$

【例 7】 某地区 2015 年第三季度粮食产量为 300 万吨，2014 年第三季度为 250 万吨，则：

$$年距增长量＝300-250＝50 （万吨）$$

计算结果说明该地区第三季度粮食产量比去年同期增长了 50 万吨。

（二）平均增长量

平均增长量是说明某种现象在一定时期内平均增长（或减少）的数量，其计算公式为：

$$平均增长量＝\frac{逐年增长量之和}{逐年增长量项数}＝\frac{累计增长量}{动态数列项数-1}$$

如上例，某企业 2010—2015 年，每年工业总产值平均增长量为：

$$平均增长量＝\frac{2177.4+2171.8+770.1+1413.8+531.5}{5}＝\frac{7064.6}{6-1}＝1412.92 （亿元）$$

第三节 速度指标

一、发展速度与增长速度

（一）发展速度

发展速度是表明社会经济现象发展程度的相对指标，是两个不同时期发展水平的比值，说明报告期水平已发展到（增加到）基期水平的若干倍（或百分之几）。其计算公式为：

$$发展速度＝\frac{报告期水平}{基期水平}$$

发展速度由于采用的基期不同，可分为定基发展速度和环比发展速度。定基发展速度是报告期水平与某一固定时期水平（通常为最初水平）之比，说明报告期水平对某一固定时期水平已发展到（增加到）若干倍（或百分之几），表明这种现象在较长时期内总的发展速度，因而有时也叫"总速度"。环比发展速度是报告期水平与前一期水平之比，用以说明报告期水平已经发展到前一时期水平的百分之几（或多少倍），表明现象逐期的发展程度。若计算的单位时期为一年，有时也可叫"年速度"。两种发展速度的计算公式可表示如下：

定基发展速度：$\dfrac{a_1}{a_0}$，$\dfrac{a_2}{a_0}$，$\cdots$，$\dfrac{a_n}{a_0}$；

环比发展速度：$\dfrac{a_1}{a_0}$，$\dfrac{a_2}{a_1}$，$\cdots$，$\dfrac{a_n}{a_{n-1}}$。

定基发展速度与环比发展速度之间存在着一定的换算关系，即：

1. 定基发展速度等于相应的各环比发展速度的连乘积

$$\frac{a_n}{a_0} = \frac{a_1}{a_0} \times \frac{a_2}{a_1} \times \cdots \times \frac{a_n}{a_{n-1}}$$

2. 两个相邻时期的定基发展速度相除之商，等于相应的环比发展速度

$$\frac{a_n}{a_0} \div \frac{a_{n-1}}{a_0} = \frac{a_n}{a_{n-1}}$$

根据以上换算关系，可以进行定基发展速度和环比发展速度的相互推算。

在实际统计分析工作中，为了消除季节变动的影响，经常还计算年距发展速度，表明本期发展水平与去年同期发展水平对比而达到的相对发展程度。

$$年距发展速度 = \frac{报告期发展水平}{去年同期发展水平}$$

（二）增长速度

增长速度是表现社会经济现象增长程度的相对指标，是增长量与基期发展水平的比值，说明报告期水平比基期水平增加了若干倍（或百分之几）。其计算公式为：

$$增长速度 = \frac{增长量}{基期水平} = \frac{报告期水平 - 基期水平}{基期水平}$$

由上式可得：

$$增长速度 = 发展速度 - 1$$

因此，增长速度与发展速度具有密切的关系，两者仅相差一个基数。

由于采用的基期不同，增长速度也有定基增长速度和环比增长速度两种。定基增长速度是累计增长量与某一固定时期水平之比，用以说明某种社会经济现象在较长时期内总的增长程度；环比增长速度是逐期增长量与前一期发展水平之比，用以说明某种社会经济现象逐期的增长程度。但这两个指标不能直接进行互相换算，不存在定基发展速度与环比发展速度之间的直接换算关系。由于定基增长速度与定基发展速度之间，以及环比增长速度与环比发展速度之间仅相差一个基数"1"，因此如果需要换算，可以先将增长速度加"1"转化为发展速度，再通过两种发展速度之间的换算关系进行换算，得到结果再减去

"1"，就可求得相应的增长速度。

$$环比增长速度＝环比发展速度－1$$

$$定基增长速度＝定基发展速度－1$$

显然增长速度有正有负，发展速度大于"1"，则增长速度就为正值，表明现象增长的程度；反之，若发展速度小于"1"，则增长速度就为负值，表明现象降低的程度，如成本降低率等。

【例8】　现仍以表4-11某民营企业总产值资料说明发展速度和增长速度的计算。见表4-12所列。

表4-12　某民营企业2010—2015年总产值　　　单位：万元

年份		2010	2011	2012	2013	2014	2015
可比价工业总产值（亿元）		4840.2	7017.6	9189.4	9959.5	11373.3	11904.8
发展速度（%）	定基	—	145.0	189.9	205.8	235.0	246.0
	环比	—	145.0	130.9	108.4	114.2	104.7
增长速度（%）	定基	—	45.0	89.9	105.8	135.0	146.0
	环比	—	45.0	30.9	8.4	14.2	4.7

从表4-12可以看出，2015年定基发展速度为246.0%，而2010—2015年的环比发展速度的连乘积为：

$$145.0\%×130.9\%×108.4\%×114.2\%×104.7\%＝246.0\%$$

正好等于2005年定基发展速度。但是环比增长速度的连乘积并不等于定基增长速度，所以不能进行数量上的相互推算。

在实际统计分析工作中，为了消除季节变动的影响，也常常计算"年距增长速度"，说明与去年同期发展水平相对比达到的相对增长程度。

$$年距增长速度＝\frac{年距增长量}{去年同期发展水平}＝年距发展速度－1$$

二、平均发展速度和平均增长速度

为了研究社会经济现象总体在一个较长时期的发展或增长程度的一般水平，就需要对各个环比速度的数量差异抽象化，计算各个环比速度的平均数，即为平均速度指标。平均速度有平均发展速度和平均增长速度两种，前者说明现象在一个较长时期内逐年平均发展变化的程度，后者说明其逐年平均增长变化的程度。

（一）平均发展速度

平均发展速度是各期环比发展速度的序时平均数。由于环比发展速度是根据同一现象不同时期发展水平对比得到动态相对数，它不能用上述计算一般平均数动态数列的序时平均数方法进行计算。目前，计算平均发展速度的方法主要有两种，几何平均法和方程法。这里，分述如下：

1. 几何平均法

平均发展速度一般是各期环比发展速度的平均数，但各期的环比发展速度的连乘积是总发展速度，所以不能应用算术平均法，而要运用几何平均法。其计算公式一为：

$$\overline{X} = \sqrt[n]{X_1 \cdot X_2 \cdot X_3 \cdots X_{n-1} \cdot X_n} = \sqrt[n]{\prod X}$$

式中：

$\overline{X}$ 为平均发展速度；

X_n 为各个环比发展速度；

n 为环比发展速度的项数；

$\prod$ 为连乘符号。

由于各个环比发展速度的连乘积等于最后一年的定基发展速度，所以上式又可简化为公式二：

$$\overline{X} = \sqrt[n]{\frac{a_1}{a_0} \times \frac{a_2}{a_1} \times \cdots \times \frac{a_n}{a_{n-1}}} = \sqrt[n]{\frac{a_n}{a_0}}$$

几何平均法的公式一，要求知道整个时期内各年环比发展速度的大小；简化后的公式，则只要求知道最末水平（a_n）与最初水平（a_0），或者知道最末期的定基发展速度（a_n/a_0），因此可以根据所掌握资料的不同选择使用。简化公式计算方法的实质是要求最初水平（a_0）在平均发展速度下发展以达到最末水平（a_n）。即：

$$a_0 \underbrace{\overline{X}\ \overline{X} \cdots \overline{X}}_{n项} = a_0 \overline{X}^n = a_n$$

所以，几何平均法又叫做"水平法"。

平均发展速度的计算公式中，需要求出多次方根，可以有两种方法，一是用计算器直接开几次方根，这是最简便的方法；二是采用对数的方法求解。将上面计算平均发展速度公式两边各取对数，再利用查对数表查找所求的值。方法如下：

①公式一：$\overline{X} = \sqrt[n]{X_1 \cdot X_2 \cdot X_3 \cdots X_n}$

两边取对数：$\lg \overline{X} = \dfrac{1}{n}$ $(\lg X_1 + \lg X_2 + \lg X_3 + \cdots + \lg X_n)$

$$= \dfrac{\sum \lg X}{n}$$

②公式二：$\overline{X} = \sqrt[n]{\dfrac{a_n}{a_0}}$

两边取对数：$\lg \overline{X} = \dfrac{1}{n}$ $(\lg a_n - \lg a_0)$

【例 9】 某省原油产量 2007 年为 13831 万吨，2015 年为 16100 万吨。则平均发展速度为：

用计算器直接开方计算：

$$\overline{X} = \sqrt[8]{\dfrac{16100}{13831}} = \sqrt[8]{1.1641} = 101.92\%$$

或两边取对数：$\lg \overline{X} = \dfrac{1}{8} \times$ $(\lg 16100 - \lg 13831)$

$$= \dfrac{1}{8} \times (4.2068 - 4.1408)$$

$$= 0.00825$$

查反对数表得：$\overline{X} = 101.92\%$

2. 方程法

应用方程法计算平均发展速度时，先假设 $\overline{X}$ 为应用此法求得的平均发展速度，使得从最初水平 a_0 出发，各期按平均发展速度 $\overline{X}$ 计算发展水平，计算的各期发展水平累计总和与实际各期发展水平的累计总和相等，所以，方程法又叫"累计法"。根据 $\overline{X}$ 计算的各期水平的假定值为：

第一期：$a_1 = a_0 \overline{X}$

第二期：$a_2 = a_0 \overline{X} \cdot \overline{X} = a_0 \overline{X}^2$

第三期：$a_3 = a_0 \overline{X}^2 \cdot \overline{X} = a_0 \overline{X}^3$

……

第 n 期：$a_n = a_0 \overline{X}^{n-1} \cdot \overline{X} = a_0 \overline{X}^n$

将以上 n 式相加得：

$$a_0 \overline{X} + a_0 \overline{X}^2 + a_0 \overline{X}^3 + \cdots + a_0 \overline{X}^n$$

$$= a_1 + a_2 + a_3 + \cdots + a_n$$

$$\therefore \ a_0 \ (\overline{X} + \overline{X}^2 + \overline{X}^3 + \cdots + \overline{X}^n) = \sum a$$

则
$$\overline{X} + \overline{X}^2 + \overline{X}^3 + \cdots + \overline{X}^n - \frac{\sum a}{a_0} = 0$$

解这个高次方程式，求出 $\overline{X}$ 的正根，即为我们所要求得的平均发展速度 $\overline{X}$。但要解这个高次方程极为复杂，实际工作中都是根据查《平均增长速度查对表》来计算。

计算平均发展速度的两种方法，几何平均法和方程法侧重点有所不同，几何平均法偏重于考察期末发展水平，不反映中间各项水平的变化和各期的总体规模，所以只有在经济发展情况比较稳定时，才运用几何平均法。如果中间各期发展水平忽高忽低波动很大，运用几何平均法计算出来的数字就没有代表性，不能说明平均发展的趋势。方程法则侧重于考察整个时期中各年发展水平的总和，不仅仅是最初水平和最末水平，而是取决于间隔期内中间各个时期的变化情况。

（二）平均增长速度

平均增长速度是各期环比增长速度的序时平均数，它表明现象在一段时期内逐期平均增长变化的程度。根据增长速度与发展速度之间的运算关系，要计算平均增长速度，首先要计算出平均发展速度指标，然后将其减"1"（或100%）求得，计算公式为：

$$\text{平均增长速度} = \text{平均发展速度} - 1 \text{（或 100\%）}$$

平均发展速度大于"1"（或100%）时，平均增长速度就为正值，表示某种现象在一个较长时期内逐期平均递增的速度，这个指标也叫做"平均递增速度"或"平均递增率"；反之，平均发展速度小于"1"，平均增长速度就为负值，表示某种现象在一个较长时期内逐期平均递减的速度，这个指标因而也可叫做"平均递减速度"或"平均递减率"。

（三）增长1%的绝对值

进行动态分析时，有时既要看速度，又要看水平，反映这一性质的指标就是增长1%的绝对值。它是以绝对增长量除以相应的百分数表现的增长速度，即前期水平的1%。公式为：

$$\frac{a_i - a_{i-1}}{\left(\dfrac{a_i}{a_{i-1}} - 1\right) \times 100} = \frac{a_{i-1}}{100}$$

第四节　时间数列的变动分析

时间数列反映社会经济现象的发展变化过程，其各期发展水平是由多种因素相互影响、相互制约共同作用的结果。有些属于基本因素，它对于各个时期都起着稳定的、普通的、决定性的作用，从而使各个时期发展水平呈现出一定的规律性。还有些属于偶然因素，只起到暂时的、局部的、非决定性的作用，从而使各个时期发展水平表现为上下波动、时起时伏。但是，从长时期来看，某些偶然因素的个别影响可以相互抵消。因此对现象进行变动分析，不仅要计算发展水平和速度指标，还需要观察社会经济现象总体在一个相当长的时期内发展、变化的方向、趋势和具体条件下数量变动的规律性。

影响时间数列的各种因素有：长期趋势变动、季节变动、循环波动和不规则变动。

对于以上四种变动因素，可以用两种假设来描述，即加法模式和乘法模式。

1. 加法模式。假定四种变动因素是相互独立的关系，则时间数列（Y）是各因素相加的总和，即

$$Y = T + S + C + I$$

式中：Y、T 是总量指标，S、C、I 均是对 T 所产生的偏差，用原始单位表示。

2. 乘法模式。假定四种变动因素是相互影响、交叉作用的关系，则时间数列（Y）是各因素相乘的乘积，即：

$$Y = T \cdot S \cdot C \cdot I$$

式中：Y、T 是总量指标，用原始单位表示，而 S、C、I 则为比率，用百分数表示。$T \cdot S$ 一般称为常态变动，$C \cdot I$ 称为剩余变动。

这里只介绍现象发展长期趋势和季节变动的测定。

一、长期趋势测定方法

长期趋势就是客观现象在某一个相当长的时期内持续发展变化的趋势。例如，我国的国内生产总值、固定资产投资规模以及财政收入等在社会主义市场经济运动中，呈现出不断上升的趋势。但各年上升的幅度不同，受一些短期的、偶然因素的影响，因此，测定长期趋势的主要任务是：第一，排除偶然因素的影响，把握规律性，拟合趋势线，为统计预测提供依据。

长期趋势测定的方法有很多，常用的有：时距扩大法、移动平均法、最小平方法等等。

（一）时距扩大法

这是测定长期趋势的一种简便的方法，又称为间隔扩大法，是将原来时间数列中所包括的各个时期资料所反映的时期适当扩大，使指标数值相应增大，用以简化消除由于时距较短而使得现象受到偶然因素影响所引起的不均匀状况。经过对原始时间数列扩大时距修匀，可以整理出新的能明显表示现象发展趋势的时间数列。现用某企业某年利润额资料加以说明，见表 4-13 所列。

表 4-13　某企业某年各月利润额　　　　　　　单位：万元

月份	1	2	3	4	5	6	7	8	9	10	11	12
利润额	40.5	35	42	41.5	40.4	45.5	43	48.4	47	49.2	48	50.5

从表 4-13 可以看出，数列变化并不均匀，即各月的利润额，有升降交替的现象，起伏不定，用这一时间数列不能清楚地反映该厂利润额变动的趋势。如果将各月的利润额资料整理成季度的资料，即扩大时距，则可以整理出表 4-14 所列的新的时间数列。

表 4-14　某企业某年各季度利润额　　　　　　　单位：万元

季度	第一季度	第二季度	第三季度	第四季度
利润额	107.5	117.4	128.4	137.7

在整理后得到的时间数列中，利润额呈现出明显的上升趋势。

运用时距扩大法来修匀时间数列应注意的是：（1）各个时期的时距要相等。要求所扩大的各个时期的时距应该相等，这样才便于相互比较，看出现象的变动趋势。（2）时距的大小要适中。时距的大小应根据具体现象的性质和特点来确定，如果时距扩大的不够，就不能消除现象变动中的偶然因素；反之，如果时距过大，修匀后得出的新数列指标就少，则会掩盖现象发展的具体趋势。

（二）移动平均法

这也是对原有时间数列进行修匀，测定其长期趋势的一个常用而又较为简单的方法。它是采用逐项递推移动的办法，分别计算一系列移动的序时平均数，形成一个新的派生的序时平均数时间数列，来代替原有的时间数列。通过这种修匀法，也可以消除由于偶然因素引起的不规则变动，因而削弱原有数列的短期波动，从而使新的派生数列呈现出现象在较长时期里的基本发展趋势。

现仍以上表某企业某年各月利润额资料，采取 3 项和 5 项移动平均法分别进行修匀，计算其各个移动平均数，见表 4 - 15 所列。

表 4 - 15 某企业某年各月利润额 单位：万元

月份	利润额	3 项移动平均数	5 项移动平均数
1	40.5	—	—
2	35	39.2	—
3	42	39.5	39.9
4	41.5	41.3	40.9
5	40.4	42.5	42.5
6	45.5	43.0	43.7
7	43	45.6	44.8
8	48.4	46.1	46.6
9	47	48.2	47.1
10	49.2	48.1	48.6
11	48	49.4	—
12	50.5	—	—

应用移动平均法分析长期趋势时，应注意以下几个问题：（1）移动平均法采用奇数项求得的平均值都可以对正各时期的原值，一次即求得趋势值。如上例的三个月移动平均，第一个平均数为（40.5＋35＋42）÷3＝39.2，即可对正 2 月份的原值，依此类推即可得修匀后的时间数值。若采用偶数项移动平均时，由于偶数项移动平均数都是在两项中间位置，所以要将第一次移动的平均值，再进行两项"移正平均"，得出移正值时间数列。比如四个月移动平均，则所得第一个移动平均数处于原数列 3 月份和 4 月份之间，第二个移动平均数处于 4 月份和 5 月份之间，依此类推，然后再将上述第一个移动平均数与第二个移动平均数再进行"移正平均"，求出的平均数对正原数列入 3 月份，其余类推。显然，偶数项计算工作量较为繁杂，故一般多用奇数项移动平均。（2）用移动平均法对原时间数列修匀程度的大小，取决于移动平均的项数。如上例中的计算结果表明，用 5 项移动平均比 3 项移动平均修匀的程度更好。因此，修匀的项数越多，效果越好，即趋势线越为平滑。（3）移动平均法可取项数的多少，应视资料的特点而定。原有动态数列如有循环性周期变动，则应以循环周期的长度作为移动的项数；如根据各年的季度资料，应取四项移动平均；如根据各年的月份资料，则应取 12 项移动平均，这样可消除季节变动的影响，能更为准确地揭示现象发展的长期趋势。（4）移动平均后所得的修匀数列，比

原数列项数要减少。移动时采用的移动项数愈多，虽然能更好地修匀数列，但所得的趋势值项数愈少。奇数项移动平均所形成的新数列，首尾各少 $\dfrac{n-1}{2}$ 项数值（n 为移动平均项数）；偶数项移动平均所形成的新数列，首尾各少 $\dfrac{n}{2}$ 项数值。如采用 3 项移动平均，首尾各少一项数值。四项或五项移动平均首尾各少两项数值等。如减少项数过多，则不宜于分析长期趋势，所以计算移动平均数时，移动平均项数也不宜过多。

在进行统计分析时，如果需要两端数值，则不宜采用移动平均数。

（三）最小平方法

最小平方法，又称为最小二乘法，它是通过一定的数学模型，对原有的时间数列配合一条理想的趋势线来进行修匀。这条理想的趋势线是最接近所有散点（亦即最接近原时间数列）的趋势线。它必须满足下列两点要求：（1）原时间数列的实际数值与趋势线的估计数值的离差平方和为最小；（2）原时间数列的实际数值与趋势线的估计数值的离差之和等于零。这里，要求（1）是最基本的，如要求（1）能够满足，要求（2）也就必然能得到满足，可用公式表示如下：

$$\sum(y-y_c)^2 = 最小值$$

$$\sum(y-y_c) = 0$$

式中：

　　　y 为原时间数列的实际数值；

　　　y_c 为趋势线的估计数值。

长期趋势表现形式很多，有些呈直线形，有些呈曲线形。最小平方法既可用于配合直线，又可用于配合曲线，所以它是分析长期趋势最为常用且较为理想的方法。

对某时间数列是配合直线还是曲线，必须根据被研究现象发展变化的情况，根据原时间数列反映出来的现象变动的特点，经过仔细分析以后才能确定。一般来说，先要根据原时间数列在直角坐标上绘制散点图，从图上看，大体上呈直线变动的，就配合直线；大体上呈曲线变动的，就配合曲线。现分别说明用最小平方法配合直线方程、抛物线方程及指数曲线方程的方法。

1. 直线方程

如果现象的发展水平，其逐期增长量大体上相等，则可考虑配合直线趋势。趋势直线方程的一般形式为：

$$y_c = a + bt$$

式中：

　　y_c 为趋势线的估计值；

　　t 为时间；

　　a 为趋势线的截距；

　　b 为趋势线的斜率，即 t 每变动一个单位时，y_c 平均增加（或减少）的数量。上述趋势线方程中，a、b 为两个未定参数，根据最小平方法的要求，即：

$\sum(y-y_c)^2 =$ 最小值，可用求偏导数的方法，导出以下联立方程组：

$$\begin{cases} \sum y = na + b\sum t \\ \sum ty = a\sum t + b\sum t^2 \end{cases}$$

式中：n 代表时间数列的项数。

　　【例 10】　现以某地区工业总产值的实际资料为例进行计算，见表 4－16所列。

表 4－16　某地区 2007—2015 年工业总产值

年份	t	工业总产值（亿元）y	ty	t^2	y_c	$y-y_c$
2007	0	471.18	0	0	395.63	＋75.55
2008	1	767.25	767.25	1	747.20	＋20.05
2009	2	969.64	1939.28	4	1098.77	－129.13
2010	3	1378.49	4135.47	9	1450.34	－71.85
2011	4	1888.51	7554.04	16	1801.91	＋86.60
2012	5	2133.00	10665.00	25	2143.48	－20.48
2013	6	2536.14	15216.84	36	2505.06	＋31.08
2014	7	2898.81	20291.67	49	2856.63	＋42.18
2015	8	3174.19	25393.52	64	3208.19	－34
合计	36	16271.21	85963.07	204	16217.21	0

　　则 $n=9$，$\sum t=36$，$\sum y=16217.21$，$\sum ty=85963.07$，$\sum y^2=204$，代入上面联立方程，得：

$$\begin{cases} 16217.21 = 9a + 36b \\ 85963.07 = 36a + 204b \end{cases}$$

　　解方程组，得 $a=395.63$，$b=351.57$。

配合直线方程式为：$y_c = 395.63 + 351.57t$

将 $t=0$，1，2，…，8 分别代入方程式，可得与 y 相应的 y_c 值，从表 4-16 中可看出，y 与 y_c 配合后，离差之和等于零，即 $\sum (y-y_c) = 0$，这也是最小平方法的基本要求。

上述计算过程中，年份若直接使用 2007 年、2008 年、…、2015 年等等，计算较为不便，故通常就以较为简单而连续的整数 0、1、2、3、4、5…代替。这时当 $t=0$ 时，表明这个具体的 t 代表的某一年是趋势直线方程的原点。在本例中，$y_c = 395.63 + 351.57t$ 的原点是在 2007 年，因而 1997 年为 $t=0$，1998 年为 $t=1$ 等等。

为了计算方便，我们可以假设时间 t：

(1) 当时间项数为奇数时，可假设 t 的中间项为 0，这时时间项依次排列为：…—3、—2、—1、0、1、2、3、…；

(2) 当时间项数为偶数时，时间项可依次排列为：…—5、—3、—1、1、3、5、…。

这时，原点 0 实际上是在数列正中相邻两个时间的中点，以上两种假设 t 的方法是为了使 $\sum t=0$，即时间项的正负相互抵消，则原联立方程组可以简化为：

$$\begin{cases} \sum y = na \\ \sum ty = b \sum t^2 \end{cases}$$

因而 a、b 的值可以直接求得，即：$\begin{cases} a = \dfrac{\sum y}{n} \\ b = \dfrac{\sum ty}{\sum t^2} \end{cases}$

仍用表 4-16 资料计算如下：

表 4-17　某地区 2007—2015 年工业总产值

年份	t	工业总产值（亿元）y	ty	t^2	y_c	$y-y_c$
2007	—4	471.18	—1884.72	16	395.63	+75.55
2008	—3	767.25	—2301.75	9	747.20	+20.05
2009	—2	969.64	—1939.28	4	1098.77	—129.13
2010	—1	1378.49	—1378.49	1	1450.34	—71.85

（续表）

年份	t	工业总产值（亿元）y	ty	t^2	y_c	$y-y_c$
2011	0	1888.51	0	0	1801.91	+86.60
2012	1	2133.00	2133.00	1	2143.48	-20.48
2013	2	2536.14	5072.28	4	2505.06	+31.08
2014	3	2898.81	8696.43	9	2856.63	+42.18
2015	4	3174.19	12696.76	16	3208.19	-34
合计	0	16271.21	21094.23	60	16217.21	0

则：$a = \dfrac{\sum y}{n} = \dfrac{16217.21}{9} = 1801.91$

$b = \dfrac{\sum ty}{\sum t^2} = \dfrac{21094.23}{60} = 351.57$

配合直线方程式为：$y_c = 1801.91 + 351.57t$

将 $x = -4，-3，-2，-1，0，\cdots，4$ 分别代入方程式，可得相应的 y_c 值，与表 4-16 相比较，可以看出两者计算结果是完全一致的。

利用已配合的直线方程式，可预测事物 2017 年的发展水平，也即当 $t = 6$ 时：

$y_c = 1801.31 + 351.57 \times 6 = 3911.33$（亿元）

这个数字可以作为经济预测的参考数据。

2. 抛物线方程

如果现象的变化发展，其每期增长量的增长大体相同，即二级增长量大体相同，则这种现象可考虑配合曲线趋势中的二次抛物线方程。

趋势二次抛物线方程为：

$$y = a + bt + ct^2$$

上述趋势曲线方程中，a、b、c 为三个未定参数，根据最小平方法的要求，即 $\sum (y - y_c)^2$ 最小值，可用求偏导数的方法，导出以下联立方程组：

$$\begin{cases} \sum y = na + b\sum t + c\sum t^2 \\ \sum ty = a\sum t + b\sum t^2 + c\sum t^3 \\ \sum t^2 y = a\sum t^2 + b\sum t^3 + c\sum t^4 \end{cases}$$

按照前面所讲的方法，在时间数列中，以中间的时间为原点，使得$\sum t = 0$、$\sum t^3 = 0$，上式则可简化为：

$$\begin{cases} \sum y = na + c\sum t^2 \\ \sum ty = b\sum t^2 \\ \sum t^2 y = a\sum t^2 + c\sum t^4 \end{cases}$$

【例 11】　现以某地区 2007—2015 年职工平均工资资料为例进行计算，见表 4-18 所列。

表 4-18　某地区 2007—2015 年职工平均工资

年份	t	平均工资（元）y	ty	t^2	$t^2 y$	t^4	y_c	$y - y_c$
2007	-4	1827	-7308	16	29232	256	1623.30	$+203.70$
2008	-3	1959	-5877	9	17631	81	1994.78	-35.78
2009	-2	2265	-4530	4	9060	16	2470.76	-205.76
2010	-1	2770	-2770	1	2770	1	3051.24	-281.24
2011	0	3793	0	0	0	0	3736.22	$+56.78$
2012	1	4609	4609	1	4609	1	4525.70	$+83.30$
2013	2	5775	11550	4	23100	16	5419.68	$+355.32$
2014	3	6492	19476	9	58428	81	6418.16	$+73.84$
2015	4	7271	29084	16	116336	256	7521.16	-250.16
合计	0	36761	44234	60	261166	708	36761	0

则：$\sum t = 0$，$\sum t^3 = 0$，$\sum y = 36761$，$\sum ty = 44234$，$\sum t^2 = 60$，$\sum t^2 y = 261166$，$\sum t^4 = 708$

代入上面简化的联立方程组，得：

$$\begin{cases} 36761 = 9a + 60c \\ 44234 = 60b \\ 261166 = 60a + 708c \end{cases}$$

解方程组，得：$a = 3736.22$，$b = 737.23$，$c = 52.25$

配合抛物线方程式为：

$$y_c = 3736.22 + 737.23t + 52.25t^2$$

将 $t = -4$，-3，-2，-1，0，…，4 分别代入方程式，可得出与 y 相应的 y_c 值。从表 4-17 中可看出，y 与 y_c 配合后，离差之和等于零，即 $\sum (y - y_c) = 0$。这也是满足最小平方法的基本要求的。

同理亦可将该趋势线向外延伸，预测以后年份该地区职工平均工资，作为经济预测的参考数据。

3. 指数曲线方程

如果时间数列环比发展速度（或环比增长速度）大体相同，以配合指数曲线为宜。

指数曲线的方程式为：

$$y = ab^t$$

式中：

a、b 为未定参数；

a 为基期水平的趋势值；

b 为现象的平均发展速度。

进行指数曲线配合，可先将指数曲线转化为直线的形式，上述等式两边取对数，得：

$$\lg y = \lg a + t \lg b$$

这样就可按直线配合的方法来确定所需要的指数曲线，就是应用最小平方法拟合对数直线趋势方程。

【例 12】 某地区棉花产量资料如下：

表 4-19 2009—2015 年某地区棉花产量 单位：万担

年份	2009	2010	2011	2012	2013	2014	2015
产量	5.3	7.2	9.6	12.9	17.1	23.2	30.7
环比增长速度（%）	—	36	33	34	33	36	32

从以上资料可以看出，各年环比增长速度大致相同，现象发展变化呈指数曲线型，宜配合指数曲线，计算过程见表 4-20 所列。

表 4 - 20   表 4 - 19 回归计算结果

年份	棉花产量 y	t	$\lg y$	$t\lg y$	t^2	y_c	$y - y_c$
2009	5.3	-3	0.7243	-2.1729	9	5.3	0
2010	7.2	-2	0.8573	-1.7146	4	7.2	0
2011	9.6	-1	0.9823	-0.9823	1	9.6	0
2012	12.9	0	1.1106	0	0	12.8	$+0.1$
2013	17.1	1	1.2330	1.2330	1	17.2	-0.1
2014	23.2	2	1.3655	2.7310	4	23.1	$+0.1$
2015	30.7	3	1.4871	4.4613	9	30.8	-0.1
合计	106.0	0	7.7601	3.5555	28	106.1	0

则：$\sum \lg y = 7.7601$，$\sum t = 0$，$\sum t^2 = 28$，$\sum t\lg y = 3.5555$，代入最小平方法直线趋势联立方程组，得：

$$\begin{cases} 7.7601 = 7\lg a \\ 3.5555 = 28\lg b \end{cases}$$

解得：$\lg a = 1.1086$，$\lg b = 0.1270$

$\therefore$ $a = 12.84$，$b = 1.34$

对数趋势直线方程式为：

$\lg y_c = \lg a + t\lg b = 1.1086 + 0.127t$

指数曲线方程为：$y_c = ab^t = 12.84 \times (1.34)^t$

将 t 值即 -3，-2，-1，0，1，2，3 代入上列方程式，就可求得各年的趋势值 y_c，如表 4 - 20 所示。由于 y_c 数值非常接近于 y 数值，且 $\sum (y - y_c) = 0$，所以此方程拟合效果较好。

如果该趋势线向外延伸，可对该地区以后年份的棉花产量进行预测。如对 2016 年棉花产量预测，取 $t = 5$，则：

$$y_c = 12.84 \times (1.34)^5 = 55.5 \text{（万担）}$$

这个数字即可作为经济预测的参考数据。

综上所述，在分析现象发展的长期趋势以及运用分析结果进行预测时，应该注意的是，不论将哪一种趋势线向外延伸来预测未来可能达到的数值，都具有一定的假定性。所以，要做好经济预测工作，除了应用必要的数学方法或建立数学模型外，一定要深入实际，加强调查研究，具体情况具体分析，才能得出较为准确的结果。

二、季节变动测定方法

季节变动是指某些社会经济现象，在一年内随着季节的更替而引起的比较有规律性的变动。例如，农业中乳类、禽蛋等产量，工业中以农产品为原料的轧花厂等，商业中毛呢、汗衫等销售量，交通运输业中的客运量等，都带有不同程度的季节变动的现象。

分析季节变动的目的，在于消除由于季节变动带来的不利影响，充分利用它的有利因素，以便更好地组织生产、适应市场与满足人民生活的需要。例如，在商业工作中，如果能很好地掌握各种主要商品的季节变动规律，就可以及时组织货源，保证供应，以防止商品的积压或脱销现象发生。又如，在工业生产中，以农副产品为原材料的加工工业，特别是不易长期保管和储藏的某些农产品为原料的加工工业，更要采取有效措施，克服由于现象季节变动对生产带来的不利影响。

测定季节变动的方法很多，这里主要介绍通过计算季节比率来测定现象的季节变动。按照是否考虑长期趋势对其影响，计算季节比率的方法有按月平均法和长期趋势剔除法。

（一）按月平均法

按月平均法是不考虑长期趋势影响，直接根据原始的时间序列指标值进行计算。

其一般计算步骤和方法如下：首先，根据各年按月（季）的资料来计算出各月（季）平均数；其次，计算各年总的月（季）平均数；最后，将各月（季）平均数与总的月（季）平均数进行对比，得出各月（季）的季节比率，即季节指数。其计算公式为：

$$季节比率（\%）= \frac{同月份（季度）平均数}{总平均月份（季度）水平} \times 100\%$$

季节比率是进行季节变动分析的重要指标，可用以说明季节变动的程度。通过季节比率的计算，可以观察和分析某种社会经济现象季节变动的规律性。

【例13】 某轧花厂 2013—2015 年产量资料见表 4-21 所列。

表 4 - 21　某轧花厂 2013—2015 年月度产量资料　　单位：百担

	2013	2014	2015	各年同一月份合计	各年同月平均数	季节比率（%）
1 月	80	120	320	520	173	13.7
2 月	120	200	400	720	240	19.0
3 月	200	350	700	1250	417	33.1
4 月	500	850	1500	2850	950	75.3
5 月	800	1500	2400	4700	1567	124.3
6 月	2500	4500	6800	13800	4600	364.8
7 月	2400	6400	7200	16000	5333	422.9
8 月	600	900	1500	3000	1000	79.3
9 月	200	400	600	1200	400	31.7
10 月	100	250	400	750	250	19.8
11 月	60	100	200	360	120	9.5
12 月	40	80	110	230	77	6.1
合计（或平均）	7600	15650	22130	45380	1261	1200

根据表 4 - 21 资料，计算过程如下：

1. 将各年同月数字相加，求出月平均数，如 1 月份为：

$$1 月份平均数 = \frac{80+120+320}{3} = \frac{520}{3} = 173（百担）$$

其余依此类推。

2. 将三年产量加总，求全数列的各月总平均数，即：

$$总平均数 = \frac{7600+15650+22130}{36} = \frac{45380}{36} = 1261（百担）$$

3. 求各月季节比率。如 1 月份为：

$$1 月份季节比率（\%） = \frac{1 月份平均销售量}{总平均销售量} \times 100\%$$

$$= \frac{173}{1261} \times 100\% = 13.7\%$$

其余依此类推。

因此，由各月的季节比率排列成的动态数列，就可清楚地看出该轧花厂的产量存在着季节性变动。夏季为棉花收获季节，因而该厂产值也随之增多，尤以 6、7 月份为最高，其他季节该厂产值也随之降低，冬季为最低，明显地反映出该厂产量季节变动的规律。

（二）长期趋势剔除法

趋势剔除法的核心在于充分考虑了长期趋势对于时间数列的影响，在计算各月的理论数量时，使用当月的趋势值代替年平均值。具体步骤为：第一，利用移动平均法，求出对应各季的趋势值；第二，以各季的实际数量与趋势值相除，获得各季的变化情况；第三，将各年的同一季节情况进行平均，得各季末修正指数；最后，进行指数修正。

运用趋势剔除法计算季节指数见表 4-22、表 4-23 所列。

表 4-22 某商场 2011—2015 年季节衬衣销售量的移动平均

年份	季节	真实值 Y	第一次移动平均	第二次移动平均 T	季节变化 $\frac{Y}{T}$（%）
2011 年	春季	3000	—	—	—
	夏季	12000	—	—	—
	秋季	6000	5550	5612.5	106.90
	冬季	1200	5675	5862.5	20.47
2012 年	春季	3500	6050	6175	56.68
	夏季	13500	6300	6350	212.60
	秋季	7000	6400	6437.5	108.74
	冬季	1600	6475	6662.5	24.02
2013 年	春季	3800	6850	7037.5	54.00
	夏季	15000	7225	7287.5	205.83
	秋季	8500	7350	7400	114.86
	冬季	2100	7450	7700	27.27
2014 年	春季	4200	7950	8050	52.17
	夏季	17000	8150	8200	207.32
	秋季	9300	8250	8325	111.71
	冬季	2500	8400	8712.5	28.69
2015 年	春季	4800	9025	9137.5	52.53
	夏季	19500	9250	9300	209.68
	秋季	10200	9350	—	—
	冬季	2900	—	—	—

表 4-23 表 4-22 的季节指数 （%）

	2011 年	2012 年	2013 年	2014 年	2015 年	未修正指数	修正后指数
春季	—	56.68	54.00	52.17	52.53	53.85	54.07
夏季	—	212.60	205.83	207.32	209.68	208.86	209.72
秋季	106.90	108.74	114.86	111.71	—	110.55	111.01
冬季	20.47	24.02	27.27	28.69	—	25.11	25.21
合计						99.59	

复习思考题

1. 什么是时间数列？它具有哪些特点？

2. 时间数列有几种？它们之间是什么关系？

3. 编制时间数列应遵循哪些原则？

4. 什么是发展速度？什么是增长速度？发展速度与增长速度有什么样的关系？

5. 什么是季节变动？如何进行测定？

6. 某企业 2006—2015 年商品销售资料如下：

年份	2006	2007	2008	2009	2010	2011	2012	2013	2014	2015
销售额（万元）	400	450	320	530	450	550	615	700	750	800

（1）用最小平方法的简捷计算法求趋势直线方程；

（2）预测 2016、2020 年某企业商品销售额。

7. 已知某地区历年国民生产总值资料如下：

年份	2010	2011	2012	2013	2014	2015
国民生产总值（万元）	100	120	140	147	160	184

试计算：（1）各年逐期增长量，累计增长量和全期平均增长量；

（2）各年环比发展速度，定基发展速度，环比增长速度，定基增长速度；

（3）该地区"十二五"期间的平均发展速度。

8. 已知某商业企业收购的鲜蛋资料如下：（单位：吨）

年份	第一季度	第二季度	第三季度	第四季度
1991	15.5	39.0	13.6	6.0
1992	16.8	38.7	14.1	6.7
1993	18.5	42.9	14.4	9.5
1994	16.3	28.5	11.7	7.2
1995	16.1	27.1	9.7	8.3

试据此按季平均法计算各季的季节比率。

第五章　统 计 指 数

第一节　统计指数的意义和种类

一、统计指数的意义

（一）统计指数的概念

统计指数是在研究社会经济现象的数量关系，分析社会经济现象在不同时间、空间、条件下的数量变动情况，测定有关因素影响的方向、程度中而产生发展起来的。它最早见于 18 世纪中叶的欧洲。当时，由于金银大量流入欧洲，欧洲的物价飞涨，引起社会不安，于是产生了反映物价变动程度的价格指数。后来，人们为了适应统计研究分析的需要，扩展了被称为指数的对比计算的对象、内容和范围。所以，从商品价格到经济领域的各种要素，从某一简单现象到复杂现象，从不同时间到不同空间、不同条件的经济现象数量对比计算的相对数都沿用了价格相对数所用的指数概念。

为了阐明指数的概念，我们把所要研究的现象总体区分为简单现象总体和复杂现象总体。前者，指总体中的单位数或标志值，可以直接加以总计，如某种产品产量、成本、产值、利税，某种农作物的播种面积及其收获量。后者，指构成现象总体的单位及其标志值，不能直接加总，如不同使用价值的产品产量、成本和价格等。从广义上说，以上两类现象总体数量的变动都是指数。因此，前面讨论过的动态相对数、比较相对数、计划完成程度相对数都可以叫指数。但是通常所说的指数是狭义概念的指数，它仅仅反映复杂现象总体数量上的变动。本章主要讨论狭义指数的编制，并且着重于对动态指数做详细说明。

（二）统计指数的作用

指数是一种重要的统计方法，在经济分析中有着广泛的应用，其基本作用可概括为：

1. 统计指数可以综合反映复杂现象总体数量的变动方向和程度

统计指数的综合计算，把不能直接加总的多要素现象汇总为可比的总体数量进行分析，求得其变动的方向和程度。计算结果大于或小于 100% 时，说明现象总体数量变动的方向是上升或下降；它与 100% 的偏差，则表示总体数量变动的程度，正数说明现象总体数量上升的幅度，负数说明现象总体数量下降的幅度。

2. 统计指数可以分析各个因素变动对现象总体变动的影响方向和程度

在社会经济现象中有许多现象都是复杂现象，其变动要受许多因素的影响。例如，商品销售额的变动是商品销售量和商品价格两个因素共同变动的结果；产品总成本的变动是产品产量和产品单位成本两个因素共同作用的结果。通过编制各种因素指数可以分析各因素影响的方向和影响程度。例如，分别编制销售量指数和价格指数，分析它们对销售额的影响方向和影响程度；分别编制产量指数和单位产品成本指数，分析它们对总成本的影响方向和影响程度。

3. 统计指数可以测定现象数量变动受总体内部各组水平和总体单位结构变动的影响方向和程度

统计指数对现象数量的某一平均指标指数进行分析时，可以通过现象平均指标的计算原理和指数体系分别测定各组水平和总体单位结构的变动对总体平均水平的影响。

4. 统计指数可以研究现象数量在长时期内的变动趋势

编制一系列反映同类现象变动情况的指数形成指数数列，可以反映被研究现象的变动趋势。例如，根据 1995 年到 2005 年 11 年的零售价格资料，编制 10 个环比价格指数，从而构成了价格指数数列。这样，就可以揭示价格在一段时间内的变动方向、程度和趋势，评判价格水平是上升还是下降。

5. 统计指数可以对社会经济现象进行综合评价和测定

随着指数在实际应用中的发展，许多经济现象都可以运用统计指数进行综合评定，以便对某种社会经济现象进行综合的数量评断。

二、统计指数的种类

可以从不同角度对统计指数进行分类，常用的统计指数的分类有：

（一）按所反映的对象范围不同，统计指数分为个体指数和总指数

个体指数是反映单一经济现象的变动程度，如表 5 - 1 中甲种商品的销售量指数和销售价格指数等；总指数是说明由多个要素组成的复杂社会经济现象总体综合变动的特殊相对数，即狭义的指数。如表 5 - 1 中甲、乙、丙三种商品销售量总指数和销售价格总指数。

（二）按其反映现象的性质不同，统计指数分为数量指标指数和质量指标指数

数量指标指数是表明总体在规模上数量变动的指数，即对数量指标编制的指数，如销售量指数、职工人数指数、产品产量指数等；质量指标指数是表明总体质量、内涵变动情况的指数，即对质量指标编制的指数，如价格指数、单位产品成本指数、劳动生产率指数、平均工资指数等。

（三）按比较的对象不同，统计指数分为动态指数、静态指数和计划完成指数

动态指数反映的是现象在时间上发展变化的指数，其对比基准是现象在基期的水平。上述所举的指数都是动态指数。指数的编制和应用，通常是针对时间上的变动来考虑的，但静态指数和计划完成指数的应用也越来越广泛。静态指数反映的是同一时间，不同单位、地区、国家之间的综合比较，例如地区价格指数，其对比的基础是同一时期价格在某地区的水平。计划完成指数反映的是所研究现象计划的综合完成程度，其对比的基准是该现象的计划任务数。

第二节　综合指数的编制

一、综合指数的概念和特点

（一）综合指数的概念

在所研究的总量指标中，包含两个或两个以上的因素，将其中一个或一个以上的因素固定下来，只考察其中一个因素的变动，这样编制出来的指数叫综合指数。

（二）综合指数的特点

从编制方法来看，综合指数具有以下几个特点：（1）先综合后对比。总体中各单位由于使用价值不同，其总体的单位及其标志值不能直接加总对比。例如，电视机、小麦、衣服等商品，由于使用价值不同，是不能将它们相加测定其总变动的。怎样才能分析其变动呢？这时需要有一个媒介或者说一个过渡因素。由于有了这个因素，原来直接相加没有经济意义的现象可以直接相加，这个过渡因素就叫同度量因素。例如电视机、小麦、衣服等商品尽管它们的使用价值不同，计量单位有台、千克、件之分，但它们都是社会劳动产品，都包含了一定的社会必要劳动时间，也都具有价值，而价值是可以直接相加和对比的。将这三种商品销售量与其单价相乘，然后汇总得到这三种商品销售总额的变动情况，这里商品的单价就是过渡因素，在统计上称为同度量因素。（2）将同度量因素加以固定。计算综合指数时须将同度量因素加以固定，才能测定所研究现象的变动情况。例如，研究某商店商品销售量的变动情况时，商品价格可以作为同度量因素，将每种商品销售量乘以各自商品的价格，得到可以直接相加的销售额。但如果用报告期的销售量乘以报告期的价格，得到报告期销售额，用基期的销售量乘以基期的价格，得到基期的销售额，比较这两个销售额，得出的指数并不是所求商品销售量指数，而是销售额指数，它包含了销售量和价格两个因素的变动。要计算商品销售量指数，必须将价格这个同度量因素固定下来，将报告期和基期的销售量都乘以同一个时期的价格，这样得出的

两个销售额之比，反映的才是销售量这一因素的变动情况。同理，如要计算商品价格指数，就需要将销售量固定不变，得到的就是价格这一因素的变动。
（3）指数的分子分母所研究对象的范围应一致。计算综合指数时，分子和分母的统计范围、计算单位等都应一致，否则计算出来的结果是不正确的。由于综合指数是两个总量指标对比，所以，需要在全面资料的基础上进行计算。

二、综合指数的编制方法

（一）数量指标指数的编制

数量指标指数是反映复杂现象总体规模、水平或工作总量变动程度的指数，一般是根据总量指标计算的。例如，产品产量指数、商品销售指数、货物周转量指数等，它们是根据产量、销售量、周转量等数量指标计算的。现在，我们以商品销售量为例说明数量指标指数的编制方法。

商品销售量指数是要综合反映各种不同使用价值、不同计量单位的商品报告期比基期在数量方面的变动程度。根据这个目的，关键一步是确定同度量因素，解决可加性问题。计算销售量指数是以价格作为同度量因素的。即：

$$\sum（销售量×价格）＝销售额$$

这个经济关系式说明，借助于价格把不能直接相加的商品销售量转化为商品销售额，就可以相加了。这里，价格就是计算销售量指数的同度量因素。我们看到，价格对全部商品的销售额起到了权衡轻重的作用，价格高的商品，销售额就大，反之就小。因此，从这个意义上说，同度量因素也称权数。

解决了可加性问题，并不是我们的最终目的，我们要从报告期与基期的对比中反映出各种商品销售量总的变动程度，这就要求我们必须消除价格变动对销售量变动的影响。因此，应当把价格这个同度量因素固定下来，也就是假定报告期和基期价格相同，从而突出销售量的变动。

确定了以固定的价格作为同度量因素后，就要解决是用基期价格还是用报告期的价格，或者是用某一固定时期的价格的问题。对于这个问题，统计学界一向是有不同看法和主张，因为用这三个价格计算出的销售量指数是不同的，并具有不同的经济内容。下面我们对用三个不同时期价格作为同度量因素的计算公式分别加以介绍。

1. 以基期价格作为同度量因素

$$L_q = \frac{\sum q_1 p_0}{\sum q_0 p_0} \qquad （公式1）$$

式中：

L_q 为商品销售量总指标；

$\sum q_1 p_0$ 为按基期价格计算的销售额；

$\sum q_0 p_0$ 为基期销售额。

公式 1 是德国经济学家埃蒂恩·拉斯贝尔（E. Laspeyres）提出的，称为拉氏数量指数公式。其计算结果说明，在基期价格水平下销售量的综合变动程度。分子分母差额（$\sum q_1 p_0 - \sum q_0 p_0$），说明商品销售量变动对商品销售额绝对值的影响。见表 5 - 1 所列。

$$L_q = \frac{\sum q_1 p_0}{\sum q_0 p_0} = \frac{88800}{74000} = 120\%$$

$$\sum q_1 p_0 - \sum q_0 p_0 = 88800 - 74000 = 14800 \text{（元）}$$

计算结果表明：当商品价格固定在基期时，三种商品销售量报告期比基期增加了 20%；由于销售量的综合变动，公司三种商品的销售额报告期比基期增加了 14800 元。

表 5 - 1　某公司三种商品销售额指数计算表

商品名称	计量单位	销售量		基期销售价格 p_0（元）	基期销售额 $q_0 p_0$（元）	按基期价格计算的销售额 $q_1 p_0$（元）
		基期 q_0	报告期 q_1			
（甲）	（乙）	（1）	（2）	（3）	(4)=(1)×(3)	(5)=(2)×(3)
甲	吨	160	200	300	48000	60000
乙	台	200	210	80	16000	16800
丙	米	500	600	20	10000	12000
合计	—			—	74000	88800

该公式的优点在于用基期价格 p_0 做同度量因素，也就是假定价格未发生变化，使商品销售量指数的计算过程不受价格变动的影响，确切反映销售量的变化；其缺点是，容易脱离实际。因为，公式中的分子 $\sum q_1 p_0$，是将报告期的商品销售量用基期的价格来估值，这不仅脱离了实际情况，而且有的老商品被淘汰或降价，新商品没有基期价格等，影响了指数的准确性。

2. 以报告期价格作为同度量因素

$$P_q = \frac{\sum q_1 p_1}{\sum q_0 p_1} \qquad \text{（公式 2）}$$

式中：

$\sum q_1 p_1$ 为报告期销售额；

$\sum q_0 p_1$ 为按报告期价格计算的销售额。

公式 2 是德国经济学家哈曼·派许（Herman Paasche）提出的，称为派氏数量指数公式。其计算结果说明，在报告期价格水平条件下销售量的综合变动程度。分子减分母的差额（$\sum q_1 p_1 - \sum q_0 p_1$），说明由于商品销售量变动对商品销售额绝对值的影响。见表 5-2 所列。

表 5-2　某公司三种商品销售量指数计算表

商品名称	计量单位	销售量		报告期销售价格 p_1（元）	报告期销售额 $q_1 p_1$（元）	按报告期价格计算的销售额 $q_0 p_1$（元）
		基期 q_0	报告期 q_1			
（甲）	（乙）	（1）	（2）	（3）	（4）=（2）×（3）	（5）=（1）×（3）
甲	吨	160	200	330	66000	52800
乙	台	200	210	100	21000	20000
丙	米	500	600	24	14400	12000
合计	—	—	—	—	101400	84800

$$P_q = \frac{\sum q_1 p_1}{\sum q_0 p_1} = \frac{101400}{84800} = 119.58\%$$

$$\sum q_1 p_1 - \sum q_0 p_1 = 101400 - 84800 = 16600 \text{（元）}$$

计算结果表明：当商品价格固定在报告期时，三种商品销售量总变动的综合指数为 119.58%，报告期比基期增长了 19.58%。商品销售量的综合变动，使得该公司商品销售额发生变化，报告期比基期增加了 16600 元。

这个公式是用报告期价格做同度量因素的，因此避免了用基期价格做同度量因素的缺点。然而采用 p_1 做同度量因素的同时，也起到了权数的作用，对商品的销售量起到了权衡轻重的作用，把价格由 p_0 到 p_1 的变动带进指数中去了，使指数计算结果同公式 1 不同。

3. 以某一固定时期的价格作同度量因素

$$\overline{K}_q = \frac{\sum q_1 p_n}{\sum q_0 p_n} \qquad \text{（公式 3）}$$

式中：

$\sum q_1 p_n$ 为按固定价格计算的报告期销售额；

$\sum q_0 p_n$ 为按固定价格计算的基期销售额，见表 5-3 所列。

表 5 - 3 某公司三种商品销售量指标计算表

商品名称	计量单位	销售量		固定期销售价格 p_n （元）	按固定价格计算基期销售额 $q_0 p_n$ （元）	按固定期价格计算的报告期销售额 $q_1 p_n$ （元）
		基期 q_0	报告期 q_1			
（甲）	（乙）	（1）	（2）	（3）	（4）=（1）×（3）	（5）=（2）×（3）
甲	吨	160	340	330	52800	112200
乙	台	200	100	100	20000	10000
丙	米	500	25	25	12500	625
合计	—	—	—	—	85300	122825

$$\overline{K}_q = \frac{\sum q_1 p_n}{\sum q_0 p_n} = \frac{122825}{85300} = 143.99\%$$

$$\sum q_1 p_n - \sum q_0 p_n = 122825 - 85300 = 37525 \text{ （元）}$$

计算结果表明：当商品价格固定在某一固定时期时，三种商品销售量总变动的综合指数为143.99%，报告期比基期增长了43.99%，商品销售量的综合变动，使得该公司销售额发生了变化，报告期比基期增加了37525元。

公式3是利用固定时期价格作同度量因素，使价格固定，工作简便，可减少计算工作量。但是，由于价格固定在某个时期，时间长了会脱离实际。固定时期价格也称不变价格或可比价格。

以上三个公式的运算显示，同样是甲、乙、丙三种商品的销售量，但是由于同度量因素选用的时期不同而结果不一样。究竟选择哪个公式来计算销售量总指数，要根据研究目的、计算条件和指数的经济内容来决定。计算商品销售量总指数的目的，是测定各种商品销售量的总变动情况。因此，计算时应尽量排除价格变动的影响，选用公式1较为合适，即计算数量指标总指数时，应将同度量因素固定在基期。

值得注意的是，以上是以商品销售量指数为例来说明数量指标指数的编制原理和方法的，其他数量指标指数的编制与此相同。

（二）质量指标指数的编制

质量指标指数是反映经济工作质量变动程度的指数，一般是根据相对指标或平均指标计算的。例如，产品成本指数、价格指数、劳动生产率指数、平均工资指数等，它们是根据产品单位成本、价格、劳动生产率等质量指标计算的。现在，我们以商品价格指数为例来说明质量指标指数的编制原理和方法。

上述数量指标指数编制时，各种使用价值不同的产品或商品实物量是不能相加的。现在把使用价值不同的产品或商品的价格相加也是不合理的。那么，要综合反映多种不同产品或商品价格的总变动程度，首先也要确定同度量因素，解决可加性问题。计算价格指标指数是以销售量作为同度量因素的。即：

$$\Sigma（销售量 \times 价格）=销售额$$

即
$$\Sigma q \times p = q p$$

与数量指标指数的编制相同，质量指标指数的同度量因素即数量指标也必须固定下来，从而才能突出质量指标的变动。那么销售量因素应该固定在什么时期呢？统计学界也有不同的看法，因而产生了不同的指数公式。

1. 以基期销售量作为同度量因素

$$L_p = \frac{\Sigma q_0 p_1}{\Sigma q_0 p_0} \qquad\qquad （公式 4）$$

式中：

L_p 为价格总指数。

这个公式也是拉斯贝尔提出的，称为拉氏价格指数公式，其计算结果说明在基期销售量不变的情况下价格的综合变动程度。分子减去分母的差额（$\Sigma q_0 p_1 - \Sigma q_0 p_0$），说明商品价格变动对销售额绝对值的影响。我们利用表 5-1、表 5-2 中的资料，说明公式 4 的运用：

$$L_p = \frac{\Sigma q_0 p_1}{\Sigma q_0 p_0} = \frac{84800}{74000} = 114.59\%$$

$$\Sigma q_0 p_1 - \Sigma q_0 p_0 = 84800 - 74000 = 10800 （元）$$

计算结果说明，当商品销售量固定在基期时，该公司三种商品销售价格总变动的综合指数为 114.59%，报告期价格比基期价格上升了 14.59%。由于商品销售价格上升了 14.59%，该公司商品销售额增加了 10800 元。

这个公式的优点在于用基期销售量做同度量因素，排除了销售量变动对价格指数的影响；其缺点是缺少现实的经济意义。例如，本例中三种商品的价格上涨了 14.59%，假如消费者仍按以前的购买量购买这三种商品，要多支出 10800 元。这显然没有什么现实意义。

2. 以报告期销售量作为同度量因素

$$P_p = \frac{\Sigma q_1 p_1}{\Sigma q_1 p_0} \qquad\qquad （公式 5）$$

这个公式也是派许提出来的，称为派氏价格指数公式，其计算结果说明在报告期销售量条件下价格的综合变动程度。分子减分母的差额（$\Sigma q_1 p_1 - \Sigma q_1 p_0$），说明价格变动对销售额绝对值的影响。仍以表 5-1、表 5-2 的资料说明公式 5 的运用：

$$P_p = \frac{\sum q_1 p_1}{\sum q_1 p_0} = \frac{101400}{88800} = 114.19\%$$

$$\sum q_1 p_1 - \sum q_1 p_0 = 101400 - 88800 = 12600 \text{ （元）}$$

计算结果说明，该公司商品销售量固定在报告期时，三种商品销售价格总的变动方向是上升的，报告期的价格为基期的 114.19%，报告期的价格比基期的价格上升了 14.19%。由于商品销售价格总变动的影响，该公司商品销售额增加了 12600 元。

这个公式的特点是用报告期销售量做同度量因素，使得价格指数中包含了销售量因素，但是用报告期的销售量做同度量因素，使得价格指数有了明显的经济意义，也使得价格指数的相对数与其相应的绝对数紧密相连。例如，本例中消费者在报告期购买商品时，就会考虑，假如物价不上涨，可以少支出12600 元。

以上介绍的两个价格指数公式也是由于采用同度量因素的时期不同，而有不同的计算结果。我国价格指数的编制是从现实意义出发，采用以报告期销售量做同度量因素的公式。

以上分别从数量指标指数和质量指标指数两个指数的编制过程介绍了综合指数的编制方法。总结归纳如下：综合指数的编制就是从被研究现象总体的内部联系出发，正确选择一个同度量因素，把不能直接相加和对比的个体数值过渡到能够相加和对比，通过分子分母两个总量指标的对比，以相对数的形式来综合反映复杂现象总的变动情况；通过分子分母两个总量指标的绝对数差额来说明现象总体变动的经济意义。

编制综合指数的关键是正确选择同度量因素。选择同度量因素的方法是运用抽象法，将现象总体指标分解为 n 个因素的连乘积，将其中 $n-1$ 个因素固定不变，以分析另一个因素的变动情况。这 $n-1$ 个被固定的因素，称为同度量因素，选择同度量因素固定的时期应视研究目的、资料情况而定。一般原则是，编制数量指标综合指数时，宜采用基期的质量指标做同度量因素；编制质量指标指数时，宜采用报告期的数量指标做同度量因素。

三、平均数指数的编制方法

以个体指数为基础，采取平均形式编制的总指数，称为平均数指数。综合指数与平均数指数都是编制总指数的方法，适用于不同的条件，各有其应用价值；它们之间既有联系，也有区别。其联系表现为，在特定的权数条件下，它们存在变形关系，即综合指数可改变为平均数指数；其区别在于，平均数指数除了作为综合指数的变形使用外，它还是计算总指数的一种独立形式。平均数指数按加权与否可分为简单平均数指数和加权平均数指数；按平均形式的不同可分为算术平均数指数、调和平均数指数和几何平均数指数。以下介绍两种常用的平均数指数，即加权算术平均数指数和加权调和平均数指数。

（一）加权算术平均数指数

编制数量指标指数时，如果掌握的资料只是个体指数和综合指数的分母即基期的实际数值资料，就要用加权算术平均数指数公式计算其总指数。

如果已知个体产品产量指数 $K = q_1/q_0$，则 $q_1 = Kq_0$，代入产量综合指数公式，得

$$\overline{K}q = \frac{\sum q_1 p_0}{\sum q_0 p_0} = \frac{\sum K q_0 p_0}{\sum q_0 p_0} \qquad (公式6)$$

式中，以个体产品产量指数 K 为变量，以基期产品产值（$q_0 p_0$）为权数，则产品产量综合指数就变为加权算术平均数指数。

兹以产品产量指数为例，说明如下：

表5-4 某公司三种产品产量指数计算表

产品名称	计量单位	产量		个体产量指数 $K = q_1/q_0$	基期产值（万元）$q_0 p_0$
		基期 q_0	报告期 q_1		
甲	件	1000	1200	1.20	20
乙	吨	300	330	1.10	12
丙	台	60	63	1.05	8
合计	—	—	—	—	40

$$\overline{K}q = \frac{\sum K q_0 p_0}{\sum q_0 p_0} = \frac{1.20 \times 20 + 1.10 \times 12 + 1.05 \times 8}{20 + 12 + 8} = \frac{45.6}{40} = 114\%$$

$$\sum K q_0 p_0 - \sum q_0 p_0 = 45.6 - 40 = 5.6 （万元）$$

计算结果表明：产品产量增长14%。由于产品产量的增长，增加的总产值为5.6万元。

（二）加权调和平均数指数

加权调和平均数指数是以各个个体指数为变量，按调和平均数形式进行加权计算的总指数。这种形式的指数公式通常用来编制质量指标指数。例如，编制物价指数时，一般不易取得销售量资料，只能掌握报告期的销售额以及有关的价格资料，这时就不能直接编制物价综合指数，而要采用加权调和平均数指数公式计算。

如已知个体物价指数 $K = p_1/p_0$，则 $p_0 = \frac{1}{K} p_1$，代入物价综合指数公式，即得：

$$\overline{K} = \frac{\sum K p_1 q_1}{\sum p_0 q_1} = \frac{\sum p_1 q_1}{\sum \frac{1}{K} p_1 q_1} \qquad \text{（公式 7）}$$

式中，以个体产品物价指数 K 为变量，以报告期产品销售额（$p_1 q_1$）为权数，则产品物价综合指数就变为调和平均数指数。见表 5-5 所列。

表 5-5 某公司三种商品物价指数计算表

产品名称	计量单位	价格（元）		个体物价指数 $K = p_1/p_0$	报告期销售额（元）$q_1 p_1$
		基期 p_0	报告期 p_1		
甲	千克	14.0	15.4	1.1	10710
乙	双	25.0	30.0	1.2	52500
丙	件	8.0	8.0	1.0	23800
合计	—	—	—	—	87010

$$\overline{K}q = \frac{\sum p_1 q_1}{\sum \frac{1}{K} p_1 q_1} = \frac{10710 + 52500 + 23800}{\frac{10710}{1.1} + \frac{52500}{1.2} + \frac{23800}{1.0}}$$

$$= \frac{10710 + 52500 + 23800}{9736 + 43750 + 23800} = \frac{87010}{77286} = 112.58\%$$

$$\sum p_1 q_1 - \sum \frac{1}{K} p_1 q_1 = 87010 - 77286 = 9724 \text{（元）}$$

综上所述，可以看出：（1）综合指数改变为算术平均数指数时，要以综合指数的分母指标 $p_0 q_0$ 作为权数；（2）综合指数改变为调和平均数指数时，要以综合指数的分子指标 $p_1 q_1$ 作为权数。在这种特定权数条件下改变成的平均指数公式，其计算形式虽然不同于综合指数，但计算结果和反映的经济内容与相应的综合指数是一致的。在这种特定的权数条件下，平均数指数是综合指数的变形。

（三）固定权数加权平均数指数

平均数指数除了作为综合指数的变形使用外，本身具有广泛的应用价值，是计算总指数的一种独立形式。例如，固定权数加权平均数指数就是在国内外统计工作中广泛使用的一种独立的平均数指数形式。与作为综合指数变形的平均数指数不同，它是采用固定权数（W）计算的，这种权数是根据有关抽样资料，经分析后加以确定，并采用比重的形式固定下来，在较长一段时期内作为不变权数使用，使总指数的计算简便易行。例如在我国商业统计中，编制零售物价指数时就采用固定权数加权算术平均数法，其权数是经过调整的基期销售额，即用各类商品的销售额所占的比重 W 表示，以 K 代表各类零售消费品价格的个体指数，计算公式为：

零售物价固定加权算术平均数指数 $\overline{K}_p = \dfrac{\sum KW}{\sum W}$ （公式 8）

现用表 5-6 中的资料为例，说明按上述公式计算零售物价总指数的过程。

表 5-6 某年商品类别的指数计算表

商品类别	类指数（%） $K = p_1/p_0$	固定权数（%） W	KW（%）
食品类	103.10	50	5155.00
衣着类	104.85	23	2411.55
日用品类	100.20	12	1202.40
家电类	102.00	6	612.00
医药类	98.44	3	295.32
燃料类	101.90	2	203.80
服务类	102.65	4	410.60
合计	—	100	10290.67

$$\overline{K} = \frac{\sum KW}{\sum W} = \frac{10290.67\%}{100} = 102.91\%$$

上例中的类指数在计算总指数时，实际上起着个体指数的作用，但应注意与权数材料的范围相适应。通常，从社会商品零售的实际情况出发，选择若干代表性商品计算其个体指数，并确定相适应的固定权数来计算价格总指数，是一种简便易行的方法。

平均数指数与综合指数相比，其特点是：（1）综合指数的编制需要全面材料，而平均数指数既可根据全面材料，也可根据非全面材料编制。（2）平均数指数可直接利用现成的总值资料作为权数，还可以用权数的比重代替其实际数值，使总指数的计算简便易行。（3）当权数资料不易取得时，可以在对研究对象的实际情况进行具体分析的基础上，定出假设的权数进行计算。总之，平均数指数能根据非全面材料计算，并具有简便、快速和灵活的优点。但它也有其局限性。如按固定加权平均形式编制的指数，只能反映现象变动的方向和程度，不能直接计算出现象变动产生的实际效果。

第三节 指数因素分析

一、指数体系

指数体系，就是一系列相互联系，彼此间在数量上存在推算关系的统计指数所构成的整体。指数体系一般保持两个对等关系，即若干因素指数的乘积等于总变动指数；若干因素对总指标的影响之和等于总变动指标的实际增减额。例如：

商品销售额指数＝商品销售价格指数×商品销售量指数

$$\frac{\sum q_1 p_1}{\sum q_0 p_0} = \frac{\sum q_1 p_1}{\sum q_1 p_0} \times \frac{\sum q_1 p_0}{\sum q_0 p_0}$$

商品销售额实际增减额＝商品销售量变动的影响额＋商品价格变动的影响额

$$\sum q_1 p_1 - \sum q_0 p_0 = \left(\sum q_1 p_0 - \sum q_0 p_0 \right) + \left(\sum q_1 p_1 - \sum q_1 p_0 \right)$$

工资总额指数＝职工人数指数×平均工资指数

$$\frac{\sum x_1 f_1}{\sum x_0 f_0} = \frac{\sum f_1 x_0}{\sum f_0 x_0} \times \frac{\sum x_1 f_1}{\sum x_0 f_1}$$

工资总额实际增减额＝职工人数变动的影响额＋平均工资变动的影响额

$$\sum x_1 f_1 - \sum x_0 f_0 = \left(\sum f_1 x_0 - \sum f_0 x_0 \right) + \left(\sum x_1 f_1 - \sum x_0 f_1 \right)$$

上述经济关系式都分别构成各自独立的指标体系。

在统计实践中，由于编制指数选择的同度量因素及时期不同，故指数体系也有着不同的表现形式。

如果编制的数量指标指数，将质量指标（同度量因素）固定在基期，编制质量指标指数，将数量指标（同度量因素）固定在报告期，则指数体系为：

$$\frac{\sum q_1 p_0}{\sum q_0 p_0} \times \frac{\sum p_1 q_1}{\sum p_0 q_1} = \frac{\sum p_1 q_1}{\sum p_0 q_0}$$

$$\sum p_1 q_1 - \sum p_0 q_0 = \left(\sum q_1 p_0 - \sum q_0 p_0 \right) + \left(\sum p_1 q_1 - \sum p_0 q_1 \right)$$

如果编制的数量指标指数，将质量指标（同度量因素）固定在报告期，编制质量指标指数，将数量指标（同度量因素）固定在基期，则指数体系为：

$$\frac{\sum q_1 p_1}{\sum q_0 p_1} \times \frac{\sum p_1 q_0}{\sum p_0 q_0} = \frac{\sum p_1 q_1}{\sum p_0 q_0}$$

$$\sum p_1 q_1 - \sum p_0 q_0 = (\sum q_1 p_1 - \sum q_0 p_1) + (\sum p_1 q_0 - \sum p_0 q_0)$$

不同的指数体系起着不同的作用，反映现象之间不同的经济联系，运用哪一种指数体系最好，要根据实际情况和分析目的来决定。不过，一般来讲，以第一种指数体系较好，在实际统计工作中多用这种指数体系。这是因为我们在研究数量指标（如销售量）变动时，通常不包含质量指标（价格）变动为好，而在观察研究质量（如价格）变动时，更关心这种变动所带来的实际经济效果。第一种指标体系的计算结果能符合这种研究目的，具有更大的实际经济意义。

在指标体系中，指数之间既然存在着这种联系，因此我们如果知道了其中的若干个指数，就可以根据指数体系的对等关系求出某一个未知的指数，也可以进行因素分析。

二、因素分析法

因素分析法是根据指数体系理论，从数量方面研究现象总变动中各因素变动的影响方向、程度和绝对效果的一种方法。

（一）因素分析法的种类

1. 按分析时所包含的因素多少分，可分为两因素分析和多因素分析

两因素分析仅对两个因素的变动情况进行分析，它是因素分析的基本方法。如销售价格和销售量对销售额的影响分析。

多因素分析则指研究对象包含两个以上因素变动的影响分析。如原材料支出额受产品产量、原材料单耗、原材料单价的影响分析。

2. 按分析的指标种类划分，可分为总量指标因素分析和平均指标因素分析

总量指标因素分析是指分析的对象是总量指标的因素分析。如产值受产量、出厂价格因素影响的分析；原材料支出额受产品产量、原材料单耗、原材料单价的影响分析。这里产值和原材料支出额都是总量指标。

平均指标因素分析是指分析对象是平均指标的因素分析。如同一单位不同时期职工平均工资受各类职工工资水平和职工人数构成因素变动影响的分析。

（二）因素分析法的程序

运用因素分析法首先应建立指数体系，并依据指数体系从相对数及绝对数两个方面进行分析计算。其程序是：（1）根据现象之间的经济关系，建立指数体系；（2）计算被分析指标的总变动程度和增减变动的绝对数；（3）计算各因素变动的程度和对分析指标影响的绝对数；（4）对指数体系间的等量关系进行

综合说明。

（三）总量指标因素分析法

1. 总量指标两因素分析

总量指标两因素分析是指在一个现象总变动受两个因素影响时，分析其中每个因素的变动对总变动影响的方向和程度。现举例对总量指标两因素分析加以说明。

【例1】　某省三种出口商品的统计资料见表5-7所列，要求据此分析出口商品价格、出口商品数量的变动对出口额的影响。

表5-7　出口商品因素分析表

商品名称	单位	出口数量		出口价格		p_1q_1（万美元）	p_0q_1（万美元）	p_0q_0（万美元）
		q_0	q_1	p_0（美元）	p_1（美元）			
大米	万吨	3	4	400	410	1640	1600	1200
桐油	万吨	0.3	0.25	1800	2000	500	450	540
茶叶	万吨	0.13	0.17	2300	2400	408	391	299
合计	—	—	—	—	—	2548	2441	2039

先写出分析的指数体系：

$$\frac{\sum p_1q_1}{\sum p_0q_0}=\frac{\sum p_1q_1}{\sum p_0q_1}\times\frac{\sum p_0q_1}{\sum p_0q_0}$$

$$\sum p_1q_1-\sum p_0q_0=\left(\sum p_1q_1-\sum p_0q_1\right)+\left(\sum p_0q_1-\sum p_0q_0\right)$$

依指数体系计算 p_1q_1，p_0q_1，p_0q_0 如上表，则有：

（1）出口额变动分析：

$$出口额变动程度=\frac{\sum p_1q_1}{\sum p_0q_0}=\frac{2548}{2039}=124.96\%$$

$$\sum p_1q_1-\sum p_0q_0=2548-2039=509（万美元）$$

（2）出口价格变动分析：

$$P_p=\frac{\sum p_1q_1}{\sum p_0q_1}=\frac{2548}{2441}=104.38\%$$

$$\sum p_1q_1-\sum p_0q_1=2548-2441=107（万美元）$$

（3）出口数量变动分析：

$$L_q = \frac{\sum p_0 q_1}{\sum p_0 q_0} = \frac{2441}{2039} = 119.72\%$$

$$\sum p_0 q_1 - \sum p_0 q_0 = 2441 - 2039 = 402 \text{（万美元）}$$

由此可知：　　　　　$124.96\% = 104.38\% \times 119.72\%$

$$509 = 107 + 402$$

从以上计算可以看出：三种商品的出口价格上升了 4.38%，使出口额增加了 107 万美元；三种商品的出口数量上升了 19.72%，使出口额增加了 402 万美元。两者共同影响使三种商品的出口额上涨了 24.96%，绝对额增加了 509 万美元。

2. 总量指标多因素分析

总量指标多因素分析，是指一个现象总变动受两个以上因素变动的影响，借助指数体系可以测定其中每一因素变动对总体变动的影响各有多大。例如，工业产品原材料支出额的变动就受原材料消耗量和单位原材料价格两个因素变动的影响。而原材料消耗量的变动又受产品产量和单位产品原材料消耗变动的影响，这样，工业产品原材料支出额的变动就受产品产量、单位产品原材料消耗变动和单位产品原材料价格三个因素的影响；同样，工业总产值可以分解为职工人数、工人占职工比重和工人劳动生产率三个因素；利税总额可以分解为全部职工人数、工人占职工比重、工人劳动生产率和产值利税率四个因素等。它们都可以利用指数体系进行多因素分析。

利用指数体系对总量指标的变动进行多因素分析，其中分析方法和两因素分析法基本上相同。由于包括因素较多，分析过程比较复杂，因而有以下几个问题应加以注意：（1）多因素分析要正确排序。排序要根据现象总体的经济内容，使之符合客观事物的联系或逻辑。各因素顺序的排列一般遵循数量指标因素在前，质量指标因素在后的原则，并且要符合主要指标之间的经济联系。（2）多因素分析必须遵循连环代替法的原则。在正确排序的基础上，顺次逐项分析。当分析第一个因素的变动影响后，接着分析第二个因素的影响，然后再分析第三个因素的影响，依此类推。（3）必须逐项确定同度量因素。在多因素分析中，为了分析某一因素的影响，要求将其余因素固定不变。具体方法是，当分析第一个因素的影响时，就把其他所有因素固定在基期；当分析第二个因素的变动影响时，则把已经分析过的因素固定在报告期，没有分析过的因素仍固定在基期，依此类推；分析最后的影响因素时，将以前所有的因素都固定在报告期。

例如，原材料费用总额

＝产品生产量×单位产品原材料消耗量（单耗）×原材料单价

$$qmp = q \times m \times p$$

指数体系可写为：

$$\frac{\sum q_1 m_1 p_1}{\sum q_0 m_0 p_0} = \frac{\sum q_1 m_0 p_0}{\sum q_0 m_0 p_0} \times \frac{\sum q_1 m_1 p_0}{\sum q_1 m_0 p_0} \times \frac{\sum q_1 m_1 p_1}{\sum q_1 m_1 p_0}$$

等式右边：

对于 $\frac{\sum q_1 m_0 p_0}{\sum q_0 m_0 p_0}$，变动因素是 q $\left(\frac{q_1}{q_0}\right)$，其右边的同度量因素固定在基期

$\left(\frac{m_0}{m_0}, \frac{p_0}{p_0}\right)$。

对于 $\frac{\sum q_1 m_1 p_0}{\sum q_1 m_0 p_0}$，变动因素是 m $\left(\frac{m_1}{m_0}\right)$，其右边的同度量因素 p 固定在基期

$\left(\frac{p_0}{p_0}\right)$，而左边的同度量因素固定在报告期 $\left(\frac{q_1}{q_1}\right)$。

对于 $\frac{\sum q_1 m_1 p_1}{\sum q_1 m_1 p_0}$，变动因素是 p $\left(\frac{p_1}{p_0}\right)$，同度量因素是 q 和 m，均在其左边，

故都固定在报告期 $\left(\frac{q_1}{q_1}, \frac{m_1}{m_1}\right)$。

【例 2】 假定某厂生产产品的有关资料见表 5-8 所列，要求运用有关指数体系，分析产品产量、单位产品原材料消耗量及单位原材料价格对原材料费用总额的影响。

表 5-8 原材料消耗情况表

原材料种类	产品名称	计量单位	产品产量		单位产品原材料消耗（公斤）		单位原材料价格（元）	
			基期 q_0	报告期 q_1	基期 m_0	报告期 m_1	基期 p_0	报告期 p_1
甲	A	万套	5	6	100	90	0.15	0.14
乙	B	万套	6	4	50	45	0.40	0.38

指数体系如下：

$$\frac{\sum q_1 m_1 p_1}{\sum q_0 m_0 p_0} = \frac{\sum q_1 m_0 p_0}{\sum q_0 m_0 p_0} \times \frac{\sum q_1 m_1 p_0}{\sum q_1 m_0 p_0} \times \frac{\sum q_1 m_1 p_1}{\sum q_1 m_1 p_0}$$

依指数体系列入表 5－9。

表 5－9   原材料费用总额因素分析计算表   单位：万元

	$q_0 m_0 p_0$	$q_1 m_1 p_1$	$q_1 m_0 p_0$	$q_1 m_1 p_0$
A	75	75.6	90	81
B	120	68.4	80	72
合计	195	144	170	153

则：

（1）产品产量指数：

$$\frac{\sum q_1 m_0 p_0}{\sum q_0 m_0 p_0}=\frac{170}{195}=87.18\%$$

$$\sum q_1 m_0 p_0-\sum q_0 m_0 p_0=170-195=-25\text{（万元）}$$

（2）原材料单耗指数：

$$\frac{\sum q_1 m_1 p_0}{\sum q_1 m_0 p_0}=\frac{153}{170}=90\%$$

$$\sum q_1 m_1 p_0-\sum q_1 m_0 p_0=153-170=-17\text{（万元）}$$

（3）原材料价格指数：

$$\frac{\sum q_1 m_1 p_1}{\sum q_1 m_1 p_0}=\frac{144}{153}=94.12\%$$

$$\sum q_1 m_1 p_0-\sum q_0 m_0 p_0=144-153=-9\text{（万元）}$$

（4）原材料费用总额指数：

$$\frac{\sum q_1 m_1 p_1}{\sum q_0 m_0 p_0}=\frac{144}{195}=73.85\%$$

$$\sum q_1 m_1 p_1-\sum q_1 m_1 p_0=144-195=-51\text{（万元）}$$

因此，有：

$$87.18\%\times90\%\times94.12\%=73.85\%$$

$$-25-17-9=-51\text{（万元）}$$

说明：由于生产量减少 12.82%，少支出的费用为 25 万元；由于单位产品原材料消耗降低 10%，少支出费用 17 万元；由于原材料价格下降 5.88%，少支出费用 9 万元，三者共同影响，原材料费用总额下降 73.85%，共减少 51 万元。

（四）平均指标的因素分析

前面说过，加权算术平均数 $\bar{x} = \dfrac{\sum xf}{\sum f}$ 受两个因素的影响：一个是变量值 x；一个是变量值所出现的次数的结构 $\dfrac{f}{\sum f}$。如果平均数发生动态变化（$\dfrac{\bar{x_1}}{\bar{x_0}}$），显然是 x 和 $\dfrac{f}{\sum f}$ 影响的结果。这里所要研究的问题是如何使用指数体系进行平均指标变动的因素分析。回顾总量指标两因素分析的原理，在分析 p 和 q 对 pq 的影响时，是分别编制 p 的指数 $\dfrac{\sum p_1 q_1}{\sum p_0 q_1}$ 和 q 的指数 $\dfrac{\sum p_0 q_1}{\sum p_0 q_0}$。同理，要分析 x 和 $\dfrac{f}{\sum f}$ 对 $\bar{x}$ 变动的影响，就需编制关于变量 x 的指数和关于次数结构 $\dfrac{f}{\sum f}$ 的指数，从而形成指数体系，进行平均指标变动的绝对量和相对量分析。

编制平均指标体系，关键是确定同度量因素的时期。可以遵循这样的原则：①编制 x 的指数，把同度量因素 $\dfrac{f}{\sum f}$ 的时期固定在报告期；②编制关于 $\dfrac{f}{\sum f}$ 的指数，则把同度量因素 x 的时期固定在基期。

按照以上原则，平均指标两因素分析法的指数体系为：

$$\frac{\dfrac{\sum x_1 f_1}{\sum f_1}}{\dfrac{\sum x_0 f_0}{\sum f_0}} = \frac{\dfrac{\sum x_1 f_1}{\sum f_1}}{\dfrac{\sum x_0 f_1}{\sum f_1}} \times \frac{\dfrac{\sum x_0 f_1}{\sum f_1}}{\dfrac{\sum x_0 f_0}{\sum f_0}}$$

各指数的含义为：

（1）指数 $\dfrac{\dfrac{\sum x_1 f_1}{\sum f_1}}{\dfrac{\sum x_0 f_0}{\sum f_0}}$ 称为可变组成指数，它反映平均指标的实际变动方向和程度，分子分母的差额 $\dfrac{\sum x_1 f_1}{\sum f_1} - \dfrac{\sum x_0 f_0}{\sum f_0}$ 是平均指标的增减绝对量。

（2）指数 $\dfrac{\dfrac{\sum x_1 f_1}{\sum f_1}}{\dfrac{\sum x_0 f_1}{\sum f_1}}$ 称为固定组成指数，因其固定了次数结构的影响而得名，它反映变量 x 的变动方向和程度，分子分母的差额 $\dfrac{\sum x_1 f_1}{\sum f_1} - \dfrac{\sum x_0 f_1}{\sum f_1}$ 说明 x 对平均指标的绝对量。

（3）指数 $\dfrac{\dfrac{\sum x_0 f_1}{\sum f_1}}{\dfrac{\sum x_0 f_0}{\sum f_0}}$ 称为结构影响指数，它反映次数结构 $\dfrac{f}{\sum f}$ 变动对平均指标

的影响，分子分母的差额 $\dfrac{\sum x_0 f_1}{\sum f_1} - \dfrac{\sum x_0 f_0}{\sum f_0}$ 说明 $\dfrac{f}{\sum f}$ 对平均指标影响的绝对量。

三个指数在相对数上构成等式：

$$可变组成指数＝固定组成指数×结构影响指数$$

表 5-10　某车间工人平均工资变动的因素分析

	月工资（元）		工人数（人）		$x_0 f_0$（万元）	$x_1 f_1$（万元）	$x_0 f_1$（万元）
	x_0	x_1	f_0	f_1			
技术工资	680	720	245	250	16.66	18	17
辅助工资	500	520	120	800	6	41.6	40
合计	1180	1240	365	1050	22.66	59.6	57

（1）可变组成指数：

$$\frac{\dfrac{\sum x_1 f_1}{\sum f_1}}{\dfrac{\sum x_0 f_0}{\sum f_0}} = \frac{0.05676}{0.06208} = 91.43\%$$

$$\frac{\sum x_1 f_1}{\sum f_1} - \frac{\sum x_0 f_0}{\sum f_0} = 0.05676 - 0.06208 = -0.00532（万元/人）$$

（2）固定组成指数：

$$\frac{\dfrac{\sum x_1 f_1}{\sum f_1}}{\dfrac{\sum x_0 f_1}{\sum f_1}} = \frac{0.05676}{0.05429} = 104.55\%$$

$$\frac{\sum x_1 f_1}{\sum f_1} - \frac{\sum x_0 f_1}{\sum f_1} = 0.05676 - 0.05429 = 0.00247（万元/人）$$

（3）结构影响指数：

$$\frac{\dfrac{\sum x_0 f_1}{\sum f_1}}{\dfrac{\sum x_0 f_0}{\sum f_0}} = \frac{0.05429}{0.06208} = 87.45\%$$

$$\frac{\sum x_0 f_1}{\sum f_1} - \frac{\sum x_0 f_0}{\sum f_0} = 0.05429 - 0.06208 = -0.00779（万元/人）$$

从以上结果可以看出：由于工资水平上升 4.55％，总平均工资增加了 24.7 元；由于工人结构的变动率为下降 12.55％，总平均工资减少 77.9 元。两者共同影响的结果，使总平均工资下降 8.57％，每个工人的月工资减少

53.2元。

第四节 常见的统计指数

一、居民消费价格指数

居民消费价格是指居民支付所购买消费品和获得服务项目的价格，这与人民生活密切相关，在国民经济体系中占有重要的地位。居民消费价格指数是反映上述这种消费品和服务项目价格变动趋势和程度的相对数，它可用来分析居民实际收入水平和生活水平的变化情况，是党和政府研究、制定价格政策和分配政策的重要依据，世界各国都在编制这种指数。

我国的消费价格指数是采用固定加权算术平均指数方法来编制的。其主要编制过程和特点是：（1）将各种居民消费划分为八大类，包括食品、衣着、家庭设备及用品、医疗保健、交通和通信工具、文化娱乐用品、居住项目及服务项目等，下面再划分为若干个中类和小类。（2）从以上各类中选定325种有代表性的商品项目（含服务项目）编制指数，利用有关对比时期的价格资料分别计算个体价格指数。（3）依据有关时期内各种商品的销售额构成确定代表的比重权数，它不仅包括代表品本身的权数（直接权数），而且还要包括该代表品所属的那一类商品中其他商品所具有的权数（附加权数），以此提高入编项目对所有消费品的一般代表性程度。（4）按从低到高的顺序，采用固定加权算术平均数公式，编制各小类、中类的居民消费价格指数和居民消费价格总指数。

$$\overline{K}_p = \frac{\sum i_p w}{\sum w} = \frac{\sum i_p w}{100}$$

公式中的权数（w）通常根据家庭生活收支调查资料确定，一经确定，几年不变。

二、零售价格指数

零售价格指数是测定市场零售商品价格变动程度和趋势的一种相对数，可用于分析市场商品供需和国民经济运行情况，是政府研究和制定价格政策、分配政策、加强市场管理和宏观调控的依据。

零售价格指数按研究的范围不同可分为各省（区、市）地区零售价格指数和全国零售价格指数；同时，还可按农村和城市编制农村零售价格指数和城市零售价格指数，以反映各地和全国城乡不同经济条件下的零售价格变动情况。

由于社会零售商品数以千计，且价格处于经常变动中，难以取得全面资料按综合指数公式计算，实际工作中，只能采取抽样方法，选择代表规格品，对这些代表规格品的单项指数加权平均，计算各类商品零售价格指数。因此，编制零售价格指数必须解决商品分类、代表规格品的选择、价格采集和权数确定等问题。

1. 商品分类和代表规格品的选择

按照国家统计局的规定，全部商品分为食品、饮料烟酒、服装鞋帽、纺织品、中西药品、化妆品、书报杂志、文化用品、日用品、家用电器、首饰、燃料、建筑装潢材料、机电产品等十四大类，每个大类又分为若干个中类，中类再细分小类，每个小类又包括若干商品集团。计算零售价格指数的代表规格品从商品集团中抽选。

代表规格品一般选择中等质量，在当地销售量大，生产和销售前景较好、价格变动趋势有代表性的商品。各地根据统计局规定调查的商品目录和地区的实际情况进行选择。由于生产不断发展，商品品种规格不断变化，对代表规格品需要经常审查和进行调整。

2. 商品价格的调查与计算

对代表规格品价格，由各地根据商品销售额的比重以及农贸市场商品成交额的大小，选择那些经营品种比较齐全、商品销售额大的中心市场作为价格调查点，派员定点定时直接登记调查。计算价格指数所用的商品价格，是根据调查取得的资料按月、季和年计算的平均价格。

3. 计算公式和权数

零售价格的类指数和总指数都是采用加权算术平均数公式：

$$类指数\ \bar{k}_p = \sum k_p \frac{w}{\sum w}$$

式中：

$k_p = \dfrac{p_1}{p_0}$ 为各种代表规格品单项指数；

$w = p_0 \times q_0$ 为代表规格品所代表的商品集团的零售额；

$\sum w$ 为小类商品零售总额。

零售价格指数计算的程序是先小类，再中类、大类，最后由各大类商品零售价格指数加权平均为城市（或农村）零售价格总数。每一层权数都是同一层中各类商品零售额所占比重，用百分比表示，其和为 100。

三、工业生产指数

工业生产指数概括地反映一个国家或地区各种工业产品产量的综合变动程度，它是衡量经济增长水平的重要指标之一。世界各国都非常重视工业生产指数的编制，但采用的编制方法却不完全相同。

在我国，工业生产指数是通过计算各种工业产品的不变价格产值来加以编制的。其基本编制过程是：首先，对各种工业产品分别制定相应的不变价格标准（记为 p_c）；其次，逐项计算各种产品的不变价格产值，加总起来就得到全部工业产品的不变价格总产值；最后，将不同时期的不变价格总产值加以对比，就得到相应时期的工业生产指数。

记 T 时期的不变价格总产值为 $\sum q_t p_c$（$t = 0，1，2，3，\cdots$）则该时期的工业生产指数就是固定加权综合指数的形式：

$$\overline{K}_q = \frac{\sum q_t p_c}{\sum q_0 p_c} \text{ 或 } \overline{K}_q = \frac{\sum q_t p_c}{\sum q_{t-1} p_c}$$

采用不变价格法编制工业生产指数的特点是：只要具备了完整的不变价格产值资料，就能够很容易地计算出有关的生产指数；而且可以在不同层次上（如各地区、各部门、各企业等）进行编制满足各方面的分析需要。

然而，不变价格的制定和不变价格产值的计算本身却是一项非常浩繁的工作，这项工作又必须不断地、全面地展开，其难度可想而知。尤其是在市场经济条件下，要在整个工业生产领域内运用不变价格计算完整的产值资料，面临着很多实际的问题。因此，我国工业生产指数编制方法的改革势在必行。

与我国的情况不同，在国外，较为普遍地采用平均指数的形式来编制工业生产指数。计算公式为：

$$\overline{K}_q = \frac{\sum i_q q_0 p_0}{\sum q_0 p_0}$$

其中，i_q 为各种工业品的个体产量指数，$q_0 p_0$ 则为相应产品的基期增加值。编制这种工业生产指数的目的是为了说明工业增加值中物量因素的综合变动程度，其分析意义与一般的工业总产量指数是有所不同的。

在实践中，为了简化指数的编制工作，常常以各种工业品的增加值比重作为权数，并且将这种比重权数相对固定起来，连续地编制各个时期的工业生产指数：

$$\overline{K}_q = \frac{\sum i_q \omega}{\sum \omega}$$

这里运用了"固定加权算术平均指数"。

四、股票价格指数

股票价格指数是指用以表示多种股票平均价格水平及其变动并衡量股市行情的指标，包括股价指数指标和股价平均数指标。股价指数是用来反映不同时点上股价变动情况的相对指标，通常用报告期的股票价格与选定的基数价格相比，并将两者的比值再乘以基数的指数值即得到该报告期的股票价格指数。人们通过观察股票价格指数的变化，可以衡量出报告期股价与基期相比的变动方向及幅度。股价平均数是用来反映一定时点上多种股票价格变动一般水平的指数，通常用算术平均数或修正平均数表示。股价平均数与股价指数的区别是：前者反映一定时点股票价格水平的绝对数，是所有上市股票价格的平均数；后者是反映不同时点上股价变动水平的相对数，是通过不同时点股价平均数的比较计算出来的。因为股价指数的计算本身就包含了股价平均数的计算，因此，人们所指的股票价格指数就是股价指数。

股票价格指数一般由证券交易所、金融服务机构、咨询研究机构和新闻单位编制和发布。其编制的步骤如下：（1）根据上市公司的行业分布、经济实力、资信等级等因素，选取适当数量的有代表性的股票作为编制指数的样本股票。样本股票可以随时更换或作数量上的增减，以保持良好的代表性。（2）按期到股票市场上采集样本股票的价格。（3）利用科学的方法和先进的手段计算出指数值。（4）通过新闻媒体向公众公布。为保持股价指数的连续性，使各个时期计算出来的股价指数相互可比，有时还需要对指数值作相应的调整。

编制股票价格指数的几种主要方法和公式如下：

（一）总和法

即将报告期的股价总和与基期股价总和直接对比计算股价指数。其公式为：

$$总股价指数 = \frac{\sum p_1}{\sum p_0}$$

式中：

　　p_1 为报告期某种样本股票价格；

　　p_0 为基期某种样本股票价格；

　　$\sum$ 为报告期所有样本股票价格相加。

著名的美国道·琼斯指数就是采用这种方法编制的。道·琼斯指数目前的入编股票为 65 种，其中包括 30 种工业股、20 种运输股、15 种公用事业股。

（二）简单平均法

即对所有样本股票的个体股价指数按简单算术平均法，求得总体股票指数。其计算公式为：

$$简单平均股价指数 = \frac{1}{n} \sum \frac{p_1}{p_0}$$

用此方法求出的股价指数可以灵敏地反映股价的短期波动。英国"经济学家杂志普通股股价指数"就是采用此法编制。

（三）加权综合法

它是以样本股票的发行量或交易量因素来计算的股价指数，其计算公式按同度量因素所属时期不同分为两种：

$$基期加权综合股价指数 = \frac{\sum P_1 Q_0}{\sum P_0 Q_0} \qquad （拉氏公式）$$

$$报告期加权综合股价指数 = \frac{\sum P_1 Q_1}{\sum P_0 Q_1} \qquad （派氏公式）$$

式中：

P_0、P_1 分别为基期、报告期股价；

Q_0、Q_1 分别为基期、报告期的发行量或交易量。

其中，以发行量加权的综合股价指数，称市价总指数；以交易量加权的综合股价指数，称为成交总额指数。

我国的上证 30 指数、香港恒生指数和美国的 SP500 指数等，都是采用综合公式编制的。以美国的 SP500 指数为例，该指数由美国的 S&P 公司逐年、逐月编制。目前，其入编股票共计 500 种，其中包括 400 种工业股、40 种金融股、20 种运输业股和 40 种公用事业股，对比基期为 1941 年到 1943 年，采用拉氏公式，权数为基期各种股票的发行量。该指数具有较强的和广泛的影响力。

复习思考题

1. 什么是统计指数？什么是综合指数？综合指数的编制方法是什么？
2. 什么是同度量因素？在编制数量和质量综合指数中应怎样确定同度量因素？
3. 什么是指标体系？
4. 什么是因素分析？
5. 某年某厂生产甲、乙两种产品的资料见下表所列：

产品	单位	销售量		价格（元）		利润率（%）	
		计划	实际	计划	实际	计划	实际
甲	件	600	700	5200	5000	15	20
乙	台	600	600	2000	1930	30	35

根据资料分析销售量、价格和利润率变动对利润总额变动的影响。

6. 某商场三种商品销售资料见下表所列：

商品	单位	基期销售额（万元）	报告期销售量比基期增长（%）	报告期价格为基期（%）
甲	千克	80	2.0	100.0
乙	件	90	3.5	102.0
丙	台	120	4.0	96.0

试计算三种商品销售额总指数，并从绝对数和相对数方面分析销售量和价格变动对销售额变动的影响。

7. 某厂三种产品的产量情况如下：

产品	计量单位	出厂价格（元）		产量	
		基期	报告期	基期	报告期
A	件	8	8.5	13500	15000
B	个	10	11	11000	10200
C	千克	6	5	4000	4800

试分析出厂价格和产量的变动对总产值的影响。

8. 某公司下属三个厂生产某种产品的情况如下：

	单位产品成本（元）		产量（吨）	
	上月	本月	上月	本月
一厂	960	952	4650	4930
二厂	1010	1015	3000	3200
三厂	1120	1080	1650	2000

根据上表资料计算可变组成指数、固定组成指数和结构影响指数，并分析单位成本水平和产量结构变动对总成本的影响。

第六章 抽样推断

第一节 概 述

一、抽样推断的意义

抽样推断是按随机原则，从总体的全部单位中，抽取部分单位进行观察，用以推算总体数量特征的一种统计方法，又是对现象总体进行科学估计或判断的方法。因此，它在统计调查和统计分析中都有广泛应用。例如，某灯泡厂某月生产灯泡 1 万只，用抽样法抽查其中 100 只的耐用时间，再用这 100 只灯泡的寿命去推算 1 万只灯泡的平均寿命；又如按随机原则抽取部分产品来判定产品是否合格等等。

抽样法有三个主要特点：（1）调查单位的选择必须按随机原则进行。所谓随机原则就是总体中调查单位的确定完全由随机因素决定，单位中选与否不受主观因素的影响，保证总体中每一单位有同等中选的可能性。如采用随机抽签或利用随机数表来抽取调查单位。按随机原则才有可能使抽选出来的部分单位的分布特点接近总体的分布规律，这样用部分单位的指标数值去推断总体指标数值就具有充分的代表性。（2）用一部分单位的数值推断总体数值。抽样调查是非全面调查，目的在于对总体数量的认识，达到节省人力、物力，提高时效的效果。又如重点调查、典型调查虽然能取得上述非全面调查的好处，但未必能在数量上推算总体，达到对总体数量特征的认识。（3）抽样推断的抽样误差可以事先计算并加以控制。抽样法以部分单位（样本）指标数值推断总体的指标数值，两者有差距，但出现的这种误差可以根据有关资料进行计算，并且能够采取一定的组织措施来控制这个误差范围，保证抽样推断的结果达到一定的可靠程度。

二、抽样推断的理论基础

抽样调查是根据随机原则，从总体中抽取部分单位进行调查，并以其调查结果从数量中推断总体。因此，从数量关系来看，这种调查方法的理论依据就是概率中的大数原则。概率论的有关理论告诉我们：构成总体的各个单位之间，除了具有本质上的共同特征之外，还存在着由于各种偶然因素所造成的大小不一的差异，通过足够多数的大量观察并加以综合之后，这些差异会互相抵消，趋于消失，总体的共同特征便会在一定的数量上和质量上表现出来，而抽样误差就会大大缩小，从而就能有把握地由部分单位指标数值推断总体指标数值。概括起来说，就是在部分大规模的抽样下，抽样平均数和总体的平均数之间的离差可以任意小，这一可能性的概率可以尽量接近于1，即接近完全准确。

三、抽样推断的基本概念

（一）全及总体和样本总体

全及总体是我们所要研究的对象，而样本总体则是我们所要观察的对象，两者是有区别而又有联系的不同范畴。全及总体又称母体，简称总体，它是指所要认识的，具有某种共同性质的许多单位的集合体。样本总体又称子样，简称样本，是从全及总体中随机抽取出来，代表全及总体的那部分单位的集合体。样本总体的单位数称为样本容量，通常用小写英文字母 n 来表示。随着样本容量的增大，样本对总体的代表性越来越高，并且当样本单位数足够多时，样本平均数愈接近总体平均数。

如果说对于一次抽样调查，全及总体是唯一确定的，那么样本总体就不是这样，样本是不确定的。一个全及总体可能抽出很多个样本总体，样本的个数和样本的容量有关，也和抽样的方法有关。

（二）全及指标和抽样指标

根据全及总体各个单位的标志值或标志属性计算的，反映总体某种属性或特征的综合指标称为全及指标（总体参数）。常用的全及指标有总体平均数（或总体成数）、总体标准差（或总体方差）。

由样本总体各单位标志值计算出来反映样本特征，用来估计全及指标的综合指标称为统计量（抽样指标）。统计量是样本变量的函数，用来估计总体参数，因此与总体参数相对应，统计量有样本平均数（或抽样成数）、样本标准差（或样本方差）。

对于一个问题，全及总体是唯一确定的，所以全及指标也是唯一确定的，全及指标也称为参数，它是待估计的数。而统计量则是随机变量，它的取值随样本的不同而发生变化。

（三）样本容量和样本个数

样本容量是指一个样本所包含的单位数。通常将样本单位数不少于 30 个的样本称为大样本，不及 30 个的称为小样本。社会经济统计的抽样调查多属于大样本调查。样本个数又称样本可能数目，指从一个总体中可能抽取的样本个数。一个总体有多少样本，则样本统计量就有多少种取值，从而形成该统计量的分布，此分布是抽样推断的基础。

（四）重复抽样和不重复抽样

重复抽样又称回置抽样。它是这样安排的，从总体 N 个单位中随机抽取 n

个单位构成样本，每次从全及总体中抽取一个，把它看作为一次试验，因而连续做 n 次试验构成一个样本。每次抽出一个单位把抽样结果记下来并把抽出的单位放回去，重新参加下一次抽选。

不重复抽样，又称不回置抽样，是在每次抽选一个单位后并不把抽出的单位放回去参加下一次抽选。结果，抽选样本容量为 n 的样本，按不重复抽样进行，连续 n 次抽选的结果不是相互独立的，第一次抽选的结果会影响下一次的抽样，每次抽样，全及总体的单位就少一个，因此每个单位的中选不中的机会在各次是不同的。不重复抽样结果实质上等于一次同时从总体中抽 n 个单位组成一个样本。

第二节 抽 样 误 差

一、抽样误差的概念

在统计调查过程中所得出的统计数字，与客观实际数量之间存在一定的差异，统称为统计误差。由于造成统计误差的原因不同，它可以分为调查误差和代表性误差。调查误差是指在调查过程中，由于各种主观和客观原因而引起的技术性、登记性误差以及责任性误差等。代表性误差是指从抽样总体中得出的指标数值与全及总体的数值之间可能存在的误差，它可以反映抽样总体在多大程度上代表全及总体，所以称为代表性误差。全面调查只产生调查误差，而进行抽样调查时，调查误差和代表性误差都可能产生。

代表性误差有两种不同的情况：（1）由于破坏抽样的随机原则而产生的系统性误差，例如抽取调查单位时，调查者有意识地一贯挑选较好的或较差的单位进行调查，据此计算的抽样指标数值必然要比全及指标数值偏高或偏低，所以这种误差也称为"偏差"。（2）随机误差是指在抽样调查过程中，按照随机原则从全及总体中抽取部分单位作为抽样总体，具有随机性或偶然性，因此抽样总体与全及总体在结构上不可能是一致的，据此计算的抽样指标数值与全及指标数值之间存在一定的误差。这种误差只要遵从随机原则进行抽样调查，就不可避免，只不过误差数值大小不同而已。

抽样误差是指不包括调查误差和系统性误差在内的随机误差，亦即在遵守随机原则的条件下，由抽样指标代表全及指标不可避免的误差，其中主要指抽样平均数与总体平均数的差数 $(\overline{x} - \overline{X})$，抽样成数与总体成数的差数 $(p - P)$。如前所述，总体平均数和成数是唯一确定的，抽样平均数和成数则是随机变量，因而抽样误差也不是唯一确定的，而是随机变量。抽样误差越小，说明样本的代表性越高；反之，样本的代表性越低。

二、抽样误差的影响因素

抽样误差是抽样调查所固有的、不可避免的误差，但可以按照大数定律和数理统计方法进行计算，确定其数量界限并加以控制。因此，运用抽样估计和推断，为了控制抽样误差，就应分析制约抽样误差的因素。制约抽样误差的因素主要有以下两种：

（一）抽样单位数 n 的多少

在其他条件不变的情况下，抽样误差的大小与抽样单位数的多少成反比，即抽样单位数愈多，抽样误差就愈小；反之，抽样单位数减少，抽样误差就增大。显然，如果抽样单位数扩大到与总体单位数相等时，则抽样调查就成为全面调查，抽样指标数值等同于全及指标数值，也就无所谓抽样误差了。

（二）总体的标志变异程度

抽样误差的大小与全及总体标志的变异程度成正比，即总体标志的变异程度越大，抽样误差就越大；反之，总体标志的变异程度越小，抽样误差就越小。可以设想，如果总体各个标志值之间没有差异，则标志变动度（通常用标准差 σ 表示）就等于零，从而抽样指标数值与总体指标数值就会相等，无疑地，就不会产生抽样误差问题。

此外，不同的抽样组织方式和方法也会影响抽样误差。例如，在后面的章节将会看到，由于采用不同的抽样组织方式，所抽出的样本对于全及总体的代表性也不一样，因而就有不同的抽样误差。同时，从总体中抽样时也有两种不同的方法，即重复抽样和不重复抽样，也对抽样误差有一定的影响。一般来说，不重复抽样的误差要小于重复抽样误差。

三、抽样平均误差

由于所有可能样本的平均数与总体平均数之间的抽样误差的总和为零，所以抽样平均误差并不是指所有可能样本的抽样误差的算术平均数。为了测定变量值与其均值的平均变异程度，我们使用了标准差这一概念。而所有可能的样本平均数的均值就是总体平均数，所有可能的样本比率的均值就等于总体比率，所以统计上把所有可能样本的样本指标（样本平均数或样本成数 p ）的标准差定义为抽样平均误差，用以测定样本指标（样本平均数或比率）与总体指标（总体平均数或比率）的平均误差程度，并记为 μ。平均数的抽样误差记为 $\mu_{\bar{x}}$，比率的抽样误差记为 μ_p。

$$\mu_{\bar{x}} = \sqrt{\frac{\sum(\bar{x} - \bar{X})^2}{\text{可能样本个数}}}; \quad \mu_p = \sqrt{\frac{\sum(p - P)^2}{\text{可能样本个数}}}$$

标准差反映了变量值与其中心（平均数）的偏离程度，衡量平均数对各变量值的代表性大小。同理，抽样平均误差概括地反映了所有可能的样本指标（样本平均数 $\overline{x}$ 或样本概率 p）与其中心（相应总体指标 $\overline{X}$ 或 P）的平均误差程度，衡量了样本对总体的代表性大小。抽样平均误差越小，样本对总体的代表越大。

实际中的总体单位数很多，可能样本个数非常大（比总体单位数 N 还大得多），不可能也没必要把所有的可能样本都抽出来。通常只能抽中一个样本来观察并据以推断总体，而且总体指标 $\overline{X}$ 和 P 也不可能得到，所以不可能按上述定义公式来计算抽样平均误差。数理统计学已证明抽样平均误差与总体标准差 σ（或方差 σ^2）、抽样数目 n 及抽样方法等因素有关，即抽样平均误差可按下述公式来计算。

在重复抽样条件下：

$$\mu_{\overline{x}}=\sqrt{\frac{\sigma^2}{n}}=\frac{\sigma}{\sqrt{n}}$$

$$\mu_p=\sqrt{\frac{\sigma_p^2}{n}}=\sqrt{\frac{P\ (1-P)}{n}}$$

在不重复抽样的条件下：$\mu_{\overline{x}}=\sqrt{\frac{\sigma^2\ (N-n)}{n\ (N-1)}}$

$$\mu_p=\sqrt{\frac{P\ (1-P)\ (N-n)}{n\ (N-1)}}$$

实际中总体单位数 N 通常是很大的，$(N-1)\approx N$，所以不重复抽样条件下的抽样平均误差一般按下列公式计算：

$$\mu_{\overline{x}}=\sqrt{\frac{\sigma^2}{n}\ (1-\frac{n}{N})}$$

$$\mu_p=\sqrt{\frac{P\ (1-P)}{n}\ (1-\frac{n}{N})}$$

在上述公式中，σ 或 $\sqrt{P\ (1-P)}$ 是总体标准差，但实际工作中这一资料是未知的。计算抽样平均误差时通常采用下列方法：

第一，用样本标准差代替总体标准差。在大样本情况下，可直接用样本标准差 S 代替总体标准差 σ；在小样本情况下，则宜采用样本修正标准差 S^* 代表总体标准差。

$$S^*=\sqrt{\frac{\sum (x_i-\overline{x})^2}{n-1}}=S\sqrt{\frac{n}{n-1}}$$

第二，用以前的总体标准差或同类地区同类现象的总体标准差代表所研究总体的标准差。若同时有多个可供参考的标准差数值时，应选其中最大者。对于比率 P，因其标准差 $\sigma_p = \sqrt{P\ (1-P)}$ 在 $P=0.5$ 时为最大，所以有多个可供选择的标准差数值时，应选其中最接近 0.5 的比率。其目的在于使我们对抽样误差的估计有更大的把握程度。

四、抽样极限误差

（一）抽样极限误差的概念

抽样极限误差是指样本指标和总体指标之间抽样误差的可能范围。由于总体指标是一个确定的数，而样本指标则是围绕着总体指标左右变动的量，它与总体指标可能产生正离差，也可能产生负离差，样本指标变动的上限或下限与总体指标之差的绝对值就可以表示抽样误差的可能范围，我们将这种以绝对值形式表示的抽样误差可能范围称为抽样极限误差。

设 $\Delta_{\bar{x}}$、Δ_p 分别表示抽样平均数极限误差和抽样成数极限误差，则有

$$\Delta_{\bar{x}} = |\ \bar{x} - \overline{X}\ |$$

$$\Delta_p = |\ p - P\ |$$

上面等式可以变换为下列的不等式关系

$$\overline{X} - \Delta_{\bar{x}} \leqslant \bar{x} \leqslant \overline{X} + \Delta_{\bar{x}}$$

$$P - \Delta_p \leqslant p \leqslant P + \Delta_p$$

上面第一式表明抽样平均数 $\bar{x}$ 是以总体平均数 $\overline{X}$ 为中心，在 $\overline{X} - \Delta_{\bar{x}}$ 至 $\overline{X} + \Delta_{\bar{x}}$ 之间变动，区间 $[\overline{X} - \Delta_{\bar{x}}, \overline{X} + \Delta_{\bar{x}}]$ 称为样本平均数的区间估计，区间的总长度为 $2\Delta_{\bar{x}}$，在这个区间内样本平均数和总体平均数的绝对离差不超过 $\Delta_{\bar{x}}$。同样，上面第二式表明，抽样成数是以总体成数 P 为中心，在 $P - \Delta_p$ 至 $P + \Delta_p$ 之间变动，抽样成数在 $[P - \Delta_p, P + \Delta_P]$ 区间内与总体成数的绝对离差不超过 Δ_p。

由于总体平均数和成数是未知的，它要用实测的抽样平均数和成数来估计。因而极限抽样误差的实际意义是希望总体平均数 $\overline{X}$ 落在抽样平均数 $\overline{X} \pm \Delta_{\bar{x}}$ 的范围内。总体 P 落在抽样成数 $p \pm \Delta_p$ 的范围内。因此上述不等式可推导为：

$$\bar{x} - \Delta_{\bar{x}} \leqslant \overline{X} \leqslant \bar{x} + \Delta_{\bar{x}}$$

$$p - \Delta_p \leqslant P \leqslant p + \Delta_p$$

（二）抽样极限误差的计算公式

基于概率估计的要求，抽样极限误差通常需要以抽样平均误差 $\mu_{\bar{x}}$ 或 μ_p 为标准单位来衡量。把极限误差 $\Delta_{\bar{x}}$ 或 Δ_p 分别除以 $\mu_{\bar{x}}$ 或 μ_p，得相对数 t，它表示误差范围为抽样平均误差的若干倍，t 是测量估计可靠程度的一个参数，称为抽样平均误差的概率度。

$$t = \frac{\Delta_{\bar{x}}}{\mu_{\bar{x}}} = \frac{|\bar{x} - \overline{X}|}{\mu_x} \text{ 或 } \Delta_{\bar{x}} = t\mu_{\bar{x}}$$

$$t = \frac{\Delta_p}{\mu_p} = \frac{|p - P|}{\mu_p} \text{ 或 } \Delta_p = t\mu_p$$

抽样估计的概率度是表明抽样指标和总体指标的误差不超过一定范围的概率保证程度。由于抽样指标值随着样本的变动而变动，它本身是一个随机变量，因而抽样指标和总体指标的误差仍然是一个随机变量，并不能保证误差不超过一定范围这个事件是必然事件，而只能给以一定程度的概率保证。因此，就有必要来计算抽样指标和总体指标的误差不超过一定范围的概率大小，即计算抽样指标落在一定区间范围内的概率，这种概率称之为抽样估计的概率度。

概率度与概率之间保持一定的函数关系，即概率是概率度的函数。用 P 表示概率以说明抽样估计的可靠程度，其函数关系可表示为：

$$P = F(t)$$

在正态分布的情况下，从总体中抽取一个样本加以观察，则该样本指标落在某一范围 $(\bar{x} - t\mu_{\bar{x}}, \bar{x} + t\mu_{\bar{x}})$ 内的概率，是用占正态曲线面积的大小表示的。即：

$$F(t) = P\{\bar{x} - t\mu_{\bar{x}} \leqslant \overline{X} \leqslant \bar{x} + t\mu_{\bar{x}}\}$$

$$= \frac{1}{2\pi} \int_{-t}^{t} e^{-\frac{t^2}{2}} dt$$

从抽样极限误差的计算公式看，极限误差 Δ 与概率度 t 和抽样平均误差 $\mu_{\bar{x}}$ 三者之间存在如下关系：（1）在 $\mu_{\bar{x}}$ 保持不变的情况下，增大 t 值，把握程度相应增加，误差范围 Δ 也随之扩大，这时估计的精确度将降低；反之，要提高估计的精确度，就得缩 t 值，此时把握程度也会相应降低。（2）在 t 保持不变的情况下，抽样平均误差 $\mu_{\bar{x}}$ 小，则误差范围 Δ 就小，估计的精确度就高；反之，抽样平均误差 $\mu_{\bar{x}}$ 大，误差范围 Δ 就大，估计的精确度就低。

由此可见，估计的精确度与可靠度要求是一对矛盾，我们在做出估计时必须在两者之间进行慎重的选择。

第三节　抽样估计

一、抽样估计的概念

所谓抽样估计就是根据样本提供的信息对总体的某些数量特征进行估计或推测。用来估计总体的样本指标叫估计量或统计量，总体指标叫总体参数，所以对总体数量特征的抽样估计也叫参数估计。参数估计可分为点估计和区间估计两类。

二、点估计

点估计，也叫定值估计，就是直接以样本指标估计总体指标。如对某企业工人日产量进行抽样调查，样本平均每人每日产量为 35 件，就推断该企业工人的人均日产量为 35 件。从某批产品中抽 5％进行检验，样本优质品率为 85％，就估计这批产品的优质品率为 85％。这些都是对总体平均数或比率做出的点估计。

要估计总体某一指标，并非只能用一个样本指标，而可能有多个样本指标可供选择，即对于同一总体参数可能会有不同的估计量，究竟其中哪个估计量是总体参数的最优估计量呢？评价估计量的优劣常用下列三个标准：

第一，无偏性。所谓无偏性是指样本指标的均值应等于被估计总体指标。也就是说，对于不同的样本有不同的估计值，虽然从一个样本来看，估计值与总体真实值之间可能有误差，但从所有样本来看，估计值的平均数等于总体参数的真实值，即平均说来，估计是无偏的。

第二，有效性。所谓有效性是指作为优良的估计量，除了满足无偏性外，其方差应比较小。这样才能保证估计量的取值能集中在被估计的总体参数附近，对总体参数的估计和推断更可靠。如 θ_1，θ_2 都是参数 θ 的无偏估计量，而 θ_1 具有较小方差，则 θ_1 比 θ_2 有效。

第三，一致性。一致性是指当 $n \to \infty$ 时，估计量概率收敛于总体参数的真实值，即随着样本单位数 n 的增大，样本估计值将在概率意义下越来越接近于总体真实值。

有时我们不一定能找到完全符合以上标准的优良估计量，但总是希望所采用的估计量尽可能符合或接近这些标准。样本平均数作为总体平均数的估计量、样本比率作为总体比率的估计量，都具有上述优良性质，所以通常用样本平均数去估计总体平均数，用样本比率去估计总体比率，即总体平均数和比率

的点估计为：$\hat{\overline{X}}=\overline{x}$，$\hat{P}=p$

对总量指标的点估计，也就是用总体单位总数 N 去乘以样本平均数 $\overline{x}$ 作为相应的总体标志总量 $N\overline{X}$ 的估计量，或用 N 乘以样本比率 p 作为总体中具有某种属性的单位总数 $N\hat{P}$ 的估计量，即：

$$N\hat{\overline{X}}=N\overline{x}；N\hat{P}=Np$$

作为总体方差的估计量，样本方差不具备无偏性，但它是渐进无偏的。即当 $n\to\infty$ 时，样本方差的均值趋近于总体方差的真实值。因此，在大样本条件下通常用样本方差 S^2、标准差 S 分别作为总体方差 σ^2、总体标准差 σ^2 的估计量。即大样本时，总体方差和标准差的点估计为：$\hat{\sigma}^2=S^2$；$\hat{\sigma}=S$

而在小样本条件下，要用样本的修正方差 S^{*2} 和修正标准差 S^* 作为总体方差 σ^2 和标准差 σ 的估计量。即小样本时，总体方差和样本差的点估计为：

$$\hat{\sigma}^2=S^{*2}=S^2\frac{n}{n-1}；\hat{\sigma}=S^*=S\sqrt{\frac{n}{n-1}}$$

点估计的优点是简单、具体、明确。但由于样本的随机性，从一个样本得到的估计值往往不会恰好等于实际值，总有一定的抽样误差。而点估计本身无法说明抽样误差的大小，也无法说明估计结果有多大的把握程度。

三、区间估计

总体参数区间估计根据给定的概率保证程度的要求，利用实际抽样资料，指出被估计值的上限和下限，即指出总体参数可能存在的区间范围。总体参数区间估计必须同时具备估计值、抽样误差范围和概率保证程度三个要素。

区间估计的内容包括总体平均数和总体成数的估计。

【例 1】 某学校进行一次英语测验，为了解学生的考试情况，随机抽选部分学生进行调查，所得资料见表 6-1 所列。

表 6-1 某校英语测验成绩

考试成绩（分）	60 以下	60~70	70~80	80~90	90~100
学生人数	10	20	22	40	8

试以 95.45% 的可靠性估计该校学生英语考试的平均成绩的范围及该校学生成绩在 80 分以上的学生所占的比重的范围。

解：（1）该校学生英语考试的平均成绩的范围：

$$\overline{x}=\frac{\sum xf}{\sum f}=\frac{7660}{100}=76.6$$

$$\sigma = \sqrt{\frac{\sum (x-\bar{x})^2 f}{f}} = \frac{12944}{100} = 11.377$$

$$\mu_{\bar{x}} = \frac{\sigma}{\sqrt{n}} = \frac{11.377}{100} = 1.1377$$

查表当 $F(t) = 95.45\%$ 时，$t = 2$

$$\triangle_{\bar{x}} = t\mu_{\bar{x}} = 2 \times 1.1377 = 2.2754$$

该校学生考试的平均成绩的区间范围是：

$$\bar{x} - \triangle_{\bar{x}} \leqslant \overline{X} \leqslant \bar{x} + \triangle_{\bar{x}}$$

$$76.6 - 2.2754 \leqslant \overline{X} \leqslant 76.6 + 2.2754$$

$$74.32 \leqslant \overline{X} \leqslant 78.89$$

（2）该校学生成绩在 80 分以上的学生所占的比重的范围：

$$p = \frac{n_1}{n} = \frac{48}{100} = 48\%$$

$$\mu_p = \sqrt{\frac{p(1-p)}{n}} = \sqrt{\frac{0.48(1-0.48)}{100}} = 0.04996$$

查表当 $F(t) = 95.45\%$ 时，$t = 2$

$$\triangle_p = t\mu_p = 2 \times 0.04996 = 0.09992$$

80 分以上学生所占的比重的范围：

$$P = p \pm \triangle_p = 0.48 \pm 0.09992$$

$$0.3801 \leqslant P \leqslant 0.5799$$

在 95.45% 概率保证程度下，该校学生成绩在 80 分以上的学生所占比重范围在 38.01%～57.99% 之间。

这是在简单抽样条件下进行区间估计的例题。从上面的解法中，我们可以总结出这一类计算题的基本做法：先计算出样本指标，然后根据所给条件（重复抽样或不重复抽样）进行抽样平均误差的计算，抽样极限误差的计算，最后根据样本指标和极限误差进行区间估计。

【例2】 从某年级学生中按简单随机抽样方式抽取 40 名学生，对公共理论课的考试成绩进行检查，得知其平均分数为 78.75 分，样本标准差为 12.13 分，试以 95.45％的概率保证程度推断全年级学生考试成绩的区间范围。

解：$n=40$ $\overline{x}=78.56$ $s=12.13$ $t=2$

$$\mu_{\overline{x}}=\frac{s}{\sqrt{n}}=\frac{12.13}{\sqrt{40}}=1.92$$

$$\triangle_{\overline{x}}=t\mu_{\overline{x}}=2\times1.92=3.84$$

全年级学生考试成绩的区间范围是：

$$\overline{x}-\triangle_{\overline{x}}\leqslant\overline{X}\leqslant\overline{x}+\triangle_{\overline{x}}$$

$$78.56-3.84\leqslant\overline{X}\leqslant78.56+3.84$$

$$74.91\leqslant\overline{X}\leqslant82.59$$

四、样本单位的确定

（一）确定样本容量的必要性

样本容量就是抽样数目。确定样本容量是制定抽样调查方案中的一个非常重要的环节。这是因为：（1）样本容量大小直接影响到抽样估计效果，如果样本容量太小，就降低了样本对总体的代表性，从而降低抽样估计效果；（2）样本容量的大小又关系到抽样的经济效益，如果样本容量过大、调查单位增多，必然要增加人、财、物力的耗费，造成一些不必要的浪费，而且还会影响到抽样调查的时效性。因此，在确定样本容量时，应在保证满足抽样调查对数据的估计精确度和概率把握程度下，尽量缩小抽样数目，即确保必要抽样数目。

（二）影响样本容量大小的因素

在确定样本容量时，需要考虑以下因素的影响：

1. 总体单位被研究标志的变异程度

样本容量与总体单位被研究标志的变异程度存在正比关系。如果所调查总体中各单位标志值的变异程度越大，即总体方差或标准差越大，则所需抽取的样本单位数就应越多；反之，就可少些。这样才能保证对总体的代表性。

2. 要求的估计精确度

样本容量与要求的估计精确度（或允许误差）存在反比关系。如果允许误差越小，即要求的估计精确度越高，则应抽取较多的样本单位；反之，应抽取较少的样本单位。

3. 抽样推断的可靠程度

样本容量与抽样推断的可靠程度（置信度）存在正比关系。要求的可靠程度越高，则应抽取的样本单位越多；要求的可靠程度越低，则应抽取的样本单位数越少。此外，样本容量与概率度系数（临界值）也存在正比关系。

4. 抽样方法和抽样组织形式

不同的抽样方法和抽样组织形式，会产生不同的抽样误差，进而影响估计的精度。为了保证估计的精度和可靠程度，就要改变必要的抽样数目。例如，重复抽样和不重复抽样所确定的样本容量是有所不同的，重复抽样所确定的样本容量大于不重复抽样所确定的样本容量。

（三）简单随机抽样下样本容量的确定

计算样本容量的公式，可以根据允许误差和抽样平均误差计算公式的关系推出。

1. 估计总体平均数时样本容量的确定

重复抽样时

由于 $\Delta_{\bar{x}} = t_{\frac{a}{2}} \mu_{\bar{x}} = t_{\frac{a}{2}} \cdot \sqrt{\dfrac{\sigma^2}{n}}$，等式两边平方并整理得：

$$n = \frac{t_{\frac{a}{2}}^2 \cdot \sigma^2}{\Delta_{\bar{x}}^2}$$

不重复抽样时

由于 $\Delta_{\bar{x}} = t_{\frac{a}{2}} \mu_{\bar{x}} = t_{\frac{a}{2}} \cdot \sqrt{\dfrac{\sigma^2}{n}\left(1 - \dfrac{n}{N}\right)}$，两边平方并整理得：

$$n = \frac{N t_{\frac{a}{2}}^2 \cdot \sigma^2}{N \Delta_{\bar{x}}^2 + t_{\frac{a}{2}}^2 \cdot \sigma^2}$$

【例3】　从 1000 名学生中随机抽样以推断学生平均考试成绩。根据以往经验，学生成绩的标准差为 3 分，现以 95.45％ 的可靠程度保证，要求学生平均成绩估计的最大允许抽样误差不超过 1 分，问需要抽取多少学生？

解：已知：$N = 1000$，$\sigma^2 = 3^2$，$t_{\frac{a}{2}} = 2$，$\Delta_{\bar{x}} = 1$

重复抽样时：

$$n = \frac{t_{\frac{a}{2}}^2 \cdot \sigma^2}{\Delta_{\bar{x}}^2} = \frac{2^2 \times 3^2}{1^2} = 36 \text{（人）}$$

不重复抽样时：

$$n=\frac{Nt_{\frac{a}{2}}\cdot\sigma^2}{N\Delta_{\bar{x}}^2+t_{\frac{a}{2}}^2\cdot\sigma^2}=\frac{1000\times2^2\times3^2}{1000\times1^2+2^2\times3^2}=35\ (\text{人})$$

2. 估计总体成数时样本容量的确定

根据同样的道理，可导出估计总体成数的必要抽样数目的计算公式：

重复抽样时：

$$n=\frac{t_{\frac{a}{2}}^2\cdot P\ (1-P)}{\Delta_P^2}$$

不重复抽样时：

$$n=\frac{Nt_{\frac{a}{2}}^2\cdot P\ (1-P)}{N\Delta_P^2+t_{\frac{a}{2}}^2\cdot P\ (1-P)}$$

【例 4】　某砖瓦厂拟对 10000 块砖的质量进行检验，根据以往资料，知道砖的不合格品成数为 3%，如果不合格品成数估计的最大允许误差不超过 1.5%，在 95% 的可靠程度保证下，应抽取多大容量的样本？

解：已知：$N=10000$，$P=0.03$，$t=1.96$，$\Delta_p=1.5\%$

重复抽样时：

$$n=\frac{t_{\frac{a}{2}}^2\cdot P\ (1-P)}{\Delta_P^2}=\frac{1.96^2\times0.03\times0.97}{0.015^2}=497\ (\text{块})$$

不重复抽样时：

$$n=\frac{Nt_{\frac{a}{2}}^2\cdot P\ (1-P)}{N\Delta_P^2+t_{\frac{a}{2}}^2\cdot P\ (1-P)}=\frac{10000\times1.96^2\times0.03\times0.97}{10000\times0.015^2+1.96^2\times0.03\times0.97}=474\ (\text{块})$$

在同一总体中，如果同时需要进行平均数估计和成数估计，抽样数目按两个公式计算结果不同时，为满足两种估计共同需要，应选择最大的抽样数目。

第四节　抽样组织方式

一、简单随机抽样

简单随机抽样也称为纯随机抽样。它是按照随机的原则直接从全及总体中抽取 n 个单位作为样本，保证总体中每个单位有相等的机会抽中，可先将总体中每个单位进行编号，然后用抽签的方式或根据《随机数表》来抽选样本。考虑一个 35 个人构成的目标总体，从中抽取一个 3 个人的简单随机样本。规定抽样单元是单个人，我们将这 35 个人的名字分别写在完全相同的纸上，并将这些纸放在一个碗中，闭上眼睛，无放回地一次抽取一张纸，总共抽取三张纸。这样就得到一个简单随机样本，因为所有的名字都有相等的被抽取的概率，第 1 次是 1/35，第 2 次是 1/34，最后一次是 1/33。

样本单位的抽取具体有以下几种方法：（1）抽签法。当给总体各单位编号后，把号码写在结构均匀的签上，将签混合均匀后即可从中抽取。（2）随机数字法。随机数字可以借助于计算机获得，也可以用随机数表，其中随机数表法应用较为普遍。表 6－2 是从随机数表中摘取的一部分组成的表。

表 6－2　随机数表（部分）

03	47	43	73	86	36	96	47	36	61
97	74	24	67	62	42	81	14	57	20
16	76	62	27	66	56	50	26	71	07
12	56	85	99	26	96	96	68	27	31
55	59	56	35	64	38	54	82	46	22
16	22	77	94	39	49	54	43	54	82
84	42	17	53	31	57	24	55	06	88
63	01	63	78	59	16	95	55	67	19
33	21	12	34	29	78	64	56	07	82
57	60	86	32	44	09	47	27	96	54
18	18	07	92	45	44	17	16	58	09
26	62	38	97	75	84	16	07	44	99
23	42	40	64	74	82	97	77	77	81
52	36	28	19	95	50	92	26	11	97
37	85	94	35	12	83	39	50	08	30

假如要从 30 个总体中抽取 5 个单位，首先要将总体单位按 1～30 编号。编号最多是两位数，因此，从随机数表上取两列作为计算单位。假定从上列随机数字表示的第 5、6 列开始数，即从 43 开始，顺次序向下数。第二个数字 24 在编号范围内，这算一个，下面的 62、85、56、77 超出了范围，全不用。17 是在编号范围内的，因此 17 号作为样本单位，依次还取出 12、07、28 作为样本单位。

简单随机抽样方法简单，主要用于以下情况：（1）对调查对象的情况很少了解；（2）总体单位的排列没有秩序；（3）抽到的单位比较分散时也不影响调查工作。

二、类型抽样

类型抽样也称分层抽样或分类抽样。它的做法是先对总体各单位按某标志分成若干类或若干组，最好是组内各单位标志值差异比较小。简单随机样本通常能提供具有代表性的样本，但是有时分层随机抽样能提供更具有代表性的样本，因为总体包含一些不重叠的互斥的部分（称为层），这是由年龄、性别、种族及地理位置等因子引起的。为使用类型抽样，要求层有相对同质性，即各层间的差异比层内的差异大得多。如果这样的层已经存在，那么分层随机抽样设计从每一层抽取一个随机样本。若每一层的随机样本容量在样本中所占比例与该层元素在总体中所占的比例相等，则称为比例分层随机抽样。否则称为非比例分层随机抽样。

例如，一群男性中，5％为高收入者，65％为中等收入者，30％为低收入者，试确定他们的平均收入。将总体按照收入水平分为三层，若进行比例分层随机抽样，则在样本中有 5％的高收入者，65％的中等收入者，30％的低收入者；若进行非比例分层随机抽样，那么每一层的百分比可以任意确定，例如用相等的百分比 $33\frac{1}{3}\%$。

三、等距抽样

等距抽样又称机械抽样或系统抽样。在抽样之前，将全及总体各个单位某标志按一定顺序排列起来，按照一定的抽选间隔或抽选距离来抽选样本单位。

设总体有 N 个单位，现需抽取一个容量为 n 的样本，其抽选方法是先将 N 个总体单位按一定顺序进行排列，令 $k=N/n$，k 称为抽样间隔或抽样距离，这样实际上把总体单位分为 n 段，每段中有 k 个单位，然后在 $1-k$ 中随机地抽取一个随机数，设为 I，则第 n 个单位为抽中单位以后每间隔 k 个单位为一抽中单位，即第 $i+k$，$i+2k$，…，$i+(n-1)k$，直到抽满 n 个单位为止。

等距抽样按样本单位抽选的方法不同，分为随机起点等距抽样、半距起点等距抽样和对称等距抽样。

1. 随机起点等距抽样

当抽取间隔 k 确定后，在第一组随机抽选一个样本单位，设该样本单位的顺序号为 a，则第二个样本单位的顺序号为 $k+a$，第三个样本单位的顺序号为 $2k+a$，其余类推，第 n 个样本单位的顺序号为 $(n-1)k+a$。

当总体按照无关标志排队时，随机起点等距抽样是可以应用的。当总体按有关标志排队时，随机起点等距抽样会产生系统性误差。举例说明，设总体有 20 个单位，按标志值高低排队编号见表 6-3 所列。

表 6-3 总体单位按标志值大小排队表

序号	标志值	序号	标志值	序号	标志值	序号	标志值
1	2	6	12	11	25	16	39
2	5	7	16	12	29	17	40
3	7	8	20	13	32	18	45
4	8	9	21	14	34	19	46
5	10	10	24	15	35	20	49

总体平均数为 $\overline{X}=24.95$。如果抽取 4 个样本单位，则间隔 $k=\dfrac{N}{n}=\dfrac{20}{4}=5$。如果随机起点为第一组第 1 号单位，即 $a=1$，则抽出的样本单位序号依次为第 1、第 6、第 11、第 16 号，样本平均数 $\overline{x}=19.5$。

2. 半距起点等距抽样

要求各样本单位都选在各组的中点。各样本单位的顺序号是：第一个样本单位是 $\dfrac{k}{2}$，第二个样本单位是 $k+\dfrac{k}{2}$，第三个样本单位是 $2k+\dfrac{k}{2}$，第 n 个样本单位是 $(n-1)k+\dfrac{k}{2}$。

无论按有关标志排队和按无关标志排队都可以采用这种方法，这种方法的优点是简单易懂、易于实践。但半距起点等距抽样也存在一定的局限性，随机性不明显，而且，只能抽取一个样本，不能进行样本轮换，抽样的利用率太低。

3. 对称等距抽样

要求在第一组随机抽取第一个样本单位，假设该单位的顺序号为 a，在第二组与第一个样本单位对称的位置抽取第二个样本单位，它的顺序号为 $2k-a$。第三组与第二组样本单位对称的位置抽取第三个样本单位，它的顺序号依次为 $(4k-a)$、$(4k+a)$、$(6k-a)$、$(6k+a)$、…。

对称等距抽样保留了半距起点等距抽样的优点，而又避免了它的局限性，使其优点更加明显。

四、多阶段抽样

多阶段抽样又称分阶段抽样，简称为阶段抽样。它是将抽取样本单位的过程分成若干个阶段完成的抽样组织方式。例如，对某个城市的居民进行家庭收支调查，一般至少要分两个阶段来进行。第一步，从全市的所有街区中抽取若干街区；第二步，自每个抽中的街区再抽取若干居民户，由所有抽中的居民户组成样本。这里抽取样本单位有两个步骤，就叫做两阶段抽样。又如，我国的农产量调查通常有四个步骤：第一步是从省抽县；第二步从抽中的县中抽取村；第三步再从抽中的村抽地块；最后，再从地块抽具体的样本点，所有的样本点组成样本。

在多阶段抽样中，前几阶段的抽样，都类似整群抽样。每一阶段抽样都会存在抽样误差。为提高抽样指标的代表性，各阶段抽取群数的安排和抽样方式，都应注意样本单位的均匀分布。

五、整群抽样

整群抽样也称集团抽样，是将总体各单位按一定的标志或要求，分成若干群，然后以群为单位，随机抽取一些群，对被抽中的群的所有单位进行全面调查的一种抽样调查组织方式。例如，对成批连续生产的工业产品，取 10％ 的产品进行质量检查，一般是在其生产过程中每隔 10 小时就抽取 1 小时的全部产品为单位，进行检查。又如抽查农户经济收入状况，可按村为单位抽选，然后对抽中村的全部农户进行调查。

设总体的全部单位划为 R 群，为简化起见，设每群所包含的单位数为 M。现从 R 群中随机抽取 r 群组成样本，并且对中选的 r 群的所有 M 单位进行调查，样本的第 i 群第 j 单位的标志值为 x_{ij}，第 i 群的样本平均数 $\overline{x}_i$ 为：

$$\overline{x}_i = \frac{1}{M}\sum_{j=1}^{M} x_{ij}$$

则样本平均数 $\overline{x}$ 为：

$$\overline{x} = \frac{\sum\limits_{i=1}^{r}\sum\limits_{j=1}^{M} x_{ij}}{r \cdot M} = \frac{\sum\limits_{i=1}^{r}\overline{x}_i}{r}$$

复习思考题

1. 什么是抽样推断？它有哪些特点？

2. 抽样推断的理论基础是什么？

3. 什么是全及总体和抽样总体？什么是全及指标和抽样指标？它们之间有什么区别和联系？

4. 什么是抽样误差、抽样平均误差？影响抽样误差的因素是什么？

5. 抽样组织方式有哪几种？各自的含义是什么？

6. 已知某企业职工的收入情况如下：

不同收入类型	职工人数（人）	抽样人数（人）	年平均收入（元）	各类职工收入的标准差（元）
较高的	200	10	1320	48
一般的	1600	80	804	30
较低的	1200	60	600	45
合计	3000	150	—	—

根据上表资料计算：

（1）抽样年平均收入；

（2）年平均收入的抽样平均误差。

7. 现要调查一批 20000 件产品合格率，根据过去资料，合格品率曾有 99％、97％、92％ 三种情况，要求允许误差不超过 1％，推断的把握程度为 95％。

（1）用哪种合格率作为样本容量？为什么？

（2）应抽多少件零件调查（重复和不重复抽样）？

8. 某商店对新购进的一批商品实行简单随机抽样检查，抽样后经计算得：该商品的合格率为 98.8％，抽样平均误差为 0.02％，试在如下条件下分别估计该批商品的合格率：

（1）若给定可靠度为 68.27％；

（2）若给定极限误差为 0.02％。

9. 为研究某市居民家庭收入状况，按 1％比例从该市的所有住户中随机抽取 515 户进行调查。结果为：户均收入为 8235 元，每户收入的标准差为 935 元。要求：

（1）以 95％的置信度估计该市的户均收入；

（2）如果允许误差扩大到原来的 2 倍，其他条件不变，则需要抽取多少户？

第七章　假设检验

第一节　假设检验的几个基本问题

一、假设检验的基本原理

假设检验是除参数估计之外的另一类重要的抽样推断问题，它是先对研究总体的参数做出某种假设，然后通过样本的观察来决定假设是否成立，以此为决策取舍依据的一种统计分析方法。

在现实生活中，由于我们通常难以完全知道所关心的总体的某些数量特征及其变化情况，因此对总体进行比较研究时，常常需要对目前总体的状况做出某种假设。为了对假设检验有一个直观的认识，不妨先看下面的例子。

假如，供应商声称提供的某种零件内径平均为 1.5cm，订货工厂从中随机抽取 50 个进行检验，结果内径平均为 1.6cm，该工厂考虑，样本结果与供应商所说的是否有显著差异？供应商的说法，是否可以接受？

从直观上看，样本结果略高于供应商的要求，但这种差异可能是由于抽样的随机性带来的。这种情况下，供应商的说法与实际究竟是否存在显著差异，可以先设立一个假设，不妨为"接受供应商说法，即零件平均内径为 1.5cm"，然后检验这个假设能否成立。这便是一个假设检验问题。

又如，某种大量生产的袋装食品，按规定每袋质量不得少于 250g，若从一批该食品中任意抽取了 50 袋，发现有 6 袋低于 250g。若规定不符合标准的比例达到 5%，食品就不得出厂，那么该批食品能否出厂？

对于该批食品的不合格率我们事先不知道，要根据样本的不合格率来估计该批食品的不合格率，然后与规定的不合格率标准（即不超过 5%）进行比较，做出该批食品能否出厂的决定。也就是说，我们先假设该批食品的不合格率不超过 5%，然后用样本不合格率来检验假设是否正确。这也是一个假设检验问题。

类似的例子可以举出很多，可见假设检验是对我们所关心的、却又是未知的总体参数先做出假设，然后抽出样本，利用样本提供的信息对假设的正确性进行判断的过程。它是进行经济管理和决策的有力工具。

二、假设检验中的两类错误

由前面的叙述中知道，假设检验是依据样本提供的信息进行判断的，也就是由部分来推断整体，因而假设检验不可能绝对准确，它也可能犯错误。虽然小概率事件在一次试验中发生的可能性很小，但依然可能出现，如果小概率事件出现了，而我们却拒绝了原假设，我们就犯了以真为假即"弃真"错误，犯这种错误的可能性或概率就是 α。统计上称"弃真"错误为第一类错误。反之，若原假设不正确而我们却接受了原假设，我们就犯了以假为真即"取伪"的错误，犯这种错误的可能性或概率记作 β。统计上称之为第二类错误。某厂商称其商品合格率为 99%，而实际上合格率仅为 90%，这意味着在 100 件产品中有 90 件合格品和 10 件次品。为了检验厂商的宣称是否真实，我们随机抽取了 20 件产品，结果都是合格品，于是我们由此推断厂商的宣称是真实的，这时我们就犯了第二类错误。所作的判断不外乎以下四种情况：第一，原假设是真实的，而做出接受原假设的判断，这是正确的决定。第二，原假设是不真实的，而做出拒绝接受原假设的判断，这是正确的决定。第三，原假设是真实的，而做出拒绝原假设的判断，这是犯了第一类的错误。第四，原假设是不真实的，而做出接受原假设的判断，这是犯了第二类的错误。这四种情况构成见表 7－1 所列。

表 7－1　假设检验中各种可能结果的概率

	接受 H_0	拒绝 H_0，接受 H_1
H_0 为真	$1-\alpha$（正确决策）	α（弃真错误）
H_0 为伪	β（取伪错误）	$1-\beta$（正确决策）

自然，人们希望犯这两类错误的概率越小越好。但对于一定的样本容量 n，不能同时做到犯这两类错误的概率都很小。如果减小犯 α 错误的机会，就会增大犯 β 错误的机会；相反，若减小 β 错误，也会增大 α 错误的机会。这就像在区间估计中，你要增大估计的可靠性，就会使区间变宽而降低精度；你要想提高精度，就要求估计区间变得很窄，而这样，估计的可靠性就会大打折扣。当然，使 α 和 β 同时变小的办法也有，这就是增大样本容量。但样本容量不可能无限增大，否则就会使抽样调查失去意义。因此，在假设检验中，就有一个对两类错误进行控制的问题。

通常人们只对犯第一类错误的概率 α 加以限制，而不考虑犯第二类错误的概率，这种假设检验称为显著性检验。当人们宁愿"以真为假"，而不愿"为假为真"时，则取 α 很小，也就是若检验结果否定原假设，则说明否定的理由是充分的；同时，做出否定判断的可靠程度（即概率）$1-\alpha$ 也得到保证。所以，在实际问题中，为了通过样本观测值对某一陈述取得强有力的支持，通常把这种陈述本身作为备择假设，而将对这一陈述的否定作为原假设。如在药品的毒性检验中，必须严格控制指标值在规定范围内，以原假设代表合格界限，把 α 定得很小，宁愿把合格品当不合格品，也不能把不合格品当成合格品。

三、假设检验的基本思路

对实际问题所作的假设尽管有种种不同的形式，但对这些假设进行检验的基本思路都是相同的，即都采用某种带有概率性质的反证法。

首先，我们讨论一个例子来说明假设检验的基本思想。

【例1】 某装置的工作温度 X 服从正态分布 $N(\mu, 5^2)$。据制造商称它的平均工作温度是 $80℃$。某公司从该装置试运转中随机测试 16 次，得到平均工作温度为 $83℃$。该公司考虑，测试结果与制造商所说的是否有显著差异？制造商的说法是否可以接受？

为了判断制造商的说法是否可信，首先假设它成立，故而可将其作为一个原假设提出，记为 H_0：$\mu=80℃$，自然也就存在一个对立假设，记为 H_1：$\mu \neq 80℃$ 我们称之为备择假设。这样这一假设检验问题可以表示为：

$$H_0：\mu=80℃ \qquad H_1：\mu \neq 80℃$$

如果测试结果不是 $83℃$，而是 $100℃$ 甚至更高或更低，我们从直观上就会感到制造商所说的真实性可疑。而现在的问题是样本平均工作温度为 $83℃$，这固然与制造商说的 $80℃$ 有差异，但这种差异可能是由于抽样的随机性带来的。这种情况下要对原假设 H_0 作出接受还是拒绝的选择，就需要对样本值与原假设的差异进行分析，即对 $|\bar{x}-80|$ 进行分析，如果有充分理由认为这种差异并非完全是由偶然或随机因素造成的，也即认为差异是显著的，就有理由拒绝原假设，否则就接受原假设。

那么 $|\bar{x}-80|$ 大到何种程度才能作出拒绝的决定呢？为此，需制定一个检验规则：

$$|\bar{x}-80| \geqslant C \text{ 时，就拒绝原假设 } H_0；$$

$$|\bar{x}-80| < C \text{ 时，就接受原假设 } H_0。$$

C 为待定的参数，称为临界值。

由于该装置的工作温度 $X \sim N(80, 5^2)$，于是容量 $n=16$ 的样本的平均工作温度 $\bar{x}$ 服从 $N(80, 5^2/16)$。

于是得：

$$|Z| = \frac{|\bar{x}-80|}{5/\sqrt{16}} \geqslant \frac{C}{5/\sqrt{16}} = \frac{C}{1.25} \text{ 时，拒绝原假设 } H_0；$$

$$|Z| = \frac{|\bar{x}-80|}{5/\sqrt{16}} < \frac{C}{5/\sqrt{16}} = \frac{C}{1.25} \text{时，接受原假设 } H_0。$$

这个检验规则与前面的检验规则实际上是一致的。统计量 $|Z| = \frac{|\bar{x}-80|}{5/\sqrt{16}}$ 称为检验统计量，$C/1.25$ 为临界值，$C/1.25$ 究竟是多大，这就取决于检验的概率要求，即准确度要求。统计上把推断正确的概率定义为 $1-\alpha$，则用 α 表示犯错误的概率，即原假设正确，却当成错误加以拒绝的概率。当然，我们希望 α 越小越好。本检验可靠度要求达到 95％，即 $\alpha=0.05$，即

$$P\left(|Z| \geqslant \frac{C}{1.25}\right) = 0.05$$

由于 $Z \sim N(0,1)$，故 $\frac{C}{1.25} = Z_{0.05/2}$ 成为临界值，查表得 $Z_{0.025} = 1.96$，拒绝面积为 0.05，分布在两端，而统计量 Z 值为：

$$|Z| = \frac{|\bar{x}-80|}{5/\sqrt{16}} = \frac{|83-80|}{1.25} = 2.4 > 1.96$$

统计量 Z 值落在拒绝域，由此可以认为这种装置的实际平均工作温度与制造商所称的有显著差异，故拒绝原假设 H_0。

从上例的讨论中我们可以看出，假设检验的思想是应用小概率原理。所谓小概率原理，是指发生概率很小的随机事件在依次实验中几乎是不可能发生的，如果被认为小概率的事件在一次试验中发生了，我们就认为该事件作为小概率事件这是不合理的，这时，就可以推翻原来的假设。

当然，由于假设检验是根据样本提供的信息进行推断的，也就有犯错误的可能。有这样的情况，原假设正确，而我们却把它当作错误的加以拒绝，犯这种错误的概率就是 α，统计上把 α 称为假设检验中的显著性水平（significant level），也就是决策中所面临的风险。所以，显著性水平是指当原假设正确时，人们却把它拒绝了的概率或风险，即前面提到的小概率。这个概率是由人们确定的，通常 α 的取值为 0.01、0.05、0.10 等，这表明，当作出接受原假设的决定时，其正确的可能性（概率）相应为 99％、95％、90％。

四、假设检验的基本步骤

（一）提出原假设和备择假设

在统计学中，把需要通过样本去推断其正确与否的命题称为原假设，用 H_0 表示。与原假设相对立的假设是备择假设，用 H_1 表示。原假设的提法一般可分为三种，以总体均值的检验为例，这三种的提法如下：

(1) H_0：$\mu = \mu_0$，H_1：$\mu \neq \mu_0$；

(2) H_0：$\mu \leqslant \mu_0$，H_1：$\mu > \mu_0$；

(3) H_0：$\mu \geqslant \mu_0$，H_1：$\mu < \mu_0$。

第（1）种情况称为双侧检验，第（2）、（3）种情况称为单侧检验，究竟应该采取哪一种提法，这要根据研究问题的需要而定。

（二）确定适当的检验统计量

在参数的假设检验中，如同在参数估计中一样，要借助于样本统计量进行统计推断。用于假设检验问题的统计量称为检验统计量。在具体问题中，选择什么统计量作为检验统计量，需要考虑的因素与参数估计相同。例如，用于进行检验的样本是大样本还是小样本，总体方差是已知还是未知等等。在不同条件下应选择不同的检验统计量。

（三）确定显著性水平 α

在进行假设检验时应该事先规定一个小概率的标准，作为判断的界限，这个小概率标准称为显著性水平。由于原假设的分布是已知的，因而样本统计量和总体参数的离差在一定范围内的概率也可以知道，离差超过这个范围的概率也同样知道，如果统计量与参数的差异过大，以至发生这种事件的概率很小，而且小到低于给定的标准，我们就拒绝原假设，如果计算出的统计量与参数差异的相应概率大于给定标准，我们就接受原假设。这样，我们把概率分布为两个区间：离差的绝对值大于给定标准的概率分布区间称为拒绝区间，离差的绝对值小于这个标准则为接受区间。例如给定小概率标准 $\alpha = 0.05$，凡概率小于 5% 的差异都是小概率事件，属于拒绝区间，而 $1 - \alpha = 0.95$，则是对立事件的概率，其概率在 95% 以内的，为接受区间。

显著性水平主要视拒绝区间所能承担的风险来决定，应该根据研究问题所要求的精确度、可靠度和对结论准确性要求的不同而有所不同。

（四）根据样本值计算检验统计量的值

在提出了 H_0 和 H_1 的假设，确定了检验统计量，并规定了显著性水平 α 以后，接下来就要根据样本数据计算检验统计量的值。其计算的基本公式为：

$$Z = \frac{\overline{x} - \mu_0}{\sigma / \sqrt{n}}$$

式中，$\overline{x}$ 是样本均值；μ_0 是被假设的参数值；σ 是总体标准差；n 是样本容量。上式是 Z 这个检验统计量的一般表达式。虽然进行检验时有可能选择不同的检验统计量，上式不是检验统计量的唯一公式，但它却很好地表现了检验统计量的一般结构。

（五）做出判断或决策

根据显著性水平 α 和统计量的分布，可以找出接受域和拒绝域的临界点，将实际求得的检验统计量取值与临界值进行比较，做出拒绝或接受原假设的决策。如果样本统计量取值超过临界值，说明原假设落入拒绝域中，我们就选择拒绝接受原假设；若样本统计量的取值小于临界值，原假设落入接受域中，我们就不能拒绝原假设，而必须接受原假设或作进一步的检验。

第二节　假设检验的基本方法

一、总体参数假设检验

（一）双侧检验与单侧检验

1. 双侧检验

当我们所关心的问题是要检验样本平均数与总体平均数或样本成数与总体成数有没有显著性差异，而不管差异的方向是正差或负差，应该采用双侧检验。在双侧检验中，原假设取等式，而备择假设取不等式，如：

$$H_0: \mu = \mu_0; \qquad H_1: \mu \neq \mu_0$$

或
$$H_0: P = P_0; \qquad H_1: P \neq P_0$$

同时，由于双侧检验不问差距的正负，所以给定的显著性水平 α，须按对称分布的原理平均分配到左右两侧，每方各为 $\alpha/2$，相应得到下临界值为 $-Z_{\alpha/2}$，上临界值为 $Z_{\alpha/2}$。

由样本信息技术的统计量 Z 实际值并与事先给定的临界值 $Z_{\alpha/2}$ 作比较。在双侧检验中，如果 $Z \geqslant Z_{\alpha/2}$，或 $Z \leqslant -Z_{\alpha/2}$，就拒绝原假设 H_0，而接受备择假设 H_1；如果 $Z \leqslant Z_{\alpha/2}$，或 $Z \geqslant Z_{\alpha/2}$，就不能否定原假设，而接受原假设是真实的。

2. 单侧检验

当我们所关心的问题不仅仅要检验样本平均数和总体平均数之间或样本成数和总体成数之间有没有显著性的差异，而且追究是否发生预先指定方向的差异，应该采用单侧检验。而且根据关心的是正差异还是负差异，单侧检验又有左单侧检验和右单侧检验。平均数和成数的单侧检验，原假设和备择假设都是以不等式的形式表示。

当我们所关心的问题是总体平均数或成数是否低于预先假设，应该采用左单侧检验。原假设与备择假设为：

$$H_0: \mu \geqslant \mu_0; \qquad H_1: \mu < \mu_0$$

或 $\qquad H_0: P \geqslant P_0; \qquad H_1: P < P_0$

当我们所关心的问题是，平均数是否超过预先的假设，应该采用右单侧检验。原假设与备择假设为：

$$H_0: \mu \leqslant \mu_0; \qquad H_1: \mu > \mu_0$$

或 $\qquad H_0: P \leqslant P_0; \qquad H_1: P > P_0$

在决定检验的显著性水平 α，以及相应的临界值时，如果是左单侧检验，则有左侧临界值 $-Z_\alpha$；如果是右单侧检验，则有右临界值 Z_α。由于这时临界拒绝区域是单侧的要求，考虑到正态分布概率表是双侧的，如果单侧的概率要求为 α，则双侧的概率应为 2α，并按 $F(Z) = 1 - 2\alpha$ 的要求查概率表求得临界值 Z_α 或 $-Z_\alpha$。

将实际求得的 Z 值与事先给定的 Z_α 或 $-Z_\alpha$ 作比较，在左单侧检验中，如果 $Z \leqslant -Z_\alpha$，则拒绝原假设，接受备择假设。如果 $Z > -Z_\alpha$，则接受原假设。在右单侧检验中，如果 $Z \geqslant Z_\alpha$，则拒绝原假设，接受备择假设。如果 $Z < Z_\alpha$，则接受原假设。

（三）Z 检验与 t 检验

在假设检验中，由于样本容量和样本资料的限制，而使样本统计量有不同的概率分布，并据此形成 Z 检验和 t 检验两种方法。

1. Z 检验又称正态分布检验

从正态总体中随机抽取容量为 n 的样本，不论 n 的大小，样本平均数 $\bar{x}$ 都服从正态分布 $N(\mu, \frac{\sigma^2}{n})$，而统计量 $Z = \frac{\bar{x} - \mu}{\sigma/\sqrt{n}}$ 服从标准正态分布 $N(0, 1)$。从一般非正态总体中抽取容量为 n 的样本，当 n 很大时，样本平均数也趋近于正态分布 $N(\mu, \frac{\sigma^2}{n})$，而 $Z = \frac{\bar{x} - \mu}{\sigma/\sqrt{n}}$ 趋近于标准正态分布。常常总体的标准差 σ 不知道，必须用样本标准差 $S = \sqrt{\frac{\sum (x - \bar{x})^2}{n-1}}$ 来替代 σ。这时统计量 $t = \frac{\bar{x} - \mu}{S(\bar{x})}$ 不再是标准正态统计量 $Z = \frac{\bar{x} - \mu}{\sigma/\sqrt{n}}$ 了，因为 Z 中唯一变量 $\bar{x}$ 外又加了另一变量 S $(\bar{x})$。数学上已经证明当样本容量足够大（$n > 30$）时，统计量 t 的分布趋近于正态分布。因此在大样本的情况下，我们可以利用正态分布来进行统计推断，包括总体参数的估计和检验。这就是迄今为止我们都是用正态分布的统计量 Z 作区间估计和统计检验的原因。

在总体平均数和成数的 Z 检验中，给定显著性水平，并按标准正态分布 $N(0, 1)$ 确定相应的临界值 $Z_{\alpha/2}$ 或 Z_α，然后根据实际调查的样本信息计算 Z

统计量 $Z=\dfrac{\overline{x}-\mu}{\sigma/\sqrt{n}}$，并将时间计算的 Z 值和临界值对比来决定对原假设的接受或拒绝的决策。

2. t 检验

t 检验又称 t 分布检验。在统计假设检验中，当总体的标准差 σ 未知，而需要用样本标准差 $S=\sqrt{\dfrac{\sum(x-\overline{x})^2}{n-1}}$ 来代替时，则统计量 $t=\dfrac{\overline{x}-\mu}{S/\sqrt{n}}$ 不再是服从标准正态分布，而服从于另一种概率分布，称为 t 分布。t 分布是假定样本取自正态总体并且样本平均数 $\overline{x}$ 和抽样标准差 S（$\overline{x}$）相互独立的一种分布。t 分布类似于标准正态分布，其期望值为 0，并以它为中心形成钟型的两边对称分布。但标准正态分布的标准差 $\sigma=1$，而 t 分布的方差 σ^2（t）则受自由度 $v=n-1$ 的影响。当自由度很小时，即小样本时，σ^2（t）大于 1，t 分布的 S 变异就很明显，因此 t 分布和标准正态分布就有显著的差别。

在 t 分布检验中，我们用 t_α（v）表示自由度为 v，而显著水平 α 的临界值，由于本书所附的 t 分布表 t 值的 α 是双侧分布的，所以在双侧检验中，各边包含着 $\alpha/2$ 的概率面积，上临界值为 $t_{\alpha/2}$（v），而下临界值 $-t_{\alpha/2}$（v）。例如给定显著水平 $\alpha=5\%$，则分配两侧的概率面积各为 2.5%，假定自由度 $v=10$，查 t 分布表中当自由度为 10，而 $\alpha=5\%$ 时 t 临界值为 2.228，即上临界值 $t_{0.025}$（10）$=2.228$，下临界值 $t_{0.025}$（10）$=-2.228$。在单侧检验中，如果给定单侧显著性水平 α，则应查找 t 分布表的概率为 2α（即各边概率面积为 α）对应的临界值，并确定相应的右临界值 t_α，或左临界值 $-t_\alpha$。例如要求自由度为 15，单侧的显著性水平 $\alpha=0.05$ 时，应查找 t 分布表的 $2\alpha=0.1$（即每边概率面积为 0.05）相应的右临界值 1.753，或左临界值 -1.753。

二、非参数假设检验

（一）非参数假设检验概述

非参数假设检验方法是相对于参数检验方法而言的。两者的共同点在于都对总体的某种数量特征做出假设，建立原假设和备择假设，都给定检验的显著性水平，并根据实际的统计量来判断对原假设的取舍。但是参数的检验需要对总体分布作限制性的假定。这种假定实际就是要求总体的分布类型已知，所不知道的只是其中某个参数是否有变动。如果对总体的分布不知道或了解很少，则参数检验方法就不可靠，甚至会发生很大偏差。非参数检验则是一种不依赖对总体分布或参数知识的检验方法。由于它不对总体分布加以限制性的假定，所以也称为自由分布检验。非参数检验方法比参数检验方法有许多优点。

首先，检验条件比较宽松，适应性强。参数假设检验假定总体分布正态或近似正态或以正态分布总体为基础构造 t 分布或 χ^2 分布来检验总体平均数、成数或方差是否发生显著性变化，这些条件是相当严格的。非参数检验不受这些条件的限制，大大弥补了参数检验的不足。

其次，检验的方法比较灵活，用途更广泛。非参数检验不仅可以应用于定距、定比数量的检验，对于那些不能直接进行加减乘除四则运算的列名数据和等级数据，运用符号检验、符秩检验都能起到比较好的效果，所以非参数假设检验的用途是更加广泛的。

再次，非参数检验计算相对简单，易于理解。由于非参数检验不用计算的方法，而用计数的方法，其过程及其结果都可以被直观地理解，为使用者所接受。

非参数检验的缺点也是明显的。非参数检验方法对总体分布的假定不多，适应性强，但方法也就缺乏针对性。非参数检验用的是等级或符秩，而不是实际数值，方法简单，但又会失去许多信息，因而检验的有效性也就比较差。

非参数检验方法有很多种，我们选择实际中最常用的符号检验和符秩两种方法加以扼要地介绍。

（二）符号检验

符号检验是以"＋"或"－"两个差数符号作为检验标准的检验方法，是非参数检验中最简单又最常用的方法。符号检验既可适用于单样本场合也可适用于配对样本场合。

1. 样本的符号检验

在单样本的场合，符号检验适用于检验总体中位数是否在某一指定的位置。我们知道，反映一个总体分布位置的参数主要有平均数和中位数。平均数反映的是分布数列的重心位置，而中位数则是反映分布数列上下两边次数相等的中央位置。当分布为对称时，两者的位置是一致的，当分布为不对称时，两者就有差别了。在偏斜度较大时，检验中位数比检验平均数更有实际意义，但这时又不适合于参数检验方法。用正负符号检验却很适用于中位数的检验。

中位数的检验基本原理是，假设总体中位数的真值 $M_e = A$，并且从实际抽取容量为 n 的样本中，按每个观察值 x_1，x_2，$\cdots$，x_n，相应减去 A，只记录其差数的符号，即

$$(x_i - A) \text{ 符号} \begin{cases} + & x_i > A \\ - & x_i < A \end{cases}$$

然后分别计算"＋"的个数（用 n^+）表示，和"－"的个数（用 n^-）表示。如果遇到 $x_i = A$ 的场合，则将其剔除。从理论上说，当中位数 $M_e = A$ 为真时，所得的正号的个数和负号个数应该接近相等。如果从样本中得到的 n^+

和 n^- 相差较远的话，就有理由认为 $M_e=A$ 的假设是不能接受的。这里检验中所用到的判别标准是由二项分布临界值提供的，在大样本情况下可由正态分布来逼近。

下面用实例来说明单样本符号检验的步骤。

【例2】 从新入学的学生中，随机抽选 20 名，测量其身高数据如下（厘米）：

$$172, 168, 165, 176, 167, 173, 157, 158, 174, 170,$$

$$169, 155, 178, 171, 165, 170, 176, 182, 168, 175。$$

给定显著性水平 $\alpha=0.1$，用符号检验判定新学生的身高中位数是否与 165 厘米有显著差异。

（1）设立假设。

$$H_0: M_e=165, \qquad H_1: M_e \neq 165$$

（2）将样本各个数据减去原假设成立时的假定中位数 165 厘米，并把正负号记录下来，其中相减等于 0 就略去不计。这样我们有：

$$+ + + + + - - + + + - + + + + + + +$$

其中，$n^+=15$，$n^-=3$，因此 $n=(n^+)+(n^-)=15+3=18$。

（3）给定显著性水平 $\alpha=0.1$，由于是双侧检验，每侧为 $\alpha/2=0.05$，查《二项分布临界值表》。当 $n=18$ 时，临界值为 13。

（4）检验判断。由于 $n^+=15>13$，落入拒绝区域，所以拒绝原假设。接受备择假设，即认为新生总体身高中位数 $M_e \neq 165$ 厘米。

2. 配对样本的符号检验

许多科学试验或社会经济调查中，常常需要比较两个总体的差异情况，但是总体的分布往往也不清楚，甚至调查的结果都很难从数量上进行测度。例如让消费者品尝评判不同品牌啤酒的质量。评判者只能判别较好、较差或给出质量等级分，在这个场合，配对样本的符号检验便是最适合的方法。当然样本的配对并不限定于等级差异的比较。

设 n_1，n_2 是两个选自不同总体，样本容量大小相同的随机样本单位数，现在将两个样本的数据一一配对，得系列配对值。然后将各配对组的数值相减，并记录其差数的符号计算正号（＋）的个数总数 n^+ 和负号（－）个数总数 n^-，如果两个样本所选自的总体不存在显著的差异，则 n^+ 和 n^- 出现的概率应该一致，各为 0.5，反之则认为两个总体存在本质的差异。

【例3】 某工厂为比较日班生产和夜班生产的效率是否有显著差异，随机抽取两星期进行观察，各日产量比较见表 7-2 所列。试在 0.05 显著性水平下，判断日夜班生产是否存在显著性的差异。

表 7-2 日夜班产量比较表

日期编号	日班产量（吨）	夜班产量（吨）	符号
1	105	102	＋
2	94	90	＋
3	92	95	－
4	102	96	＋
5	96	96	0
6	98	104	－
7	105	103	＋
8	90	98	－
9	85	84	＋
10	88	85	＋
11	98	88	＋
12	110	98	＋
13	108	104	＋
14	95	98	－

从上表可知 $n^+ = 9$，$n^- = 4$，$n = (n^+) + (n^-) = 9 + 4 = 13$。

（1）设立原假设。原假设 H_0：$P = 0.5$，表示正负号出现的概率相等，各为 0.5，说明日夜班生产无显著性差异。

备择假设 H_0：$P \neq 0.5$，表示正负号出现的概率不相等，说明日夜班生产存在显著性差异。

（2）根据给定的显著性水平 $\alpha = 0.05$，由于是双侧检验，每侧各为 $\alpha/2 = 0.025$，在 $n = 13$ 的条件下，查《二项分布临界值表》。当 $n = 13$ 时，临界值为 11。

（3）检验判断。由于 $n^+ <$ 临界值，即 $9 < 11$，所以不能拒绝原假设，即认为日夜班生产没有显著性差异。

（三）秩和检验

秩和检验也是用于检验两个独立的样本是否来自同一总体，或判断总体之间是否存在显著性差异的一种检验方法。它和符号检验最主要的差别在于符号检验只考虑样本差数的符号，而秩和检验既考虑了样本差数的符号，又考虑到差数的顺序。因此它在利用样本的信息方面比符号检验更充分，所以效力也更强。但要注意秩和检验也只是利用样本差数的顺序，并没有利用样本差数数值本身，因而比参数检验利用样本数值本身的信息要逊色一些，但参数检验受总体分布已知条件的限制，而秩和检验就不受这些条件的限制，这是它相对的长处。

秩和检验的基本方法是：首先，从两个已知总体中，分别独立、随机地抽取容量为 n_1 和 n_2 的样本。把容量较小的总体称为总体 1，即 $n_1 < n_2$，并且有 $n_1 + n_2 = n$。如果两个样本容量相等，就任意把其中的一个总体称为总体 1。

其次，把两个样本混合起来，并按样本数据的大小，从小到大顺序编号，每个数值的编号就是它的秩次。如果混合样本中有若干相同的数值，则把几个相同数值所在位置的秩简单算术平均，所得的平均值作为这些数值的秩。

再次，计算来自总体 1 的 n_1 个观察值在混合样本序列中所对应的秩次之和 T。

T 的最小可能值是 $1 + 2 + 3 + \cdots + n_1 = n_1 (n_1 + 1) / 2$。$T$ 的最大可能值是 $(n_2 + 1) + (n_2 + 2) + (n_2 + 3) + \cdots + (n_2 + n_1) = n_1 [n_2 + (n_1 + 1) / 2]$。如果两个总体分布无显著性差异，则 T 值不应太大或太小，而靠近于中间值，即（最大可能值＋最小可能值）/2。如果总体 1 分布于总体 2 的右边，即 $M_e^1 > M_e^2$，T 将靠近它的最大可能值；如果总体 1 分布于总体 2 的左边，即 $M_e^1 < M_e^2$，T 将靠近它的最小可能值。T 可以作为秩和检验的统计量，当 T 的实际值超过临界值就拒绝两总体有显著差异的原假设。

由于 T 的分布与 n_1、n_2 的大小有关，因此秩和检验中临界值的确定有两种方法。如果 n_1、n_2 都未超过 10，可以通过查找秩和检验临界表来确定临界制上下限。如果 n_1、n_2 都超过 10，此时随机变量 T 近似服从正态分布，其平均数 $\overline{T}$ 和标准差 σ_T 为：

$$\overline{T} = \frac{n_1 (n+1)}{2} \qquad ; \qquad \sigma_T = \sqrt{\frac{n_1 n_2 (n+1)}{12}}$$

在这种情况下，可将 T 标准化为 Z 统计量，通过查正态分布表来确定临界值：

$$Z = \frac{T - \overline{T}}{\sigma_T}$$

【例 4】 为了比较两种不同规格的灯丝制造的灯泡使用寿命，分别从两批灯泡中独立随机地抽若干个灯泡进行寿命试验。测得数据（小时）如下：

甲：1420，1450，1425，1470，1465，1480

乙：1425，1445，1410，1415，1420

试在显著性水平 $\alpha = 0.05$ 下，判断两种灯泡使用寿命是否显著差异。

（1）设立假设。原假设 H_0：$M_甲 = M_乙$，表示两种灯泡使用寿命没有差异。备择假设 H_1：$M_甲 \neq M_乙$，用意相反。

（2）将样本混合按顺序排列并计算秩和。

秩号： 1 2 3.5 3.5 5.5 5.5 7 8 9 10 11

数据： <u>1410</u> <u>1415</u> <u>1420</u> 1420 <u>1425</u> 1425 <u>1445</u> 1450 1465 1470 1480

数据下加一横线的为乙种灯泡。其中 1420，1425 均有两个，所以 1420 的秩和数为（3+4）/2＝3.5，1425 的秩和数为（5+6）/2＝5.5。由于乙种灯泡样本容量少于甲种灯泡样本容量，所以指定乙种灯泡来自总体 1，（$n_1 = 5$），甲种灯泡来自于总体 2，（$n_2 = 6$）。

乙种灯泡的秩和 $T = 1+2+3.5+5.5+7 = 19$。

（3）给定 $\alpha = 0.05$ 下查《二项分布临界值表》，由于是双侧检验，且 $n_1 = 5$，$n_2 = 6$，查表得临界值 T_1（0.05）＝20，T_2（0.05）＝40。

（4）检验判断。由于 $T < T_1$（0.05），即 19＜20，落入拒绝区域，所以拒绝原假设，而认为两种规格灯丝的灯泡寿命的分布是不同。

第三节　假设检验的应用

一、总体平均数的检验

总体平均数的假设检验就是检验当前的总体平均数是否和事先假设的总体平均数（例如生产规程规定的产品平均质量水平、根据理论计算的标准水平、根据历史资料计算的平均水平等等）存在着显著性差异。可以根据研究问题的要求和样本资料的条件灵活运用各种检验方法。下面通过实例来介绍各种检验方法的应用。

【例5】　某橡胶厂生产汽车轮胎，根据历史资料统计结果，平均里程为 25000 公里，标准差为 1900 公里。现在从新批量的轮胎中随机抽取 400 个做试验，求得样本平均里程 $\overline{x} = 25300$ 公里，试按 5％的显著性水平判断新批量轮胎的平均耐用里程与通常的耐用里程有没有显著的差异，或者它们属于同一总体的假设是否成立。

问题要求是关于"新批量轮胎平均耐用里程与通常的平均耐用里程有没有显著差异"而不考虑是正差异还是负差异，所以是双侧检验问题，而且是大样本的 Z 检验。具体求解步骤如下：

（1）设立原假设。H_0：$\mu = 25000$ 公里，其用意是总体平均数仍为 25000 公里，样本资料并不显示新批量的平均耐用里程与过去有什么显著的差异，所发生的差异完全是随机性的。

设立备择假设 H_1：$\mu \neq 25000$ 公里，用意和原假设相反，即新批量轮胎的平均耐用里程与通常的平均耐用里程有明显的差异。

（2）给定显著性水平，取 $\alpha=0.05$，由于是双侧检验，两边拒绝区间的概率各为 $\alpha/2=0.025$，即下临界值为 $-Z_{0.025}$，上临界值为 $Z_{0.025}$，由于拒绝区间的概率 $\alpha=0.05$，所以接受区间的概率为 $1-0.05=0.95$，查《正态概率分布表》得 $Z=1.96$，所以下临界值 $-Z_{0.025}=-1.96$，表示下拒绝区域包括所有小于和等于 -1.96 的 Z 值。上临界值 $Z_{0.025}=1.96$，表示上拒绝区域包括所有大于和等于 1.96 的 Z 值。

（3）根据样本信息，计算统计量 Z 的实际值。

$$Z=\frac{\overline{x}-\mu}{\sigma/\sqrt{n}}=\frac{25300-25000}{1900/\sqrt{400}}=3.16$$

（4）检验判断，由于实际的 Z 值 $3.16>$ 上临界值 $Z_{0.025}=1.96$，所以我们有理由拒绝原假设 H_0，而接受备择假设 H_1，即认为新批量的产品质量有明显的提高，或者说，新批量的产品和原来的批量产品并非同一总体。

【例 6】　某罐头厂生产肉类罐头，按规定自动装罐的标准罐头净重为 500 克。现在从一班生产中抽取 10 瓶罐头实测每罐重（克）的结果如下：

505，512，497，493，508，515，502，495，490，510

给定显著性水平 $\alpha=0.01$，问装罐车间的生产是否正常。

由于检验问题是罐头净重是否符合净重 500 克，所以是双侧检验问题，而且是小样本的 t 检验。

（1）设立假设。原假设 H_0：$\mu=500$ 克；备择假设 H_1：$\mu\neq500$ 克。

（2）给定显著性水平。取 $\alpha=0.01$，由于是双侧检验，自由度 $v=n-1=10-1=9$，从 t 分布表中查得上临界值 $t_{0.005}(9)=3.25$，下临界值 $-t_{0.005}(9)=-3.25$。

（3）计算样本的各项指标值。

样本平均数　　　　　　$\overline{x}=\frac{\sum x}{n}=502.7$（克）

样本标准差　　　$S=\sqrt{\frac{\sum(x-\overline{x})^2}{n-1}}=8.64$（克）

样本平均误差　　$S(\overline{x})=\frac{S}{\sqrt{n}}=\frac{8.64}{3.16}=2.734$（克）

检验统计量　　　　$t=\frac{\overline{x}-\mu}{S/\sqrt{n}}=\frac{502.7-500}{2.734}\approx1$

（4）检验判断。由于 t 的实际值 $t=1<$ 临界值 $t_{0.005}(9)=3.250$，所以不

能拒绝原假设，即认为装罐生产属于正常。

二、总体成数的假设检验

当样本容量足够大时，可选择检验统计量

$$Z=\frac{p-P}{\sqrt{\dfrac{P\ (1-P)}{n}}}\sim N\ (0,\ 1)$$

【例 7】 某日化公司生产洗涤剂，现该公司欲引进一条瓶装洗涤剂自动包装线，其设计规格为每瓶 500 克，标准差为 6 克。随机抽取 100 瓶进行检查后发现每瓶平均重量为 498 克。若该瓶装洗涤剂的重量服从正态分布，如果质量标准要求该种圆钢抗拉强度的合格率不得低于 80%，试确定这批圆钢是否满足标准（$\alpha=0.05$）。

解：根据题意，建立如下假设

$H_0：P\geqslant 80\%$

$H_1：P<80\%$

根据已知条件，计算

$$Z=\frac{p-P}{\sqrt{\dfrac{P\ (1-P)}{n}}}=\frac{88\%-80\%}{\sqrt{\dfrac{80\%\times\ (1-80\%)}{50}}}=1.41$$

查正态分布表，得临界值 $Z_a=-1.645$。

因为 $Z=1.41>-1.645$，落入接受域，所以，接受原假设，即在 5% 的显著水平下该批圆钢能够满足标准。

三、总体方差的检验

方差反映现象在数量上的变异程度，从而也从另一方面反映事情变化的均匀性程度。要检查总体方差是否发生显著性变化，可以利用总体方差的假设检验方法。

在总体方差估计中，已介绍用样本方差 $S^2=\dfrac{\sum (x-\overline{x})^2}{n-1}$ 来估计总体方差 σ^2，其中 S^2 的分母 $n-1$ 称为自由度，用 v 表示，说明样本 n 个单位中，只有 $n-1$ 个单位可以独立决定。现在问题是根据样本资料计算 S^2 之后怎样来判断总体方差 σ^2 是否发生显著性变化呢？总体方差检验和总体平均数检验的基本思路是一致的，所不同的是正态分布和 t 分布已经不适合于总体方差的检验，而必须利用另一种概率分布，即 χ^2（卡方）分布来确定方差检验的拒绝或接受临界值，并根据样本方差的实际值建立一个 χ^2 统计量，然后就可以按一般程序进行检验和决策。

从一个方差为 σ^2 的正态分布总体中，独立抽取容量为 n 的样本，构造新的随机变量 η：

$$\eta = \frac{\sum (x - \bar{x})^2}{\sigma^2} = \frac{(n-1) S^2}{\sigma^2}$$

则 η 是服从自由度 $v = n-1$ 的 χ^2 分布，记为 χ^2_{n-1}。它表明样本方差 S^2 乘以常数因子 $\dfrac{n-1}{\sigma^2}$ 后服从于自由度 $v = n-1$ 的 χ^2 分布。其分布曲线全部处于第一象限，而自由度 v 是分布的唯一参数，随着自由度不同而有不同的偏斜程度，自由度愈小偏斜度愈大，当自由度超过 30 时，曲线接近于正态分布。

事先编制 χ^2 分布表，以表明 $\eta \geq \lambda_1$ 的概率。从 χ^2 分布表中，对应一定的自由度和给定的概率 α，查表就可得到临界值 λ_1。例如当自由度等于 5，而 $\alpha = 0.10$ 时，表中对应的 $\lambda_1 = 9.236$，即表示：$P (\eta \geq 9.236) = 0.1$。

利用 χ^2 分布表，我们就可以进行总体方差检验。

1. 右单侧检验

χ^2 分布表事实上就是提供右单侧检验临界值 χ^2_a。从样本资料求得 χ^2 统计量实际值 $> \chi^2_a$ 时，我们就拒绝原假设，而采用备择假设。否则我们就接受原假设。

【例 8】 机械厂生产某型号螺栓，正常生产螺栓口径服从于平均数为 $\overline{X}$，方差 $\sigma^2 = 36 \text{mm}$ 的正态分布，现在从新批量的螺栓中抽取 10 只，实测计算样本方差为 42mm，试以显著性水平 $\alpha = 0.05$ 检验总体方差是否显著提高了。

（1）设立假设。

$$H_0: \sigma^2 \leq 36; \qquad H_1: \sigma^2 > 36$$

（2）给定显著性水平 $\alpha = 0.05$，自由度 $v = 10 - 1 = 9$，查 χ^2 分布表得右临界值。

$$\chi^2_{0.05} = 16.919$$

（3）根据样本信息，计算 χ^2 统计量的实际值。

$$\chi^2 = \frac{(n-1) S^2}{\sigma^2} = \frac{9 \times 42}{36} = 10.5$$

（4）检验判断。由于 $\chi^2 < \chi^2_{0.05}$，即 $10.5 < 16.919$，所以不能拒绝原假设，不能认为总体方差有显著的提高。

2. 左单侧检验

由于 χ^2 分布表只提供右单侧临界值，因此给定显著性水平 α 的左单侧临界值，应该用 $\chi^2_{1-\alpha}$ 来代替。并且规定，当根据样本信息 χ^2 统计量的实际值 $<$ $\chi^2_{1-\alpha}$ 时，就拒绝原假设，而接受备择假设，否则我们就接受原假设。

【例9】 某机器加工某型钢管的长度服从标准差 $\sigma=2.4$ 公分的正态分布，经技术调整后，选出新生产的 25 根钢管的一个随机样本，求出样本标准差 $S=2.1$。试以显著性水平 1‰，判断该机器生产的钢管长度的变异性是否已显著减小。

（1）设立假设

$$H_0: \sigma^2 \geqslant 2.4^2 = 5.76; \qquad H_1: \sigma^2 < 5.76$$

（2）给定显著性水平 $\alpha=0.01$，自由度 $v=25-1=24$，查 χ^2 分布表得左临界值。

$$\chi^2_{1-\alpha} = \chi^2_{0.99} = 10.856$$

（3）根据样本信息，计算 χ^2 统计量的实际值。

$$\chi^2 = \frac{(n-1)\ S^2}{\sigma^2} = \frac{24 \times 2.1^2}{5.76} = 18.375$$

（4）检验判断。由于统计量 $\chi^2 > \chi^2_{0.99}$，即 $18.375 > 10.856$，所以我们没有理由拒绝原假设，即认为钢管长度的方差没有显著地缩小。

3. 双侧检验

在双侧检验中，显著性水平 α 区分为两个拒绝区域，各占 $\alpha/2$。但由于 χ^2 分布并非对称，必须分别求左右临界值，左临界值 $\chi^2_{1-\alpha/2}$，右临界值 $\chi^2_{\alpha/2}$。并规定当根据样本信息计算的统计量实际值 $\chi^2 < \chi^2_{1-\alpha/2}$ 或 $\chi^2 > \chi^2_{\alpha/2}$ 时，就拒绝原假设，而接受备择假设。而当 $\chi^2_{\frac{1-\alpha}{2}} < \chi^2 < \chi^2_{\frac{\alpha}{2}}$ 时就没有理由拒绝原假设，认为原假设为真。

【例10】 炮弹火药装配车间，规定炮弹的火药重量服从标准差 $\sigma=20$ 克的正态分布，现在从生产线中随机抽取 16 枚炮弹实测样本标准差 $S=24$ 克。试以 0.02 的显著性水平，检查炮弹的火药重量是否有显著的变异。

（1）设立假设。

$$H_0: \sigma^2 = 20^2 = 400; \qquad H_1: \sigma^2 \neq 400$$

（2）给定显著性水平。

显著性水平 $\alpha=0.02$，自由度 $v=16-1=15$。查 χ^2 分布表，得下临界值 $\chi^2_{1-\alpha/2} = \chi^2_{0.99} = 5.229$，上临界值 $\chi^2_{\alpha/2} = \chi^2_{0.01} = 30.578$。

（3）根据样本信息，计算 χ^2 统计量的实际值。

$$\chi^2 = \frac{(n-1)\ S^2}{\sigma^2} = \frac{15 \times 24^2}{400} = 21.6$$

（4）检验判断。

由于 $\chi^2_{0.99} < \chi^2 < \chi^2_{0.01}$，即 $5.229 < 21.6 < 30.578$，我们没有理由拒绝原假设，而认为总体方差没有异常的变异。

复习思考题

1. 在假设检验中什么是显著性水平和检验临界值，试举例说明。

2. 如何区别双侧检验和单侧检验，左侧检验和右侧检验？

3. 说明假设检验中的两类错误，为什么说第一类错误的概率 α 和第二类错误概率 β 是一对矛盾，解决这个矛盾的思路如何？

4. Z 检验与 t 检验适用的范围有何区别？

5. 用一台自动包装机包装葡萄糖，按规格每袋净重 0.5 千克。长期积累的数据资料表明，每袋的实际净重服从正态分布，标准差为 0.015 千克。现在从成品中随机抽取 9 袋，结果其净重分别为 0.479、0.5006、0.518、0.511、0.524、0.488、0.515、0.512。试根据抽样结果说明：（1）标准差有无变化？（2）袋糖的平均净重是否符合规格？（$\alpha = 0.05$）

6. 某型号的汽车轮胎耐用里程按正态分布，其平均耐用里程为 25000 公里。现在从某厂生产的轮胎随即取 10 个进行里程测试，结果数据如下：

25400	25600	25300	24900	25500
24800	25000	24800	25200	25700

根据以上数据检验该厂轮胎的耐用里程是否存在显著性的差异（$\alpha = 0.05$）。

7. 环境保护条例规定，在排放的工业废水中，某有害物质含量不得超过 0.5‰。现在取 5 份水样测定有害物质含量，得到如下数据：0.53‰，0.542‰，0.51‰，0.495‰，0.515‰。问抽验结果是否能说明含量超过规定界限？（取 $\alpha = 0.05$）

8. 某商店人员到工厂去验收一批产品，双方协议产品中至少只要有 60% 的一级品，今抽查了 600 件产品，其中有一级品 346 件，问可否接收这批产品？（$\alpha = 0.05$）

9. 从某铁矿南北两段各抽取容量为 10 的样本，随即配成 10 对如下：

南段含铁量　28　20　4　32　8　12　16　48　8　20

北段含铁量　20　11　13　10　45　15　11　13　25　8

试用符号检验法，在 $\alpha = 0.05$ 下，检验"南北两段含铁量无显著性差异"的假设。

10. 某维尼龙厂根据长期正常生产积累的资料知道所生产的维尼龙纤度服从正态分布，它的均方差为 0.048。某日随机抽取 5 根纤维，测得其纤度为 1.32，1.55，1.36，1.40，1.44。问该日所生产得维尼龙纤度的均方差是否有显著变化（显著水平 $\alpha = 0.1$）？

第八章 相关与回归分析

第一节 基 本 概 念

一、相关的概念与分类

（一）相关的概念

自然界和社会中的许多事物和现象，彼此之间是相互联系、相互依赖、相互制约的，离开周围的现象和条件而独立存在的现象是没有的。因此统计不光要研究某一现象的数量变动规律，而且还要探讨事物之间相互联系的数量关系。

事物或现象之间的相互关系分为两种，一种是函数关系，这是一种确定的关系，即随着一个数值的变化，其他数值也发生一定的相应变化。例如，通过一定电阻 R 的电路中的电流与电路两端的电压 V 之间有如下的关系：$I=V/R$，当 V 和 R 的数值一经确定之后，数值也就随之确定了。另一种关系是相关关系。例如，钢的化学成分与机械性能的关系，我们只能说某种元素的加入能使机械性能提高（或降低），而我们却不能绝对地说加入 a 公斤的某元素，一定能使机械性能提高 b，因为还有许多偶然因素的影响，使得同样加 a 公斤元素可能取得不同的结果。所以相关关系是指现象之间确实存在的，但关系数值不确定的相互依存关系。相关关系虽然是不确定的，但从概率意义上讲，它也是有规律性的，相关分析就是通过对具有相关关系的变量的大量观察，排除随机干扰，寻找这些变量之间的规律。

在相关关系中，在相互联系的想象之间，有时表现为因果关系，即一个为自变量（用 X 表示）则另一个为因变量（用 Y 表示）。例如，炉膛温度与铁量之间存在着因果关系，炉膛温度为自变量，出铁量为因变量。但是在另一些相关关系中，两个变量之间只存在相互联系而因果关系并不明显。例如，每万元增加值的耗电量与工业增加值之间存在一定的联系，但是在两者之间难以指出哪一个是原因，哪一个是结果，即哪一个是自变量，哪一个是因变量。在这种情况下，主要根据研究目的而定，例如，为了研究一定的工业增加值条件下，可能耗多少电，就可以把工业增加值看作是自变量，而把耗电量看作因变量；为了研究一定的耗电量水平下，工业增加值可能是多少时，就把耗电量看作是自变量，而把工业增加值看作是因变量。

应该指出的是，无论在哪种情况下，作为研究现象与现象之间的关系，必须是真实的，具有内在联系的关系，而绝对不能是臆造的，或只不过是形式上的巧合。因此，统计在研究相关关系时，应当根据有关的科学理论，通过观察和实验，在对现象进行深入分析的基础上建立这种联系，并且还要通过理论与实际的检验。只有这样，才能通过研究，得出有科学意义的结论。

（二）相关的种类

从变量之间相互关系的方向来看，可以分为正相关与负相关。自变量（X）的数值增加，因变量（Y）的数值也相应增加，这叫正相关。例如，人的体重和身高的关系，身高增加，体重也增加，钢的含碳量和钢的强度，含碳量增加，钢的强度增加。但有些现象之间的关系则与此相反，当自变量（X）增加时，因变量（Y）的值有随之减少的趋势，称之为负相关。例如，工业劳动生产率与单位产品所耗时间的关系，随着劳动生产率的提高，生产单位产品所耗时间就减少。

从变量之间的相互关系的表现形式来看，可以分成直线相关和曲线相关。当 X 的值发生变动，Y 值随之发生大致相等的变动，两者的关系近似表现为一条直线，称为直线相关。当 X 的值发生变动，Y 值随之发生不均等的变动，两者之间的关系近似表现为不同曲线形式，称为曲线相关。曲线的形式有抛物线、指数曲线、双曲线等。

从相关涉及的因数的多少来看，可以分为单相关与复相关。两个变量之间的相关叫单相关，三个或三个以上因素的相关关系叫复相关，例如，研究工业增加值与职工人数、生产用固定资产价值、耗电量之间的关系，就是复相关。

现象之间相关关系的分析，是从两方面进行的：一种是研究现象之间变量关系的密切程度，直线相关用相关系数表示，曲线相关用相关指数表示，这种研究称为相关分析；另一种方面是关于自变量和因变量之间的变动关系，用数学方程式表达，称为回归分析。相关分析和回归分析既有区别又有联系。

二、回归的概念与分类

（一）回归分析的概念

回归分析是利用统计方法寻找一个数学方程，建立自变量和因变量之间的关系，并利用自变量的给定值来推算或估计因变量的值。对于回归分析来说，需要确定哪个是自变量哪个是因变量，有些现象的两变量可互换，如人的身高和体重的关系，以身高为自变量，则以体重为因变量；反之若以体重为自变量，则以身高为因变量。但有些现象的两个变量不能互换。例如，炉膛温度和出铁量，只能以炉膛温度为自变量，出铁量为因变量，分析炉膛温度对出铁量的影响，而反过来分析出铁量对炉膛温度的影响则没有意义。在回归分析中，要求因变量是随机变量，自变量是非随机变量，是给定的数值。

　　（二）回归分析的分类

　　回归分析可分为线性回归和非线性回归，线性回归和非线性回归的区分有两种解释，一是按回归变量本身之间是否线性，即是否一次式来划分，例如，$y=b_0+b_1X_1+b_2X_2+b_3X_3$ 为三元线性回归方程，而 $y=b_0+b_1X_1+b_2X_2^2+b_3X_3^3$ 为一元三次非线性回归方程。二是按回归变量的参数（回归系数）是否线性来划分，以上两式都是线性方程，因它们的回归系数 b_1、b_2、b_3 都是线性的（一次式），而 $y=b_0X^{b_1}$ 是非线性回归，因 Y 不是两参数 b_0、b_1 的线性函数，b_0 与 b_1 是用乘法和指数方法连在一起的。在应用研究中，常见的是按变量是否一次线性来划分线性和非线回归方程。因此我们沿用这种观点。

　　在线性回归分析中，对一个因变量与自变量的回归称一元线性回归，而一个因变量和多个自变量的回归称为多元线性回归。

三、相关与回归分析的关系

　　回归分析与相关分析是有区别的。回归分析表示一个变量随自变量而变化，它是单方向的。一般 x 是给定的值作为自变量，y 是设想为具有正态分布的随机变量，作为因变量。反过来，如果以 y 作为给定的自变量，以 x 作为因变量，我们也可以应用最小平方法求得线性回归方程 $\hat{x}=a+by$，但是与根据 x 求 $\hat{y}$ 得回归线是不同的（各观察点落在同一条直线上的特例除外）。而相关分析则表示两个变量的密切程度，是双方向的。虽然 x 和 y 仍然是配对的变量，但两者都是设想为具有正态分布的随机变量。

　　相关与回归是从不同角度对同一问题的分析，所以关系又很密切。在分析问题时，两种方法一般要结合运用，主要在利用相关系数判断成堆变量之间的联系程度，据以确定是否使用考虑中的自变量，这种对自变量的筛选在复回归中可以大大减少计算工作量，也可保证回归分析的可靠性。在计算上，两种方法的联系表现在：一方面先求出回归方程与标准误差，利用估计标准误差计算相关系数；另一方面是反过来，先求出相关系数，再利用相关系数求回归方程。

第二节　相　关　分　析

一、散点图和相关表

　　判断现象间的相关关系，一般先作定性分析，然后作定量分析。定性分析就是根据经济理论，有关专业知识和实际工作经验，进行科学的分析研究，初步确定现象间有无关系。如确有关系，进一步编制相关图和相关表，可以直接判断现象之间大致上呈现何种关系形式，以此计算相关系数作定量分析，精确反映相关关系的方向和程度。

（一）绘制散点图

【例1】 有8个企业生产某种产品，月产量和生产费用的资料如下：

表8-1 8个企业月产量和生产费用资料

企业编号	1	2	3	4	5	6	7	8
月产量（千吨）（x）	1.2	2.0	3.1	3.8	5.0	6.1	7.2	8.0
生产费用（万元）（y）	62	86	80	110	115	132	135	160

散点图如图8-1所示。

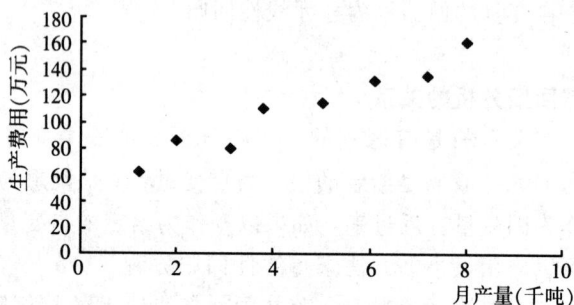

图8-1 8个企业月产量和生产费用的散点图

（二）编制相关表

相关表是根据总体单位的原始资料编制的，以上8个企业生产产品产量和生产费用相关表见表8-2所列。

表8-2 产品产量和生产费用相关表

序号	产品产量（千吨）（x）	生产费用（万元）（y）
1	1.2	62
2	2.0	86
3	3.1	80
4	3.8	110
5	5.0	115
6	6.1	132
7	7.2	135
8	8.0	160
合计	36.4	880

从表 8-2 中可以看出，产品生产量和生产费用之间关系虽然不十分严格，但有直线相关的趋势，而且大致可以看出关系比较密切。

如果与某个现象相关的因素不止一个，可以分别绘制许多相关图，从许多相关图的对比中，大致可以看出与各个因素关系的大小，从中判断出哪个是主要因素，哪个是次要因素。

二、相关系数

测定线性相关系数的方法是最基本的相关分析，它是测定其他相关系数方法的基础。本节首先研究线性的单相关系数——简单相关系数，即在线性条件下说明两个变量之间相关关系密切程度的统计分析指标，简称相关系数，通常用 r 表示。

相关系数的测定，最简单的方法就是积差法，它直接来源于数理统计中关于相关系数的定义，即用各个变量离差相乘来说明现象相关密切程度。

其公式为：$r = \dfrac{\sum(X-\overline{X})\,(Y-\overline{Y})}{n\sigma_X\sigma_Y}$

其中，σ_X、σ_Y 分别是 X 和 Y 的标准差。

$\because \sigma_X = \sqrt{\dfrac{\sum(X-\overline{X})^2}{n}}$，$\sigma_Y = \sqrt{\dfrac{\sum(Y-\overline{Y})^2}{n}}$

$\therefore r = \dfrac{\sum(X-\overline{X})\,(Y-\overline{Y})}{\sqrt{\sum(X-\overline{X})^2 \sum(Y-\overline{Y})^2}}$

又 $\because \sum(X-\overline{X})\,(Y-\overline{Y}) = \sum XY - \dfrac{1}{n}\sum X \sum Y = L_{XY}$

$\sum(X-\overline{X})^2 = \sum X^2 - \dfrac{1}{n}\,(\sum X)^2 = L_{XX}$

$\sum(Y-\overline{Y})^2 = \sum Y^2 - \dfrac{1}{n}\,(\sum Y)^2 = L_{YY}$

$\therefore r = \dfrac{L_{XY}}{\sqrt{L_{XX}L_{YY}}}$

相关系数的绝对值不会超过 1，从而 $|r| \leqslant 1$，即 r 的取值范围是 $-1 \leqslant r \leqslant 1$。$r$ 值的意义是：当 $0 < r \leqslant 1$，则 X，Y 之间为正相关；当 $-1 \leqslant r < 0$，则 X、Y 之间为负相关。$|r|$ 愈接近 0，X、Y 之间的直线相关程度愈小，$r = 0$ 则 X 与 Y 毫无线性相关关系；反之，$|r|$ 愈接近 1，X、Y 之间的直线相关程度愈高，$|r| = 1$ 则 X、Y 间存在着确定的线性函数关系。具体而言：$0 \leqslant |r| < 0.3$，表明 X、Y 之间无相关；$0.3 \leqslant |r| < 0.5$，表明 X、Y 之间弱

相关；$0.5 \leqslant |r| < 0.8$，表明 X、Y 之间中度相关；$0.8 \leqslant |r| < 1$，表明 X、Y 之间高度相关。但需要注意的是，r 只表示 X 与 Y 直线相关密切程度。当 $|r|$ 很小甚至等于 0 时，并不一定表示 X 与 Y 之间就不存在其他类型的关系。

三、等级相关

以上计算相关系数的方法是假定两个变量分布已知的情况，当两个变量分布未知时，测定它们之间的相关程度需运用等级相关。等级相关是把 x，y 两数列分别按数量大小顺序分为 1，2，$\cdots$，n 个等级，再测定 x 等级与 y 等级间的相关程度的一种方法。等级相关又称顺位相关法，由于等级相关立足于观察值的等级（或顺序），而不依存于 x 与 y 之间某种特定的分布，因而称非参数方法。若以 r_s 表示等级相关系数，则：

$$r_s = 1 - \frac{6 \sum d^2}{n\ (n^2 - 1)}$$

式中：n 为等级的项数；

$d = x$ 等级 $- y$ 等级；

$\sum d^2$ 为所有差量平方之和。

当 x，y 划分的等级在数量上、顺序上完全一致时，$\sum d^2 = 0$，则 $r_s = 1$，表明两种等级完全正相关，当 x，y 划分的等级在数量上、顺序上完全一致时，$\sum d^2 = 0$，则 $r_s = 1$，表明两种等级完全正相关，当 x，y 划分的等级顺序完全相反时，则 $r_s = -1$。例如，x_1、x_2、x_3 秩序为 1、2、3，y_1、y_2、y_3 秩序为 3、2、1，则：

$$\sum d^2 = (1-3)^2 + (2-2)^2 + (3-1)^2 = 8$$

$$r_s = 1 - \frac{6 \times 8}{3 \times\ (9-1)} = -1$$

【例 2】 某厂对 10 名工人进行了一项测验，旨在估量他们的工作表现和产量间的相关关系。某资料及等级相关系数 r_s 的计算见表 8-3 所列。

将工作表现评分及平均日产量改为等级的方法是：最低定 1 等，最高定 10 等。遇有数值相同时，取原有等级平均数。例如，工作表现评分中有两位工人均为 85 分，原有等级为 5、6，其平均数为 5.5，即作为此两个分数的等级。

解：由表 8-3 中资料算得：

$$r_s = 1 - \frac{6 \times 21.5}{10 \times\ (10^2 - 1)} = 0.8697$$

这个计算结果表明员工工作表现和日产量水平有较强的正相关关系。

表 8 - 3　等级相关系数计算表

工人编号	工作表现评分	平均日产量（件）	工作表现等级（x）	平均日产量等级（y）	等级差（$d=x-y$）	等级差平方（d^2）
1	88	174	7	8	−1	1
2	85	145	5.5	4	1.5	2.25
3	73	159	3	5	−2	4
4	93	189	8	9	−1	1
5	69	106	2	1	1	1
6	99	169	10	7	3	9
7	76	136	4	3	1	1
8	62	121	1	2	−1	1
9	85	165	5.5	6	−0.5	0.25
10	97	195	9	10	−1	1
合计	—	—				21.5

对等级相关系数 r_s 的检验，在 $n \leqslant 30$ 时，其临界值可由《斯皮尔曼秩相关系数临界值表》中的 α 和 n 查得。在 $n > 30$ 时，渐近服从自由度为 $n-2$ 的 t 分布，故可利用 t 检验来检验 r_s 的显著性。即用检验统计量：

$$t = |r_s| \cdot \sqrt{\frac{n-2}{1-r_s^2}}$$

相关系数的计算是数学方法的应用，按公式计算，可以用于任何成对变量的资料，求出相关系数来。因此，在计算相关系数之前，必须通过定性分析从理论上和实践上判明所拟研究的两个变量之间是否存在着实质性的联系，这是应用任何数学方法分析联系关系的前提。

在相关系数的具体应用中，往往会出现：在定性分析中两个变量之间表现为高度相关关系，而求得的相关系数的绝对值却很小；或者通常认为不应该存在线性相关关系的两个变量，它们之间的相关系数的绝对值却很大，这种现象称为相关系数陷阱。相关系数陷阱存在的原因主要有：①异常值的影响。相关系数对异常值的反应非常敏感，异常值的出现可能会产生一种虚幻的相关性，因此，计算相关系数时应剔除异常值。②变量的样本方差过小。两个高度线性相关的变量因其变化平稳导致它们的样本方差很小，从而求得的相关系数接近于零。这种情况下样本相关系数将不能准确反映变量之间的相关程度。③其他变量的媒介作用。两个经济变量之间的高度相关关系，有时并不是由这两个经济变量本身的内在联系所决定的，它完全可能由另外一个变量的媒介作用而形成高度相关，例如在时序数列中，如果两个经济变量都有很强的上升或下降的趋势，即均受时间因素的同方向变动影响，会造成相关系数偏高，甚至在没有什么联系的变量间，也会因有相似的长期趋势而求出相当高的相关系数。在这种情况下，最好剔除时间因素的影响后再求相关。

第三节　简单回归分析

一、一元线性回归分析

（一）一元线性回归方程的建立

如果随机变量 Y 随自变量 X 的变化而变化，且呈现简单线性关系，则 Y 以 X 的变化规律可用一元线性回归方程来表示。由于随机变量因素的干扰，Y 与 X 线性关系中包含随机误差项 ε，即有：$Y = A + BX + \varepsilon$。

假定 $\varepsilon \sim N(0, \sigma^2)$，即 $E(\varepsilon) = 0$，则对于给定的 X，各次 Y 会有所波动，但平均来说，应有：$E(Y) = A + BX$ 这就是总体回归直线方程，A 为截距，B 为回归系数。一般来说，我们是从总体中抽取部分单位来分析 Y 依 X 的变化规律，所以我们通过样本观察值求出样本回归直线方程：$\hat{y} = a + bx$，用它对总体回归情况进行估计。

【例3】　钢铁公司固定资产投资总额与钢铁产量之间有较密切的关系。某钢铁公司 2006—2015 年有关资料见表 8 - 4 所列。

表 8 - 4　某钢铁公司固定资产投资总额及钢铁产量统计表

年　　份	固定资产投资总额（万元）	钢铁产量（吨）
2006	9232	52.20
2007	13193	56.28
2008	15888	59.43
2009	14726	61.59
2010	12746	66.35
2011	16339	71.00
2012	21789	80.94
2013	32743	89.56
2014	45431	92.61
2015	57675	95.36

以固定资产投资总额各值为自变量（x_i），以钢铁产量各值为因变量
（y_i），画出散点图，从中我们可以看出各点的分布大致呈直线趋势，所以我们
用线性方程式：$\hat{y}=a+bx$ 来表示 y 与 x 间的关系。方程中 a、b 是有待估计的
数值。

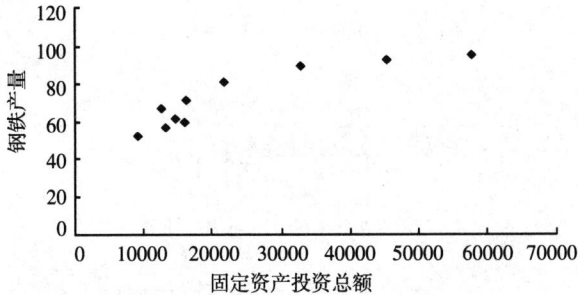

图 8-2　某钢铁公司固定资产总额与钢铁产量的散点图

估计 a、b 可有不同的方法，统计中使用最多的是最小平方法（或称最小
二乘法）。配合的直线是最优的理想直线，就是 $\sum(y-\hat{y})^2=$ 最小值。

最小平方法在时间序列一章中已叙述过。根据上式，可得出下列标准方
程：

$$\begin{cases} na+b\sum x=\sum y \\ a\sum x+b\sum x^2=\sum xy \end{cases}$$

从以上一对联立方程组中解出 a 和 b：

$$\begin{cases} b=\dfrac{n\sum xy-\sum x\sum y}{n\sum x^2-(\sum x)^2} & （式1） \\[3mm] a=\bar{y}-b\bar{x} & （式2） \end{cases}$$

若将式 2 代入 $\hat{y}=a+bx$ 式，得

$$\hat{y}=\bar{y}-b\bar{x}+bx$$

$$\hat{y}-\bar{y}=b(x-\bar{x})$$

这说明回归线通过点 $(\bar{x}, \bar{y})$，这是我们做回归直线的图形时应注意的。

若将式 1 的子项，母项分别除以 n，则：

式 1 子项：

$$\frac{n\sum xy-\sum x\sum y}{n}=\sum xy-n\bar{x}\cdot\bar{y}$$

$$=\sum xy-n\bar{x}\cdot\bar{y}-n\bar{x}\cdot\bar{y}+n\bar{x}\cdot\bar{y}$$

$$= \sum xy - n\,\overline{x}\frac{\sum y}{n} - n\,\overline{y}\frac{\sum x}{n} + n\,\overline{x} \cdot \overline{y}$$

$$= \sum xy - \overline{x}\sum y - \overline{y}\sum x + n\,\overline{x} \cdot \overline{y}$$

$$= \sum (xy - \overline{x}y - \overline{y}x + \overline{x} \cdot \overline{y})$$

$$= \sum (x - \overline{x})(y - \overline{y}) = L_{xy}$$

式 1 母项:

$$\frac{n\sum x^2 - (\sum x)^2}{n} = \sum x^2 - n\,(\overline{x})^2$$

$$= \sum x^2 - n\,(\overline{x})^2 - n\,(\overline{x})^2 + n\,(\overline{x})^2$$

$$= \sum x^2 - n\,\overline{x}\frac{\sum x}{n} - n\,\overline{x}\frac{\sum x}{n} + n\,(\overline{x})^2$$

$$= \sum x^2 - 2\overline{x}\sum x + n\,(\overline{x})^2$$

$$= \sum (x^2 - 2\overline{x}x + (\overline{x})^2)$$

$$= \sum (x - \overline{x})^2 = L_{xx}$$

因此
$$\begin{cases} b = \dfrac{L_{xy}}{L_{xx}} \\[2mm] a = \overline{y} - b\,\overline{x} \end{cases}$$

根据上例资料,计算回归系数的计算步骤可列表进行,见表 8 - 5 所列。
其计算步骤如下:

表 8 - 5

编号	固定资产投资总额 x（万元）	钢铁产量 y（吨）	x^2	y^2	xy	$\hat{y}$
1	9232	52. 20	85229824	2724. 84	481910. 40	59. 37
2	13193	56. 28	174055249	3167. 44	742502. 04	62. 91
3	15888	59. 43	252428544	3531. 92	944223. 84	65. 31
4	14726	61. 59	216855076	3793. 33	906974. 34	64. 28
5	12746	66. 35	162460516	4402. 32	845697. 10	62. 51
6	16339	71. 00	266962921	5041. 00	1160069. 00	65. 71
7	21789	80. 94	474760521	6551. 28	1763601. 66	70. 58
8	32743	89. 56	1072104049	8020. 99	2932463. 08	80. 35
9	45431	92. 61	2063975761	8576. 61	4207364. 91	91. 66
10	57675	95. 36	3326405625	9093. 53	5499888. 00	102. 59
Σ	239762	725. 32	8095238086	54903. 26	19484694. 37	—

由表 8 - 5 可知：

$$\sum x = 239762 \qquad \sum y = 725.32 \qquad \sum x^2 = 8095238086$$

$$\sum y^2 = 54903.26 \qquad \sum xy = 19484694.37$$

$$\bar{x} = \frac{\sum x}{n} = \frac{239762}{10} = 23976.2$$

$$\bar{y} = \frac{\sum y}{n} = \frac{725.32}{10} = 72.53$$

则

$$L_{xx} = \sum x^2 - n \ (\bar{x})^2 = 8095238086 - 10 \times (23976.2)^2$$

$$= 2346656422$$

$$L_{yy} = \sum y^2 - n \ (\bar{y})^2 = 54903.26 - 10 \times (72.53)^2$$

$$= 2297.25$$

$$L_{xy} = \sum xy - n \ \bar{x} \cdot \bar{y} = 19484694.37 - 10 \times 23976.2 \times 72.53$$

$$= 2094756.51$$

故：

$$b = \frac{L_{xy}}{L_{xx}} = \frac{2094756.51}{2346656422} = 0.000892$$

$$a = \bar{y} - b \ \bar{x} = 72.53 - 0.000892 \times 23976.2 = 51.14$$

所求回归方程为：$\hat{y} = 51.14 + 0.000892x$

根据这个方程式，把 10 年的固定资产投资总额的实际值（x）逐项代入，就可以算出对应的钢产量的估计值 $\hat{y}$，并可在散点图上画出回归直线，这条直线的斜率为 0.000892，表示某钢铁公司的钢铁工业固定资产投资总额每增加一万元，钢产量平均增加 8.92 吨。

（二）估计标准差

1. 总变差的分解

建立一元线性回归方程，实际观察值是围绕平均数 $\bar{y}$ 上下波动的，y 的这种波动现象称为变差。产生变差的原因有两个，一是受自变量的影响，x 的取值不同引起 y 的取值也不同；二是受其他因素（包括未知因素和观察误差）的影响。对每个观察值来说，变差的大小都可通过（$y - \bar{y}$）来表示，而全部 n 个观察值的总变差则可由这些变差的平方和表示。

即总变差 $S_{总} = L_{yy} = \sum (y - \bar{y})^2$

由于 $y - \bar{y} = (y - \hat{y}) + (\hat{y} - \bar{y})$

故 $\sum (y - \bar{y})^2 = \sum [(y - \hat{y}) + (\hat{y} - \bar{y})]^2 = \sum (y - \hat{y})^2 + \sum (\hat{y} - \bar{y})^2$

其中，$\sum (\hat{y} - \bar{y})^2$ 是回归估计值 $\hat{y}$ 与平均值 $\bar{y}$ 的离差平方和，称为回归变差 $S_{回}$。

$\sum (y - \hat{y})^2$ 是剩余因素对回归直线的影响，称为剩余变差 $S_{剩}$。

所以，$S_{总} = S_{回} + S_{剩}$

其中，$S_{回} = \sum (\hat{y} - \bar{y})^2 = \sum (a + bx - a - b\bar{x})^2 = b^2 \sum (x - \bar{x})^2$

$$= b \frac{L_{xy}}{L_{xx}} L_{xx} = b L_{xy}$$

$S_{剩} = S_{总} - S_{回} = L_{yy} - b L_{xy}$

2. 估计标准误差

由上可知，$S_{剩} = \sum (y - \hat{y})^2$，它的平均数以 S_y^2 表示：$S_y^2 = \dfrac{\sum (y - \hat{y})^2}{n - 2}$

可得 $S_y = \sqrt{\dfrac{\sum (y - \hat{y})^2}{n - 2}}$

上式反映观察值 y 与估计值 $\hat{y}$ 的平均差异程度的指标，是由样本资料计算的，称为估计标准误差。自由度为 $n - 2$，因为一元线性回归方程包括两个估计参数 a 和 b，故失去两个自由度。

【例4】　根据例3的资料计算估计标准误差。

解：已知 $n = 10$，$L_{yy} = 2297.25$，$b = 0.000892$，$L_{xy} = 2094756.51$

所以，$S_{剩} = L_{yy} - b L_{xy} = 428.73$

$S_y = \sqrt{\dfrac{S_{剩}}{n - 2}} = \sqrt{\dfrac{428.73}{10 - 2}} = 7.32$

（三）一元线性回归的显著性检验

前面我们介绍了回归方程的建立，但该方程建立后，不能马上进行估计或预测，因为该方程是根据样本数据得出的，它是否真实地反映变量 x 和 y 之间的关系，还需要通过检验才能证实。回归分析中的显著性检验主要包括两个方面：一是回归方程的检验，它是检验自变量 x 和因变量 y 之间的线性关系是否显著，或者说，它们之间能否用线性模型 $y = a + bx + \varepsilon$ 来表示；二是回归系数的检验，它是检验自变量 x 对因变量 y 的影响是否显著。

1. 回归方程的显著性检验

为了检验两个变量之间的线性关系是否显著，我们需要构造一个检验统计量。该统计量的构造是以回归平方和 $S_{回}$ 及剩余平方和 $S_{剩}$ 为基础的，认为 $S_{回}$ 除以其相应的自由度与 $S_{剩}$ 除以其相应的自由度的比值的抽样分布服从 F 分布。即

$$F = \frac{S_{回}/1}{S_{剩}/(n-2)} \sim F(1, n-2)$$

在显著水平 α 下，对于给定的一组数据，如果 $F > F_\alpha(1, n-2)$，则认为所求回归方程是显著的；否则所求方程不显著。

【例5】 试在显著性水平 $\alpha = 0.05$ 的水平下，检验根据例4的资料所求的回归方程是否显著。

解：已知：$\hat{y} = 51.14 + 0.000829x$

$\qquad S_{剩} = 428.73$

$\qquad S_{回} = bL_{xy} = 0.000892 \times 2094756.51 = 1868.52$

故 $F = \dfrac{1868.52/1}{428.73/(10-2)} = \dfrac{1868.52}{53.59} = 34.87$

查 F 分布表得 $F_{0.05}(1, n-2) = F_{0.05}(1, 8) = 5.32$

因为 $34.87 > 5.32$ 故可认为所求回归方程是显著的。

2. 回归系数的显著性检验

在实际分析时，由于 σ^2 未知，只能用其无偏估计量 $\hat{\sigma}^2$ 代替，则 OLS 估计量 a，b 的标准正态变量服从自由度为 $(n-2)$ 的 t 分布，而不是正态分布。即

$$t = \frac{b - b_0}{S(b)} \sim t(n-2)$$

式中

$$S(b) = \frac{\hat{\sigma}}{\sqrt{\sum(x-\overline{x})^2}} = \sqrt{\frac{\sum e_i^2}{(n-2)\sum(x-\overline{x})^2}}$$

给定的显著性水平 α，查自由度为 $n-2$ 的 t 分布表，得临界值 $t_{\frac{\alpha}{2}}(n-2)$。

若 $|t| > t_{\frac{\alpha}{2}}(n-2)$，则拒绝 H_0，接受 H_1：$b \neq 0$，因为其概率保证程度大，换句话说，接受备择假设犯错误得概率很小，说明 b_0 所对应的变量 X 对 Y 有影响。

若 $|t| < t_{\frac{\alpha}{2}}(n-2)$，则接受 H_0：$b_0 = 0$，即 b_0 与 0 的差异不显著，只有

接受原假设 H_0，犯错误的概率才会小，说明 b_0 所对应的变量 X 对 Y 没有影响，即变量之间的线性关系不显著。

【例6】 试在显著性水平 $\alpha=0.05$ 的水平下，检验根据例4的资料所求的回归方程是否显著。

解：已知：$\hat{y}=51.14+0.000892x$

$S_y=7.32$

$\sum (x-\overline{x})^2=2346656422$

故 $t=\dfrac{b}{S(b)}=\dfrac{b}{\dfrac{S_y}{\sqrt{z(x-\overline{x})^2}}}=\dfrac{0.000892\times\sqrt{2346656422}}{7.32}=5.90$

查 t 分布表得 $t_{\frac{\alpha}{2}}(n-2)=t_{0.025}(8)=2.306$

因为 $5.90>2.306$，所以在 0.05 的显著性水平下回归系数是显著的。

在进行显著性检验时，需注意：（1）在对回归系数检验时，如果拒绝原假设，仅表明在 x 的样本观测值范围内，x 和 y 之间存在线性关系，而且一个线性关系只解释 y 的变差中的显著部分。（2）在一元线性回归中，自变量只有一个，F 检验和 t 检验是等价的，也就是说，如果原假设被 F 检验拒绝，它也将被 t 检验所拒绝。但在多元回归中，这两种检验的意义是不同的，F 检验只是用来检验总体回归方程的显著性，而 t 检验则是检验各个回归系数的显著性。

（四）估计和预测

回归分析的主要目的是根据所建立的估计回归方程进行预测或控制。在回归模型通过各种检验符合预定的要求后，就可以利用它来完成这一任务。所谓预测是指通过自变量 x 的取值来预测因变量 y 的取值，例如，根据前面建立的固定资产投资额和钢铁产量的估计方程，给出一个固定资产投资额，就可以得出钢铁产量的一个预测值；而控制恰好与预测相反，它是根据一个想要的 y 值，求所要求的 x 值，例如，假定要求钢铁产量不超过 100 吨，那么固定资产投资额控制在什么水平上。本章主要介绍根据估计方程进行估计和预测的方法，其中包括点估计和区间估计。

1. 点估计

点估计是指利用估计回归方程，对于 x 的一个特定值 x_0，求出 y 的一个估计值。它可以分为平均值的点估计和个别值的点估计。

（1）平均值的点估计

它是指利用估计回归方程，对于 x 的一个特定值 x_0，求出 y 的平均值的一个估计值 $E_{(y_0)}$。

【例7】 根据例3得出的估计方程，当固定资产投资额为 60000 万元，预测钢铁产量的平均值。

解：根据 $\hat{y}=51.14+0.000892x$

当 $x=60000$，E（y_0）$=51.14+0.000892 \times 60000=104.66$（吨）

（2）个别值的点估计

它是指利用估计回归方程，对于 x 的一个特定值 x_0，求出 y 的一个个别值的估计值 $\hat{y}$。

【例8】　根据例3得出的估计方程，当固定资产投资额为 21789 万元时，对应的钢铁产量是多少？

解：根据 $\hat{y}=51.14+0.000892x$

当 $x=21789$，$\hat{y}=51.14+0.000892 \times 21789=70.59$（吨）

由此可见，在点估计条件下，平均值的点估计和个别值的点估计是一样的，但在区间估计中两者则不同。

2. 区间估计

区间估计是指利用估计回归方程，对于 x 的一个特定值 x_0，求出 y 的一个估计值的区间。它可以分为置信区间估计和预测区间估计。

（1）置信区间估计

它是指利用估计回归方程，对于 $\hat{y}_0$ 的一个特定值 E（y_0），求出 y 的平均值的估计区间。

一般来说，估计值 $\hat{y}$ 不可能精确等于 E（y_0），因此，要想用 $\hat{y}_0$ 推测 E（y_0），必须考虑根据估计回归方程得到的 $\hat{y}_0$ 的方差，对于给定的 x_0，统计学家给出了估计 $\hat{y}_0$ 方差的公式，用 $s_{\hat{y}_0}^2$ 表示 $\hat{y}_0$ 方差的估计量，其计算公式为：

$$s_{\hat{y}_0}^2 = s_y^2 \left[\frac{1}{n} + \frac{(x_0-\overline{x})^2}{\sum (x-\overline{x})^2} \right]$$

$\hat{y}_0$ 标准差的估计量的计算公式为：$s_{\hat{y}_0} = s_y \sqrt{\dfrac{1}{n} + \dfrac{(x_0-\overline{x})^2}{\sum (x-\overline{x})^2}}$

因此，对于给定 x_0，E（y_0）在 $1-\alpha$ 置信水平下的置信区间可表示为：

$$\hat{y}_0 \pm t_{\frac{\alpha}{2}} (n-2) \, s_y \sqrt{\frac{1}{n} + \frac{(x_0-\overline{x})^2}{\sum (x-\overline{x})^2}}$$

【例9】　根据例3得出的估计方程，当固定资产投资额为 60000 万元，建立钢铁产量 95% 的置信区间。

解：根据前面计算的结果，已知 $n=10$，$s_y=7.32$，当 $\alpha=1-95\%$ 时，查表 $t_{\frac{\alpha}{2}}$（$n-2$）$=2.306$

当 $x=60000$，E（y_0）$=51.14+0.000892 \times 60000=104.66$（吨）

则 E（y_0）的置信区间：

$$\hat{y}_0 \pm t_{\frac{\alpha}{2}} (n-2) s_y \sqrt{\frac{1}{n} + \frac{(x_0 - \overline{x})^2}{\sum (x - \overline{x})^2}}$$

$$= 104.66 \pm 2.306 \times 7.32 \sqrt{\frac{1}{10} + \frac{(60000 - 23976.2)^2}{2346656422}} = 104.66 \pm 13.64$$

即　　　　　　　　　　　　$91.02 \leqslant E (y_0) \leqslant 118.30$

结论：当固定资产投资额为 60000 万元，在 95％的置信水平下钢铁产量的平均值在 91.02 吨～118.30 吨之间。

（2）预测区间估计

它是指利用估计回归方程，对于 x 的一个特定值 x_0，求出 y 的一个个别值的估计区间。

同样，为了求出预测区间，必须先知道用于估计的方差。统计学家已经给出了 y 的一个个别值 $\hat{y}_0$ 的方差估计量，用 s_1^2 表示，其公式为：

$$s_1^2 = s_y^2 + s_{\hat{y}_0}^2 = s_y^2 + s_y^2 \left[\frac{1}{n} + \frac{(x_0 - \overline{x})^2}{\sum (x - \overline{x})^2}\right] = s_y^2 \left[1 + \frac{1}{n} + \frac{(x_0 - \overline{x})^2}{\sum (x - \overline{x})^2}\right]$$

y 的一个个别值 $\hat{y}_0$ 的标准差估计量为 $s_1 = s_y \sqrt{1 + \dfrac{1}{n} + \dfrac{(x_0 - \overline{x})^2}{\sum (x - \overline{x})^2}}$

因此，对于给定 x_0，$\hat{y}_0$ 在 $1-\alpha$ 置信水平下的预测区间可表示为：

$$\hat{y}_0 \pm t_{\frac{\alpha}{2}} (n-2) s_y \sqrt{1 + \frac{1}{n} + \frac{(x_0 - \overline{x})^2}{\sum (x - \overline{x})^2}}$$

【例 10】　　根据例 3 得出的估计方程，当固定资产投资额为 21789 万元，建立钢铁产量 95％的预测区间。

解：根据前面计算的结果，已知 $n=10$，$s_y=7.32$，查表 $t_{\frac{\alpha}{2}}=2.306$

当 $x=21789$，$\hat{y}_0=51.14+0.000892 \times 21789=70.58$ （吨）

则 $\hat{y}_0$ 的置信区间：

$$\hat{y}_0 \pm t_{\frac{\alpha}{2}} (n-2) s_y \sqrt{1 + \frac{1}{n} + \frac{(x_0 - \overline{x})^2}{\sum (x - \overline{x})^2}}$$

$$70.58 \pm 2.306 \times 7.32 \sqrt{1 + \frac{1}{10} + \frac{(60000 - 23976.2)^2}{2346656422}} = 70.58 \pm 17.72$$

即　　　　　　　　　　　　$48.88 \leqslant \hat{y}_0 \leqslant 92.28$

结论：当固定资产投资额为 21789 万元，在 95％的置信水平下钢铁产量的预测区间在 48.88 吨～92.28 吨之间。

由上可知，两个区间的宽度是不太一样的，个别值的预测区间要宽一些，说明估计的平均值比预测的一个特定值或个别值更精确。

二、多元线性回归分析

一元线性回归反映的是某一因变量与一个自变量之间的关系。在实际问题中，和某一因变量有关的往往不止一个，而是很多个。例如，一个工业企业利润的多少，受总产值的影响同时也受成本、价格等因素的影响；一种商品的销售量，除受这种商品的价格影响外，还受居民收入、代用品及其他有关商品价格，广告费的影响。研究一个因变量与多个自变量之间的定量关系问题称为多元线性回归或复回归。多元回归分析分为多元线性回归与非多元线性回归。我们着重讨论多元线性回归问题。

（一）多元线性回归方程的建立

当因变量 y 与自变量 x_1、x_2、$x_3 \cdots x_p$ 之间存在着线性关系，则多元回归方程可写为：

$$\hat{y} = a_0 + a_1 x_1 + a_2 x_2 + \cdots + a_p x_p$$

式中：a_0 为常数项；a_j（$j = 1, 2 \cdots p$）分别为 y 对 x_1、x_2、$x_3 \cdots x_p$ 的回归系数；$\hat{y}$ 为多元回归估计值。

在多元回归方程中，y 对某一自变量的回归系数表示当其他子变量都固定时，该自变量变化一个单位而使 y 平均改变的数值，也称为偏回归系数。和研究一元回归时的情形相似，求 a_0，a_1，a_2，$\cdots$，a_p 的值，仍采用最小平方法。

首先，将多元回归方程变化为：

$$\overline{y} = a_0 + a_1 \overline{x}_1 + a_2 \overline{x}_2 + \cdots + a_p \overline{x}_p$$

再将 $\hat{y}$ 式与 $\overline{y}$ 式相减得：

$$\hat{y} - \overline{y} = a_1 (x_1 - \overline{x}_1) + a_2 (x_2 - \overline{x}_2) + \cdots + a_p (x_p - \overline{x}_p)$$

令
$$\hat{y}' = \hat{y} - \overline{y} \qquad y' = y - \overline{y}$$

$$x'_1 = x_1 - \overline{x}_1 \qquad x'_2 = x_2 - \overline{x}_2 \qquad x'_p = x_p - \overline{x}_p$$

根据最小平方法有：$Q = \sum (y - \hat{y})^2 = \sum [(y - \overline{y}) - (\hat{y} - \overline{y})]^2$

$$= \sum (y' - \hat{y}')^2 = \sum (y' - a_1 x'_1 - a_2 x'_2 - \cdots - a_p x'_p)^2$$

对 a_1，$a_2 \cdots a_p$ 分别求偏导数，并令函数的一阶导数等于 0，得如下标准方程组：

$$\begin{cases} \sum a_1 x'_1 x'_1 + \sum a_2 x'_2 x'_2 + \cdots + \sum a_p x'_p x'_p = \sum x'_{1y'} \\ \sum a_1 x'_2 x'_1 + \sum a_2 x'_2 x'_2 + \cdots + \sum a_p x'_2 x'_p = \sum x'_{2y'} \\ \sum a_1 x'_3 x'_1 + \sum a_2 x'_3 x'_2 + \cdots + \sum a_p x'_3 x'_p = \sum x'_{3y'} \\ \cdots\cdots \\ \sum a_1 x'_p x'_1 + \sum a_2 x'_p x'_2 + \cdots + \sum a_p x'_p x'_p = \sum x'_{py'} \end{cases}$$

若令：

$$L_{ij} = \sum (x_i - \overline{x_i})\ (x_j - \overline{x_j})$$

$$L_{iy} = \sum (x_i - \overline{x_i})\ (y - \overline{y})$$

则上述联立方程组为：

$$\begin{cases} L_{11}a_1 + L_{12}a_2 + \cdots + L_{1p}a_p = L_{1y} \\ L_{21}a_1 + L_{22}a_2 + \cdots + L_{2p}a_p = L_{2y} \\ L_{31}a_1 + L_{32}a_2 + \cdots + L_{3p}a_p = L_{3y} \\ \cdots\cdots \\ L_{p1}a_1 + L_{P2}a_2 + \cdots + L_{PP}a_p = L_{py} \end{cases}$$

根据上述联立方程可以解得回归系数 a_1，a_2，a_3，$\cdots$，a_p，再根据 $\overline{y}$ 式，于是 a_0，a_1，a_2，a_3，$\cdots$，a_p 的值可以完全求出，从而多元回归方程就可以求得了。

【例 11】 某动力厂为提高锅炉对煤气的利用度，降低对动力的消耗，采用回归分析的方法，制定出耗煤指标参数，以便及时掌握煤指标的完成情况。根据生产实际，耗煤量的大小和高炉煤气燃烧量与锅炉负荷两因素有关。现将所搜集的数据加以整理见表 8-6 所列。

表 8-6　某动力厂耗煤指标、高炉煤气燃烧量与锅炉负荷资料

序号	月份	蒸汽纯耗标煤（y）（公斤/吨）	高炉煤气燃烧量（x_1）（万立方米）	锅炉负荷（x_2）（吨）
1	一	31.00	9.19	196
2	二	33.94	10.08	202
3	三	38.70	8.46	205
4	四	33.34	9.33	209
5	五	31.35	8.44	177

（续表）

序号	月份	蒸汽纯耗标煤（y）（公斤/吨）	高炉煤气燃烧量（x_1）（万立方米）	锅炉负荷（x_2）（吨）
6	六	34.42	7.18	188
7	七	43.51	8.02	197
8	八	47.57	7.51	172
9	九	57.88	5.50	163
10	十	40.66	8.31	199
11	十一	44.88	7.88	207
12	十二	43.82	8.04	206

根据表 8-6 的数据，进行二元回归计算：

$$L_{yy} = \sum y^2 - \frac{(\sum y)^2}{n} = 19976.31 - \frac{(480.99)^2}{12} = 697.03$$

$$L_{11} = \sum x_1{}^2 - \frac{(\sum x_1{}^2)^2}{n} = 814.23 - \frac{(97.94)^2}{12} = 14.88$$

$$L_{22} = \sum x_2{}^2 - \frac{(\sum x_2)^2}{n} = 451447 - \frac{(2321)^2}{12} = 2526.92$$

$$L_{12} = \sum x_1{}^2 - \frac{(\sum x_1)(\sum x_2)}{n}$$

$$= 19074.64 - \frac{97.94 \times 2321}{12} = 131.41$$

$$L_{1y} = \sum x_1 y - \frac{(\sum x_1)(\sum y)}{n}$$

$$= 3844.95 - \frac{97.94 \times 480.99}{12} = -80.73$$

$$L_{2y} = \sum x_2 y - \frac{(\sum x_2)(\sum y)}{n}$$

$$= 92433.16 - \frac{2321 \times 480.99}{12} = -598.32$$

将 L 值代入方程：

$$L_{11}a_1 + L_{12}a_2 = -80.73$$

$$L_{21}a_1 + L_{22}a_2 = -598.32$$

求 a_1，a_2 值

$$14.88a_1 + 131.41a_2 = -80.73$$

$$131.41a_1 + 2526.92a_2 = -598.32$$

求解以上方程得：

$$a_1 = -6.1344 \qquad a_2 = 0.0807$$

求 a 值

$$a_0 = \bar{y} - a_1\bar{x}_1 - a_2\bar{x}_2 = 40.08 - (-6.1344 \times 8.16) - (0.0807 \times 198.42) = 74.12$$

则求得二元回归方程为：

$$\hat{y} = a_0 + a_1x_1 + a_2x_2 = 74.12 - 6.1344x_1 + 0.0807x_2$$

（二）估计标准差

和一元回归分析相同，估计标准差可以通过总变差的分解求得。总变差等于回归变差与剩余变差之和。可以表示为：

$$S_总 = S_回 + S_剩$$

其中

$$S_总 = L_{yy}$$

$$S_回 = \sum_{j=1}^{p} a_j L_{jy}$$

$$S_剩 = L_{yy} - \sum_{j=1}^{p} a_j L_{jy}$$

则 　　　　　　　$$S_Y = \sqrt{\frac{S_剩}{n-k-1}}$$ 　　　　其中，k 是自变量的个数。

【例 12】　试根据例 11 资料计算估计标准误差。

已知：$n = 12$，$L_{1y} = -80.73$，$L_{2y} = -598.32$，$L_{yy} = 697.03$

$$S_剩 = L_{yy} - a_1 L_{1y} - a_2 L_{2y}$$

$$= 697.03 - (-6.1344) \times (-80.73) - 0.0807 \times (-598.32) = 250.08$$

$$S_y = \sqrt{\frac{S_剩}{n-k-1}} = \sqrt{\frac{250.08}{12-2-1}} = 5.27$$

（三）多元线性回归方程显著性检验

检验 y 与 x_1，x_2，…，x_p 的线性回归关系是否显著，主要是检验回归系

数 a_1，a_2，…，a_p 是否等于零 0。因此，我们可以检验 $a_1=a_2=\cdots a_p=0$ 这一假设是否成立，检验上述假设的统计量 F 的公式为：

$$F=\frac{S_{回}/k}{S_{剩}/(n-k-1)}\sim F(k,n-k-1)$$

在显著水平 α 下，对于给定的一组数据，如果 $F>F_\alpha(k,n-k-1)$，则认为所求回归方程是显著的；否则所求方程不显著。

【例 13】　试在显著性水平 $\alpha=0.05$ 的水平下，检验根据例 11 的资料所求的回归方程是否显著。

已知：

$\hat{y}=74.12-6.1344x_1+0.0807x_2$

$S_{剩}=250.08$

$S_{回}=\sum a_j L_{jy}=(-6.1344)\times(-80.73)+0.0807\times(-598.32)$

$\quad\quad=446.95$

代入 F 的公式得：

$$F=\frac{446.95/2}{250.08/(12-2-1)}=\frac{223.475}{27.79}=8.04$$

查 F 分布表（附表 3）

$$F_{0.05}(k,n-k-1)=F_{0.05}(2,9)=4.26$$

因为 8.04＞4.26 故可认为所求回归方程是显著的。

多元线性回归与一元线性回归不同，不能满足回归方程是否显著这一结论。因为回归方程显著并不意味着每个变量 x_j（$j=1$，2，…）p 对 y 的影响都是显著的。尚需判别在所考虑的因素中，哪些是影响 y 的因素，哪些是次要因素。对于那些次要的因素，总是希望从回归方程中剔除出去，然后建立更为简单的回归方程，以利于对 y 进行预测和控制。至于如何衡量某个特定变量 x_j（$j=1$，2，…p）对 y 的影响，有兴趣的读者可以参考有关计量经济学书籍。这里不再赘述。

三、非线性回归分析

（一）非线性回归分析的意义

我们一直假定因变量和自变量之间的相关关系可以用线性方程来近似地反映。但是，现实中，非线性关系是大量存在的。在许多场合，非线性的回归函数比线性回归函数更能正确地反映客观现象之间的相互联系。

非线性回归分析必须着重解决以下两个问题：第一是如何确定非线性函数的具体形式。与线性回归分析的场合不同，非线性回归函数有多种多样的具体形式，需要选择所要研究的问题的性质并结合实际的样本观测值做出恰当的选择。第二是如何估计函数中的参数。非线性回归分析最常用的方法仍然是最小二乘估计法。但需要根据函数的不同类型，作恰当的处理。

简单线性函数、抛物线函数和双曲线函数都是一元多项式的特例。当所涉及的自变量在两个以上时，所采用的多项式成为多元多项式。例如，二元二次多项式的形式如下：

$$Y = b_0 + b_1 X + b_2 X_2 + b_3 X_1 X_2 + b_4 X_1{}^2 + b_5 X_2{}^2$$

一般来说，涉及的变量越多，变量的幂次越高，计算量就越大。因此，在实际的经济定量分析中，一般尽量避免采用多元高次多项式。

（二）非线性回归模型的估计

许多具有实用价值的非线性回归函数，可以通过适当的变换，转化为线性回归函数，然后再利用线性回归分析的方法进行估计和检验。常用的非线性函数的线性变换方法有以下几种：

1. 倒数变换

倒数变换是用新的变量来替换原模型中变量的倒数，从而使原模型变成线性模型的一种方法。例如，对于双曲线函数，$X^* = 1/X$ 代入原方程式，可有：$Y = a + bX^*$。

2. 半对数变换

这种方法主要应用于对数函数的线性变换。对于对数函数，令 $X^* = \ln X$，代入原方程，同样可得：$Y = a + bX^*$。

3. 双对数变换

这种方法通过用新变量替换原模型中变量的对数，从而使原模型变换为线性模型。例如，对幂函数 $Y = aX^{b_1} \cdot X^{b_2} \cdots X^{b_k}$ 的两边求对数，可得：

$$\ln Y = \ln a + b_1 \ln X_1 + b_2 \ln X_2 + \cdots + b_k \ln X_k$$

令　　　　　$Y^* = \ln Y;\ b_0 = \ln a;\ X_1^* = \ln X_1, \cdots, X_k^* = \ln X_k$

代入原方程，可得：

$$Y = b_1 + b_2 X_2^* + b_3 X_3^* + b_4 X_4^* + b_5 X_5^* + b_6 X_6^*$$

以上所述的线性变换方法具有简单易行的优点。但是，在实际应用时要注意以下几个问题：

第一，对于一些复杂的非线性函数，常常需要综合利用上述的几种方法。例如，对于逻辑曲线函数，若假定 $L=100$，则可以采用以下方式进行线性变换。

首先，$Y=\dfrac{100}{1+ae^{-bx}}$ 式两边同时取倒数，可得：

$$\frac{1}{Y}=\frac{1+ae^{-bx}}{100}$$

进而又有：

$$100/Y-1=ae^{-bx}$$

上式两边取对数，可得：

$$\ln\ (100/Y-1)\ =\ln a-bX$$

令 $\qquad\qquad Y^*=\ln\ (100/Y-1)$；$b_1=\ln a$；$b_2=-b$

代入上式，可得：

$$Y^*=b_1+b_2X$$

在以上变换过程中，综合利用了倒数变换和对数变换。

第二，为了能够根据样本观测值，对通过变换得到的线性回归方程式进行估计，该方程式中的所有变量都不允许包含未知的参数。例如，如果 L 未知，上面所述的逻辑曲线方程的线性变换就是不正确的。这是因为这种情况下，Y^* 包含了未知的 L，因而是不可观测的。

第三，在以上的讨论中，为了叙述方便，我们省略了非线性回归函数中包含的随机误差项。但事实上与线性回归分析的场合一样，非线性回归分析也要考虑随机误差项的问题。只有当变换后的新模型中包含的误差项能够满足各种标准假定时，新模型中回归系数最小二乘估计量的各种理想性质才能成立。

第四，严格地说，上述的各种线性变换方法只是适用于变量为非线性的函数。对于参数为非线性或参数与变量均为非线性的函数来说，即使有可能进行线性变换和回归估计，也无法得到原方程中非线性参数的无偏估计量。

最后，并不是所有的非线性函数都可以通过变换得到与原方程完全等价的线性方程。在遇到这种情况时，还需要利用其他一些方法如泰勒级数展开法等去进行估计。由于这些方法比较复杂，超出了本书的研究范围，这里不作进一步的介绍。

复习思考题

1. 什么是单相关、复相关和偏相关？什么是线性相关和非线性相关？请各举一例说明。

2. 什么是回归分析？什么是相关分析？它们之间有何联系和区别？

3. 设销售收入 X 为自变量，销售成本 Y 为因变量。现已根据某百货公司 12 个月的有关资料，计算出以下数据：（单位：万元）

$$\sum(X_t-\overline{X})^2=425053.73；\ \overline{X}=647.88$$

$$\sum(Y_t-\overline{Y})^2=262855.25；\ \overline{Y}=549.8$$

$$\sum(X_t-\overline{X})(Y_t-\overline{Y})=334229.09$$

试利用以上数据

（1）拟合简单线性回归方程，并对方程中回归系数的经济意义做出解释；

（2）计算可决系数和回归估计的标准误差；

（3）假定明年 1 月销售收入为 800 万元，利用拟合的回归方程，预测相应的销售成本，并给出置信度为 95% 的预测区间。

4. 某种产品的产量与单位成本的资料如下：

产量（千件）x	单位成本（元/件）y
2	73
3	72
4	71
3	73
4	69
5	68

要求：（1）计算相关系数 r，判断其相关程度；

（2）建立直线回归方程；

（3）指出产量每增加 1000 件时，单位成本平均下降了多少元。

5. 设有以下资料

表 8-7　某企业近年来总成本与产量

年　份	总成本 Y	产量 X	年　份	总成本 Y	产量 X
1	32900	400	7	86300	900
2	52400	600	8	139000	1200
3	42400	500	9	115700	1100
4	62900	700	10	154800	1300
5	74100	800	11	178700	1400
6	100000	1000	12	203100	1500

（1）试拟合以下总成本函数

$$Y_t = \beta_1 + \beta_2 X_t + \beta_3 X_t^2 + \beta_4 X_t^3 + u_t;$$

（2）根据总成本函数推导出平均成本函数，并描出平均成本函数的图形；

（3）试根据以上结果推算总产量为 1350 时的单位产品平均成本。

6. 设某公司下属十个门市部有关资料如下：

门市部编号	职工平均销售额（万元）	流通费用水平（%）	销售利润率（%）
1	6	2.8	12.6
2	5	3.3	10.4
3	8	1.8	18.5
4	1	7.0	3.0
5	4	3.9	8.1
6	7	2.1	16.3
7	6	2.9	12.3
8	3	4.1	6.2
9	3	4.2	6.6
10	7	2.5	16.8

（1）确立适宜的回归模型；

（2）计算有关指标，判断这三种经济现象之间的相关紧密程度。

7. 设有两位评酒员对 10 种品牌白酒的主观排序资料：

白酒种类	1	2	3	4	5	6	7	8	9	10
评酒员甲排序	7	1	5	6	8	9	4	3	10	2
评酒员乙排序	6	3	2	4	9	10	8	5	7	1

试问两位评酒员的评审顺序是否具有一定的相关？（按 5% 的额显著性水平检验）

第九章　统计预测与决策

第一节　统 计 预 测

一、统计预测的含义

（一）统计预测的概念

预测是人们根据事物之间的相互联系、事物发展的历史及显示资料，利用已经掌握的科学知识和手段，对客观事物的未来发展状况或趋势进行事前分析和推断的科学与艺术。预测的科学性在于它有科学基础，包括理论、资料、方法、计算等因素，依赖于对客观经济规律的认识和掌握。预测的艺术特征在于它依赖于预测者提出假设、选择方法、利用资料的技巧和运用自己的学识、经验、获得的情报进行判断的能力。预测的目的在于为制订计划或进行决策提供客观依据。

预测意识，古而有之。古代谚语"人无远虑，必有近忧"，"凡事预则立，不预则废"就是人们在生活中重视预测的最好说明。但是，由于受知识和认识手段的限制，古代的预测主要是依靠主观经验以及直观的分析，借助一些先兆信息加以推断，有时甚至会出现一些错误的判断和迷信的东西。进入 20 世纪 30、40 年代，随着科学技术的发展，认识手段的不断丰富，人们在越来越重视把现代知识以及先进的认识手段与预测过程进行结合，把预测的前提、预测的过程、预测的结论都建立在科学认识的基础上，于是预测才逐渐成为一门独立的学科，在经济、社会、科技各个领域都得到广泛的应用，并得到了迅速的发展。

统计预测就是以实际的调查统计资料为依据，运用统计方法，揭示现象的变化特征和数量关系，并对其未来的发展变化进行定量的估计、推算和预测。如何运用科学的统计方法对事物的未来发展进行定量推测，并计算概率置信区间，是统计预测的重点。

（二）统计预测的分类

根据研究方法，统计预测可分为定性预测法和定量预测法两类。

1. 定性预测法

定性预测法是利用已有的主观认识经验和逻辑判断与推理方法为主，对事物未来发展状况与趋势进行的推测和判断。定性预测法一般用于缺乏历史统计资料或者历史统计资料不全时，而更多地需要专家经验的情况进行预测，如新产品销售情况的预测，新技术发展趋势的预测等。常用的定性预测法有：德尔菲法，主观概率法，领导指示法等。

2. 定量预测法

该方法是依据市场调查所得的比较完备的统计资料运用数学特别是数理统计方法，建立数学模型，用以预测经济现象未来数量表现的方法的总称。定量预测方法大致可分为两类：因果关系预测法和时间序列预测法。

（1）因果关系预测法。它是把客观事物之间内在的因果关系，转换成一种数学语言，找出自变量和因变量，用一种近似的函数关系表示出来，并依靠历史统计数据，建立相应的数学模型（因果模型），然后根据自变量的数量变化预测因变量变化的预测方法。因果关系预测比较适用于事物之间的因果关系清晰，而且又具备比较全面的横向统计数据资料的情况。根据反映因果关系的方程多少不同，因果关系预测主要有单方程的因果回归模型，联立方程的经济计量模型等。

（2）时间序列预测法。它是把客观事物发展自身的内在动力或惯性趋势，转换成一种数学语言，用不同时期或时点上的变量间变化关系表示出来，考察变量随时间的发展变化规律，用变量以往的纵向统计资料建立数学模型（时序模型）进行外推预测的方法。时间序列预测法使用于客观事物发展内在趋势明确，又具有纵向统计资料的情况。时间序列预测法主要有指数平滑预测法、趋势线预测法等。

特别说明的是，将多种预测方法有机结合在一起的组合预测，在实际应用中越来越广泛。由于预测对象本身的复杂，以及单一预测方法的局限性，加之预测软件的广泛应用，使得多种预测方法的组合运用既具必要性，又具可行性。通常组合预测有定性预测与定量预测的组合运用，或者多种定量预测方法的组合应用。组合预测可以发挥各种预测方法的优点，避免其局限性，可以提供多种预测结果和预测精度，供预测者从中进行最优选择。

此外，按照预测对象的不同，统计预测可分为经济预测、社会预测、科学预测、技术预测和军事预测等；按照预测时效的不同，可分为长期预测、中期预测和短期预测；按照预测的空间范围不同，可分为微观预测、中观预测和宏观预测。

二、统计预测方法

（一）定性预测法

1. 定性预测法的概念

定性预测法也称为直观判断法，是预测者凭借自己的知识、经验和综合能力，对某种现象或事物未来发展趋势的预测方法。这是一种传统的预测方法，早在商品经济还不发达的古代和中世纪，人们就主要依靠个人经验来对现象或事物的未来进行预测。在现在商品经济十分发达、市场范围日益扩大的情况下，尽管统计、数学方法和电子计算机在预测领域中得到广泛应用，定性预测法在统计预测中仍然占有重要地位。定性预测法从个人的主观判断方法来说，主要有相关推断法、对比类推法、扩散指数法等；运用集体经验做出推断的方法，有专家会议法、头脑风暴法、德尔菲法等。

2. 定性预测法的优缺点

定性预测法的优点在于：（1）经验是感性和理性的综合，它来自实践，实践出真知，经验判断具有一定的科学性。运用定性预测法，要求预测者凭借对客观现象规律的认识，对未来事物做出推断。这种预测推断能否接近未来客观实际，在很大程度上取决于预测者的知识、业务水平和分析能力，以及能否掌握有关预测目标的丰富资料。具备了这些条件就能取得较好的预测结果。（2）简便易行。一般地说，人们都可以依据自己的知识经验，运用定性预测法做出预测。在统计预测工作中运用定性预测法，有利于走群众路线，集中群众智慧，打破预测的神秘感。（3）定性预测法的运用有赖于人的智力活动。人的智力活动能够对客观事物进行分析和综合，并且能识别模糊现象，做出正确的判断和推理。事物的变化十分错综复杂，有的难以计算，有的呈现模糊性，只有依靠定性预测，才能对它的发展趋向给出统计预测。所以，不论在运用统计、数学方法建立预测模型时，或者在对预测方案进行评价和选择时，都需要运用定性预测法。

定性预测法缺点在于：（1）用于定量往往欠精确。定性预测法一般用于定性预测效果较好。当然它也可以用来定量，对预测值做出主观估计。但由于人脑记忆大量数字的能力一般较差，对复杂的数量变动关系直接凭经验较难掌握，如果不运用统计分析和数学模型，定量往往不能精确。（2）运用主观判断法易受心理、情绪影响，产生主观片面性。预测者的个性和情绪，有时也会对定性预测法的运用带来不利影响。性格开朗，敢于冒险的预测者，有时会对事物未来发展趋向做出过于乐观的估计；反之，具有稳定性格的预测者，有时会做出过于保守的估计。（3）个人经验判断有一定的局限性。即使是集体判断，也难免有局限性，因为集体判断的基础仍然是个人经验判断。

（二）数学模型法

1. 数学模型法的概念

数学模型法是指依据数据资料，利用数学模型近似地揭示出预测对象的数量变动关系，并据此对预测目标做出定量测算的预测方法。

随着社会经济统计和数理统计的不断发展以及数学方法和电子计算机技术在社会各个领域中的应用，数学模型法在统计预测中日益为人们所重视，它在定量预测中发挥着重要的作用。

　　这种预测方法可分为两大类：一类是依据连续性原理，以利用时间数列分析预测目标发展趋势为主的时间序列分析预测法；另一类是依据因果性原理，以分析预测目标同其他相关事物、现象之间的因果联系为主的因果分析预测法。前者主要包括平均法、趋势外推法、指数平滑法、季节指数预测法、自回归—移动平均法、平稳时序预测法等。后者主要包括回归分析预测法、投入产出法、计量经济模型法等。

　　2. 数学模型法的优缺点

　　该方法的优点在于：（1）运用这个方法所建立起来的数学模型，在一定条件下，能近似地反映客观事物数量变动的规律性。（2）相对来说，运用数学模型法所预测得到的预测值，定量比较精确，而且在某种程度上，可以指明预测可能发生误差的范围。（3）可以利用历史数据资料进行预测。为了及时提出预测方案，在没有充分时间进行调查的情况下，可以运用这个方法，直接以历史数据代入数学模型，得出预测值。

　　其缺点在于：（1）利用数学模型进行预测具有一定的局限性。社会事物和现象错综复杂，不可能把所有变动因素纳入模型。某些现象又难以定量，因而它所模拟的预测对象的数量变动关系不一定精确。而且数学模型只在一定条件下才能运用，如果影响预测目标的客观条件起了较大变化，用原来的数学模型预测就会发生很大失误。（2）用数学模型法进行统计预测，需要完整而又可靠的数据。获得有关数据的难度较大、工作量大。某些数学模型从经济分析角度说，可以较好地反映客观事物的实际变动情况。但由于所需大量可靠的数据难以取得，或者取得数据的成本过高，以至无法应用。（3）使用某些比较复杂的数学模型，要求预测人员有一定的数学修养，对于复杂的数学模型又必须应用电子计算机计算。如果不具备这些前提条件，数学模型法在实际工作中的应用将受到一定的限制。

　　预测方法是完成统计预测任务的手段，各种方法都有它的适应性。定性预测法与数学模型法各有所长，在实际的统计工作中往往把两者结合起来使用，相互渗透。从以往的统计预测实践经验来看，把这两种方法结合起来运用，肯定能提高预测质量，使预测结果更接近客观实际。

第二节　统　计　决　策

一、统计决策含义及分类

（一）统计决策含义

　　决策理论是 1939 年由统计学家 A. 瓦尔特作为假设检验和参数估计等经典统计理论的普遍化而提出来的。1950 年他将这种理论设计成为普遍的数学框架，消除了理论上的基本缺陷，在不确定性的情况下，把统计问题看作是统计人员与大自然的博弈，扩大了统计的应用范围。

一般说来，统计决策有广义和狭义之分，凡是应用统计方法进行的决策称为广义的统计决策。狭义的统计决策是指在不确定情况下的决策。凡是符合以下四个条件的决策，即可称为狭义的统计决策：（1）决策人要求达到的一定目标，如利润最大，损失最小，质量最高等。从不同的目的出发往往有不同的决策标准。（2）存在两个或者两个以上可供选择的方案，所有的方案构成一个方案的集合。（3）存在不以决策人的主观意志为转移的客观状态，或称为自然状态。所有可能出现的自然状态构成状态空间。（4）在不同情况下采取不同方案所产生的结果是可以计量的，所有的结果构成一个结果空间。

（二）统计决策的分类

1. 按决策时掌握信息的完备程度，可分为确定型决策、不确定型决策和风险型决策

确定型决策是指决策者已经完全确切地知道所有可能发生的各类自然状态，并在既定的状态下选择其中最佳的行动方案，它的处理方法多是以运筹学为基础的规划方法。

不确定型决策是指由于存在不可控因素，一个方案可能有几种不同的结果，而对各种可能结果又缺乏客观概率作根据，在这种不确定情况下所做的决策。

风险型决策是指虽然存在不可控因素，以及一个方案可能出现几种不同结果的情况，但各种结果出现的概率已知，而实际决策时出现何种结果是未定的，需要承担一定风险做出决策。

2. 按决策方法的形式，可分为表格作业决策、图形作业决策和数学模型决策

表格作业决策是以统计表格的形式，如相关表、矩阵表、账户表等显示反映决策全过程的决策方法。

图形作业决策是利用各类统计图形，如坐标图、结构图、流程图等进行统计决策的方法。

数学模型决策是利用经济数学模型，如投入产出模型、计量经济模型、概率统计模型等现代数学方法进行的统计决策。

3. 按决策目标，可分为单目标决策和多目标决策

单目标决策是指只围绕单一目标进行的决策。如某项只是为了追求利润最大化而进行的决策。

多目标决策是指同时考虑两个或两个以上的目标而进行的决策。如既要考虑利润最大，又要考虑生产设备、原材料供应等因素的决策。

4. 按照问题的性质，可分为程序化决策和非程序化决策

程序化决策也称为结构化决策，是针对经常出现、具有某种规律的问题做

出的决策。解决这类问题通常可按其规律明确决策程序，建立相应决策规则，遇到同类问题出现时便可重复应用决策规则妥善处理。

非程序化决策也称非结构化决策，是指针对偶然出现的特殊性问题或首次出现的情况或问题做出决策。解决这类问题一般没有一定的规则，需要创造性思维才能加以解决。且愈是高层的决策，非程序化决策越多。

5. 按照决策涉及的范围，可分为总体决策和局部决策

总体决策是涉及各个重要方面的决策，如卫生保健制度的宏观战略和医疗保险方案的实施计划等，它决定着卫生保健事业的发展方向、行动纲领和保障目标，是卫生事业全局性的决策。

局部决策是指仅涉及个别对象或个别方面的决策，如药品的销售决策、医院的财务决策、物质技术设备的技术改革决策等。局部决策是总体决策的组成部分，是一定时期内实现总体决策的手段。

6. 按照决策过程是否运用数学模型来辅助决策，可分为定性决策和定量决策

定性决策主要在于对决策问题质的把握，其决策变量、状态变量及目标函数等无法从数量上来刻画，只能做抽象的概括或定性的描述，如组织机构设置的优化、人事决策、选择目标市场等都属此类。

定量决策主要是对决策问题量的刻画，这类决策问题中的决策变量、状态变量、目标函数都可以用数量来表示，决策过程中运用数学模型来辅助人们寻求满意决策方案，如医院内部的药品库存控制决策、成本计划、医院的床位设置和提供服务的种类等。不过，定性和定量的划分是相对的。实际决策分析中，在定量分析之前，往往要进行定性分析；而对一些定性分析问题，也尽可能使用各种方式将其转化为定量分析，如考评干部德、才及能力时，可采取层次分析的方法或者利用模糊数学方法进行评判。定性和定量分析结合使用，可以提高决策的科学性。

7. 按照决策采用的统计理论可分为传统决策和贝叶斯决策

传统决策是指根据样本的结果来推断总体，如假设检验中根据统计量的估计值做出拒绝还是接受原假设的结论，不考虑任何主观的先验信息。

贝叶斯决策则是主张利用主观的先验信息，广义上说，管理决策通常都应用先验信息，均可称为贝叶斯决策。而狭义的贝叶斯决策则是指将样本信息与先验信息相结合，利用贝叶斯的后验概率公式所作的决策。

（三）统计决策的构成要素

决策者是指决策是一项系统工程，组成决策系统的基本因素有如下四个：决策主体、体现决策主体利益和愿望的决策目标、决策的对象以及决策所处的环境。

决策是由人做出的，人是决策的主体，决策主体既可以个人，也可以是一

个组织——由决策者所构成的系统。决策者进行决策的客观条件是其必须具有判断、选择和决断的能力，承担决策后果的法定责任。决策是围绕着目标展开的，决策的开端是确定目标，终端是实现目标。决策目标既体现主体的主观意志，又反映了客观现实，没有决策目标就没有决策。

决策对象是决策的客体。决策对象涉及的领域十分广泛，可以包括人类活动的各个方面。决策对象具有一个共同点：人可以对决策对象施加影响。凡是人的行为不能施加影响的事物，不作为决策的对象。

决策环境是指相对于主体、构成主体存在条件的物质实体或社会文化要素。决策不是在一个孤立的封闭系统中进行的，而是依存于一定环境，同环境进行物质、能量和信息交换。

决策系统与环境构成一个密不可分的整体，它们之间相互影响、相互制约、息息相关。

统计决策有广义和狭义之分。凡是使用统计方法进行决策的方法称为广义的统计决策。

（四）统计决策的原则

每次统计决策的做出，都必须遵循以下三个原则：

1. 可行性原则

决策是为实现某个目标而采取的行动。决策是手段，实施决策方案并取得预期效果才是目的。因此，决策的首要原则是：提供给决策者选择的每一个方案在技术上、资源条件上必须是可行的。对于卫生管理决策来说，提供决策选择的方案都要考虑卫生服务机构在主观、客观、技术、经济等方面是否具备实施的条件。如果某一方面尚不具备，就要考虑能否创造条件使之具备。只有具备条件，或是一时未充分具备，但通过努力确实可行的方案，提供决策选择才是有意义的。

2. 经济性原则

这是指通过多种方案的分析比较，所选定的决策方案应具有较明显的经济性。实施这一方案比采取其他方案能获得更好的经济效益或免受更大的亏损风险。经济性原则也叫最优化原则。

3. 合理性原则

决策方案的确定，需要通过多方案的分析、比较。定量分析有其反映事物本质的可靠性和确定性的一面，但也有其局限性和不足的一面。当决策变量多、约束条件变化大、问题复杂时，要取得定量分析的最优结果往往需要耗费大量的人力、费用或时间。同时，有些因素（如对于社会的、政治的、心理的和行为的因素）虽不能或较难进行定量分析，但对事物的发展却具有举足轻重的影响。因此在进行定量分析的同时，也不能忽略定性分析的作用。定量分析与定性分析相结合，要求人们在选择决策方案时，不一定费力去寻求经济上

"最优"的方案，而是兼顾定量与定性的要求，选择使人们满意的方案。也就是说，在某些情况下，应该以令人满意的合理性准则，代替经济上的最优准则。

（五）统计决策的步骤

一个完整的统计决策过程，必须经历以下四个步骤：

1. 确定决策目标

确定决策目标是决策的重要一步，没有决策目标，也就不存在决策。所谓决策目标是指在一定的环境和条件下，在预测的基础上所希望达到的结果，确定目标首先要确定问题的特点、范围，其次要分析问题产生的原因，同时还应搜集与确定目标相关的信息，然后确定合理的目标。

2. 拟定备选方案

目标确定后，接下来的工作就是分析目标实现的可能途径，即拟定备选方案。拟定备选方案必须广泛搜集与决策对象及环境有关的信息，并从多角度预测各种可能达到目标的途径及每一途径的可能后果。

拟定备选方案也是一个创新过程，决策者应扩展思路，既要充分发挥经验知识的作用，又要充分发挥人的想象力和创造力，力图从新的角度、新的视野去看待决策问题，以期拟定新颖的决策方案。

3. 方案选择

方案选择是指对几种可行备选方案进行评价比较和选择，形成一个最佳行动方案的过程。在评价分析中，要根据预定的决策目标和所建立的价值标准，确定方案的评价要素、评价标准和评价方法，有时还要作一些敏感性分析。此外，在选择方案时，除备选方案原型以外，也可以是某一方案的修正方案或综合几个备选方案而得出的新的方案。在条件允许的情况下，评价过程应尽可能进行典型试验或运用计算机对有关方案进行模拟试验。

4. 方案实施

方案确定后，就应当组织人力、物力及财力资源，实施决策方案。在决策实施过程中，决策机构必须加强监督，及时将实施过程的信息反馈给决策制定者，当发现偏差时，应及时采取措施予以纠正。如果决策实施情况出乎意料，或者环境状态发生重大变化，应暂停实施决策，重新审查决策目标及决策方案，通过修正目标或者更换决策方案来适应客观形势的变化。实施方案应具有灵活性。

二、统计决策方法

（一）多目标决策方法

统计决策中的目的通常不会只有一个，以学校管理的决策为例，学校不仅要本着"教书育人"的原则实现应有的社会效益；同时，在市场经济条件下为了自身的发展和教育的进步，还要兼顾应有的经济效益。很难想象，一个只讲社会效益不注意合理利用有限的教育资源、降低教育成本，或是只追求经济效益，不顾教育事业的根本任务和自身形象的学校，在一个现代化的社会中如何生存下去。这时的学校管理工作需要面对多目标的决策问题。

多目标决策具有两个较明显的特点：

1. 目标之间没有一个统一的标准，如提高经济效益与加强学校学风建设，经济效益提高可以用成本与效益指标来衡量，而学风的好坏则不能用成本效益指标来衡量。因此，不同的目标之间难以进行比较。

2. 目标之间的矛盾性。某一目标的改善往往会损害其他目标的实现，如降低成本与提供优质的学习环境之间，学习条件的改善必然导致学校教学成本的增加。

常用的多目标决策的目标体系可以分为三类：

1. 单层目标体系。即各目标同属于总目标之下，各目标之间是并列的关系。

2. 树型多层目标体系。即目标分为多层，每个下层目标都隶属于一个而且只隶属于一个上层目标，下层目标是对上层目标更具体的说明。

3. 非树型多层目标体系。即目标分为多层，每个下层目标隶属于某几个上层目标（至少有一个下层目标隶属于不止一个上层目标）。

处理多目标决策问题，一般遵循两个原则：

1. 在满足决策需要的条件下，尽量减少目标个数。常用的方法有：

（1）除去从属目标，归并类似目标；

（2）把那些只要求达到一般标准而不要求达到最优的目标降为约束条件；

（3）采取综合方法将能归并的目标用一个综合指数来反映。

2. 分析各目标重要性的大小、优劣程度，分别赋予不同的权数。将注意力首先集中到必须达到而且重要性大的目标，然后再考虑次要目标。

多目标决策问题一般属于复杂系统的决策问题，解决这种问题是目前决策领域仍在探索的较前沿的领域，现较为成熟的方法有多属性效用理论、字典序数法、多目标规划、层次分析等。

1. 多属性效用理论是反映决策者对备选方案属性偏好程度的一种多目标决策理论。它利用决策者的偏好信息，构造一个多属性效用函数，以更加准确地反映决策者对后果的偏好，并通过使多属性效用问题转变成单值问题，使求解更加简便。

2. 字典序数法的基本概念比较简单。决策者首先对目标按重要性分等级，用最重要的目标对各方案进行筛选，保留满足此目标的那些方案，然后再用次重要目标对各方案进行筛选。如此反复进行，直至剩下最后一个方案，此方案即为该决策问题的决策方案。

3. 多目标规划是规划方法的一个分支，是在给定的约束条件下，使目标值与实际所能达到的值之间偏差最小。多目标规划中通常没有决策变量，只有目标的正负偏差量，多目标规划的真正价值在于按照决策者的目标优先次序，求解存在矛盾的多目标决策问题。多目标规划可广泛地应用于生产计划、财务决策、市场销售、行政管理、学校管理、医院医疗护理计划以及政府决策分析等许多方面。

4. 层次分析法的基本思想是把复杂问题分解为若干层次，在最低层次通过两两对比得出各因素的权重，通过由低到高的层层分析计算，最后计算出各方案对总目标的权数，权数最大的方案即为最优方案。

（二）风险型决策方法

所谓风险型决策，是根据预测各种事件可能发生的先验概率，然后再采用期望效果最好的方案作为最优方案。因而，这种决策具有一定的风险性。所谓先验概率，就是根据过去经验或主观判断而形成的对各自然状态的风险程度的测算值。

风险型决策具有以下五个方面的基本特征：

1. 有明确的决策目标；

2. 存在着不以决策者的意志为转移的两种以上的自然状态；

3. 具有可供决策者选择的两个以上的行动方案；

4. 可以计算出不同行动方案在不同自然状态下的可能结果；

5. 可以估计出各种自然状态下出现的概率。

例如，有一所医院要购买一台大型仪器，如购买后达到预期的使用人次数的话，则一年内会盈利 140 万元；若购买后达不到预期的使用人次数的话，则一年中的损失会有 120 万元，而不购买这台仪器，则每年因使用别的医院的仪器而损失 20 万元。据预测，达到预期使用人次数的概率（先验概率）是 0.6，达不到预期使用人次数的概率是 0.4。医院管理的决策者所面临的风险是若购买仪器，可能使用的病人不多，会蒙受损失；若不购买仪器，则可能会有预期的使用人次数使用别的医院的仪器，也会蒙受损失。又如，某药店进一批感冒药，如果今年流感暴发的趋势与以前差不多，则这批药品就会为该药店创造一定的效益；若今年的流感暴发趋势有所控制，则这批药品就会积压，除了部分药品自然损耗带来的损失外，还有资金积压造成的损失。这两个例子告诉我们，决策者采取的任一行动方案都会遇到两个或两个以上自然状态所引起的不同结果，这些结果出现的机会是用各种自然状态出现的概率（先验概率）来表示的。

上述的两个例子都属于风险决策问题，解决这类问题中常用的方法有：以期望值为标准的决策方法、以等概率（合理性）为标准的决策方法和以最大可能性为标准的决策方法。鉴于这些方法的内容较多，本书中不作详细讲解，有兴趣的读者可参考统计预测和决策的书籍。

（三）贝叶斯决策方法

风险型方法，是根据预测各种事件可能发生的先验概率，然后再采用期望值标准或最可能性标准来选择最佳决策方案。这样的决策具有一定的风险性。因为先验概率是根据历年资料或主观判断所确定的概率，未经试验证实。为了减少这种风险，需要较准确地掌握和计算这些先验概率。这就要通过科学试验、调查、统计分析等方法获得较为准确的情报信息以修正先验概率，并以此确定各个方案的期望损益值，拟定出可供选择的决策方案，协助决策者做出正确的决策。一般来说，利用贝叶斯定理求得后验概率，据以进行决策的方法，为贝叶斯决策方法。贝叶斯定理是对概率运算和风险决策非常有用的定理，它实质上是对条件概率的陈述。

在已具备先验概率情况下，贝叶斯决策过程包括以下几个步骤：

1. 进行预后验分析（pre-posterior analysis），决定是否值得搜集补充资料以及从补充资料能得到的结果和如何决定最优对策；

2. 搜集补充资料，取得条件概率，包括历史概率和逻辑概率，对历史概率要加以检验，辨明其是否适合计算后验概率；

3. 用概率的乘法定理计算联合概率，用概率的加法定理计算边际概率（marginal probability），用贝叶斯定理计算后验概率；

4. 用后验概率进行决策分析。

贝叶斯决策方法的优点主要有以下几个方面：

1. 如果说在前两节中用的是不完备的信息或是主观概率的话，那么，贝叶斯决策提供了一个进一步研究的科学方法。也就是说，它能对信息的价值以及是否需要采集新的信息做出科学的判断。

2. 它能对调查结果的可靠性加以数量化的评价，而不是像一般的决策方法那样，对调查结果或是完全相信，或是完全不相信。

3. 如果说任何调查结果都不可能是完全准确的，而先验知识或主观概率也不是完全可以相信的，那么贝叶斯决策则巧妙地将这两种信息有机地结合起来了。

4. 它可以在决策过程中根据具体情况不断地使用，使决策逐步完善和更加科学。

贝叶斯决策方法的缺陷主要有以下两个方面：

1. 它所需要的数据多，分析计算比较复杂，特别在解决复杂问题时，这个矛盾就更为突出。

2. 有些数据必须使用主观概率，而一些人并不相信主观概率，这就妨碍了贝叶斯决策方法的推广使用。

【例1】　为了提高某产品的质量，企业决策人考虑增加投资来改进生产设备，预计需投资90万元。但从投资效果看，下属部门有两种意见：一是认为改进设备后高质量产品可占90%；二是认为改进设备后高质量产品可占70%。根据经验决策人认为第一种意见可信度有40%，第二种意见可信度有60%。为慎重起见，决策人先做了个小规模试验：试制了5个产品，结果全是高质量产品。问现在决策人对两种意见的可信程度有没有变化？

解：此问题中，决策人根据经验对两种意见的看法属于先验信息，在决策人试验之后，就需要利用贝叶斯公式，结合试验结果进行后验分析了。

$$P(A/\theta_1) = (0.9)^5 = 0.590$$

$$P(A/\theta_2) = (0.7)^5 = 0.168$$

$$P(A) = P(A/\theta_1) P(\theta_1) + P(A/\theta_2) P(\theta_2)$$

$$= 0.590 \times 0.4 + 0.168 \times 0.6 = 0.337$$

用贝叶斯公式计算 θ_1 和 θ_2 的后验概率，$P(\theta_1/A)$，$P(\theta_2/A)$

$$P(\theta_1/A) = P(A/\theta_1) P(\theta_1) / P(A)$$

$$= 0.236/0.337 = 0.700$$

$$P(\theta_2/A) = P(A/\theta_2) P(\theta_2) / P(A)$$

$$= 0.101/0.337 = 0.300$$

可以看到，试验后决策人对两种意见的可信程度变为了 0.7 和 0.3。这就是贝叶斯决策的后验概率。

复习思考题

1. 什么是统计预测？有哪些作用？

2. 统计预测应遵循哪些原则？

3. 定性预测方法的缺点？

4. 什么是统计决策？应遵循哪些原则？

5. 统计决策有哪些步骤？

6. 贝叶斯决策方法的优点与缺点有哪些？

7. 某单位号召职工每户集资 3.5 万元建住宅楼，当天报名的占 60%，其余 40% 中，第二天上午报名的占 75%，而另外 25% 在第二天下午报了名。情况表明，当天报名的人能交款的概率为 0.8，而在第二天上、下午报名的人能交款的概率分别为 0.6 与 0.4，试求报了名后能交款人数的概率。

第十章　国民经济统计

第一节　基本理论

一、国民经济统计的含义

国民经济是一个国家或地区的全部经济的总和，是人类赖以生存和发展的最重要的社会现象。它既是农业、工业、建筑业、货物运输邮电业和商业饮食业等物质生产部门和教育、卫生医疗、住宿和餐饮业、租赁和商务服务业等非物质生产部门的总和，又是社会产品再生产——生产、分配、流通和使用的总过程。前者是横向联系，后者是纵向联系，纵横交错，构成庞大、复杂的国民经济系统，在这个系统中，单位之间都是相互依存、互为条件、共同发展的，并且其整体功能可能大于（或小于）系统各部分功能的简单总和。

为了认识这个系统，考察国民经济的状况，要求统计部门对各种经济事物或现象进行计量和分析，全面反映国民经济活动运行情况，揭示各部门、各环节的内在联系，以便进行宏观经济调控。因此，国民经济统计是综合运用统计、会计和数学等方法，对国民经济运行过程及社会再生产过程中生产、分配、流通、使用各个环节之间的数量表现和数量关系的计量，是认清国情国力的有力工具，是为国民经济宏观调控提供决策依据的重要手段。

二、国民经济统计的主要内容

根据社会再生产的运行过程，国民经济统计大致包括以下 3 个方面的内容。

（一）社会再生产条件统计

它包括人力、物力和财力统计。人力方面，人口是劳动力的资源，而劳动力是社会再生产的重要因素，因此，需要对人口、劳动力和专业技术人员及其构成状况进行统计。物力方面，是各种天然资源的统计。财力方面，是国民财产统计，包括固定资产、流动资产及其构成。

（二）社会再生产过程统计

它指再生产各个环节（生产、分配、流通和使用）及其成果统计。生产统计包括物质生产和非物质生产成果的统计；分配和流通统计表现为社会产品的实物运动和价值运动，前者通过各种流通渠道，形成社会总供给，后者通过分配和再分配，形成社会总需求，因此，社会总供需统计，在国民经济统计中占有十分重要的地位。使用统计，包括中间产品和最终产品的统计，中间产品作为生产要素在生产中被消耗，构成新产品的实体，最终产品是作最终消费使用的产品，因此，需要对社会总产品及其构成进行统计。

（三）社会再生产效果统计

在社会主义市场经济条件下，发展生产满足需要，并力求以最少的消耗取得最大的有用成果，满足人们日益增长的物质文化生活的需要，因此应十分重视经济效益统计。

根据综合平衡情况，国民经济统计的核算体系包括以下内容，如表 10-1 所示。

表 10-1　国民经济核算体系的基本构成

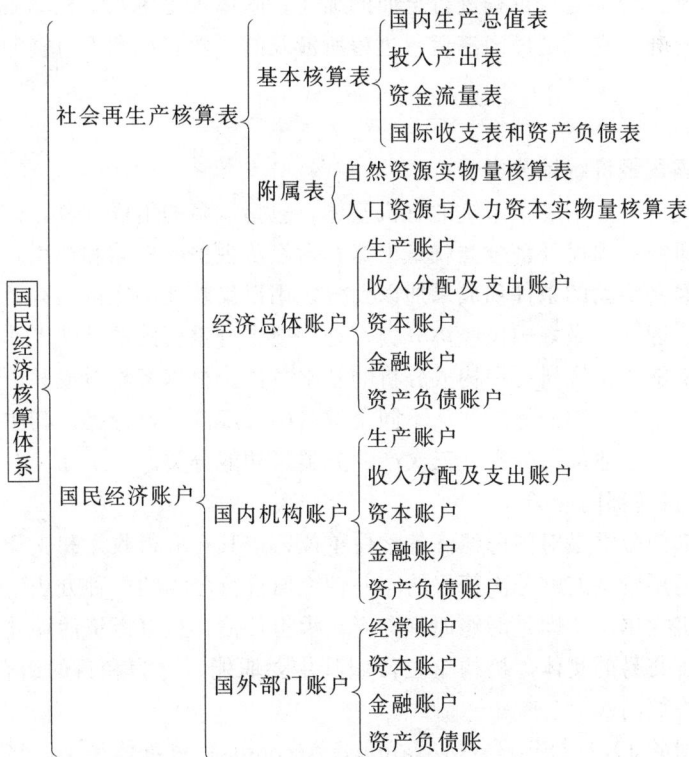

```
                                              ┌ 国内生产总值表
                                    基本核算表 ┤ 投入产出表
                        社会再生产  │         │ 资金流量表
                        核算表      ┤         └ 国际收支表和资产负债表
                                    │
                                    └ 附属表 ┌ 自然资源实物量核算表
                                            └ 人口资源与人力资本实物量核算表
国民经济
核算体系
                                              ┌ 生产账户
                                              │ 收入分配及支出账户
                                    经济总体账户┤ 资本账户
                                              │ 金融账户
                                              └ 资产负债账户

                                              ┌ 生产账户
                        国民经济账户│         │ 收入分配及支出账户
                                    国内机构账户┤ 资本账户
                                              │ 金融账户
                                              └ 资产负债账户

                                              ┌ 经常账户
                                    国外部门账户┤ 资本账户
                                              │ 金融账户
                                              └ 资产负债账
```

1. 社会再生产核算表

它包括基本核算表和附属表。基本表包括国内生产总值表、投入产出表、资金流量表、国际收支表和资产负债表，用以对社会再生产和国民经济总体运行情况，进行全面的系统综合的价值量核算，彼此相互衔接，结成一体，既自成系统，又互成系统。附属表包括自然资源实物量核算表和人口资源与人力资本实物量核算表。自然资源实物量核算表反映主要自然资源在核算期期初和期末两个时点的实物存量及在核算期内的变动情况。人口资源与人力资本实物量核算表反映人口资源与人力资本在期初、期末两个时点的存量状况及在核算期内的变动情况。

2. 国民经济账户

国民经济账户以账户的形式对国民经济运行过程和结果进行描述。根据国民经济运行的各个环节，其包括经济总体账户、国内机构账户、国外部门账户。通过国民经济账户既可以从每个国内机构部门的角度观察从生产、收入分配、消费到投资的整个循环过程，又可以从经济总体的角度观察整个经济的循环过程；既可以观察每个国内机构部门与国外部门发生的各种经济往来活动，又可以观察经济总体与国外部门发生的各种经济往来活动。

基本核算表和国民经济账户是国民经济核算体系的中心内容，它通过不同的方式对国民经济运行过程进行全面的描述；附属表是对基本核算表和国民经济账户的补充，它对国民经济运行过程所涉及的自然资源和人口资源与人力资本进行描述。

三、国民经济统计分类

国民经济是一个复杂系统的有机整体，包括众多的组成部分，需要分门别类地加以研究。国民经济分类就是根据社会经济现象的性质和作用，按一定标志对国民经济活动的条件和成果加以划分，用以反映社会经济结构及其重要的比例关系。因此，做好国民经济分类，是一项十分重要的基础性工作，也是开展国民经济深入系统研究和构成分析的基本条件。根据考察对象和研究目的的不同，可以选择不同的标志，从不同角度对国民经济进行分类。其主要有：机构部门分类、产业部门分类、三次产业分类、功能分类。

（一）机构部门分类

机构部门分类是对国民经济各常住单位，按其在取得收入和支配收入、筹集资金和运用资金的财务决策权的同一性方面进行分类的一种方法。分类的基本单位是机构单位，即是能够拥有资产、承担负债，从事经济活动并与其他单位进行经济交易的实体。机构单位按照其主要职能、行为和目的组合在一起，形成了机构部门。

在我国的 SNA（System of National Accounts）核算体系中，将国民经济分为以下 5 个机构部门：①非金融机构部门。指主要从事各种非金融生产经营活动的独立核算企业所组成的部门，包括除金融服务企业以外的国有、集体、合资、合作和外商独资的工商企业、建筑企业、运输邮电企业以及其他各种服务企业。②金融机构部门。指主要从事金融中级活动的部门，包括中央银行、商业银行、政策性银行、非银行信贷机构和保险公司等各类金融机构。③政府部门。指我国境内通过政治程序建立的、在一特定区域内对其他机构单位拥有立法、司法和行政权的法律实体及其附属单位。④住户部门。指共享同一生活设施、部分或全部收入和财产集中使用、共同消费住房、食品和其他消费品与服务的常住个人或个人群体。⑤国外部门。指由非常住单位构成的部门。对于国外部门而言，不需要核算它的所有经济活动，只需核算它与我国常住机构单位之间的交易活动。

（二）产业部门分类

产业部门分类是针对生产核算进行的部门分类，即从生产的角度，按各基层单位生产的同类性对常住单位进行的分类。这种分类有着巨大的层次差别，一般是门类以下是大类，大类以下是中类，中类以下分小类，层层划分形成体系。目前，根据我国新的国民经济行业分类（GB/T 4754－2002）标准，将国民经济分为 20 个门类，95 个大类，396 个中类和 913 个小类。门类是国民经济行业分类的基本框架，是活动性质相近的各经济部门的综合类别，这 20 个门类是：

1. 农、林、牧、渔业；

2. 采矿业；

3. 制造业；

4. 电力、燃气及水的生产和供应业；

5. 建筑业；

6. 交通运输、仓储和邮政业；

7. 信息传输、计算机服务和软件业；

8. 批发和零售业；

9. 住宿和餐饮业；

10. 金融业；

11. 房地产业；

12. 租赁和商务服务业；

13. 科学研究、技术服务和地质勘查业；

14. 水利、环境和公共设施管理业；

15. 居民服务和其他服务业；

16. 教育；

17. 卫生、社会保障和社会福利业；

18. 文化、体育和娱乐业；

19. 公共管理和社会组织；

20. 国际组织。

（三）三次产业分类

三次产业分类是英国经济学家阿·费希尔（A. Fisher）于 1930 年提出的，主要是根据产业形成的时序和劳动对象的特点来划分经济活动，分为：第一产业、第二产业和第三产业。三次产业分类法，在国际上已经比较通用，但各国对具体产业的划分标准并不完全相同。比如，美国把采矿业列为第一产业，日本等国则把采矿业列为第二产业。此外，第三产业的内容丰富多彩，并且随着人类经济技术的发展不断发展。我国在经济改革开放前，没有采用三次产业分类。随着我国改革开放的不断深化和生产力的不断提高，服务业得到了迅速的发展，1985 年《关于第三产业统计的报告》首次对我国的产业采用了三次产业分类，并随着第三产业的发展，在 2002 年的国民经济行业分类标准基础上，对我国的三次产业作了如下分类：（1）第一产业，主要包括农业、林业、牧业和渔业；（2）第二产业，主要是指采矿业、制造业、电力、燃气及水的生产和供应业、建筑业；（3）第三产业，是指除第一产业和第二产业以外的其他行业。主要包括交通运输、仓储和邮政业、信息传输、计算机服务和软件业、批发和零售业、住宿和餐饮业、金融业、房地产业、租赁和商务服务业、科学研究、技术服务、地质勘探业、水利、环境和公共设施管理业、居民服务业、公共管理、社会组织和国际组织等。

国民经济核算体系有关三次产业的分类，为计算国内生产总值奠定了基础，为分析和预测我国国民经济的产业结构及其发展趋势以及进行国际比较提供了依据。

（四）功能分类

功能分类是针对住户、一般政府、为住户服务的非营利机构和生产者按"用途"和"目的"进行的分类。在 SNA 核算体系中，按功能，即按"目的"和"用途"进行分类是十分必要的，因为"功能"涉及一笔（批）交易所要满足的需要类型或它所追求的目标类型。按此分类形成的分类法包括：（1）按用途划分的个人消费分类；（2）政府职能分类；（3）按目的划分的为住户服务的非营利机构总支出分类；（4）按目的划分的生产者支出分类。

四、国民经济统计的核算规则

国民经济统计的核算规则主要是指记账方式、记录时间和估价。

（一）记账方式

在 SNA 核算体系中，采用的是复式记账与四式记账。对一个机构单位来说，每一笔交易必须记录两次，一次作为资源（或负债的变化），记录在账户的右端；另一次作为使用（或资产的变化），记录在账户的左端；或者在账户的同一端记录两次，但两次符号相反。此外，账户两端的交易总额一定是相等的，故可依此检查账户的平衡性。

由于大部分交易涉及两个交易者，因此，对同一个交易是由双方同时记账的，而每一方又都要进行复式记账，所以在国民经济核算体系中，每笔交易实际上被记录了四次，这就是所谓的"四式记账"。国民经济核算账户也是根据四式记账原则编制的。

（二）记录时间

四式记账原则要求每一笔交易必须在同一时点计入交易双方的有关账户，这要求国民经济核算对各种交易的记录必须规定一个统一的时点，要么采用权责发生制原则，要么采用现收现付制原则。为了真实反映本期经济活动的投入产出及资产负债的变化，国民经济核算总的原则是遵循权责发生制原则，即凡是本期实际发生的权益和债务，都作为本期的实际交易加以核算，而不论款项是否在本期收付。这一原则适用于社会再生产过程各环节的一切交易，能保证生产核算、分配核算、消费核算、投资核算以及对外贸易核算之间的内在一致性。

（三）估价

四式记账原则引申的另一项规则是，一笔交易还必须在相关两个部门的所有账户中以相同的价格记录。

国民经济核算原则上对货币交易按现期市场价格计量。在没有市场交易时，估价按照发生的费用，或者依据类似货物和服务的市场价格进行计量。资产和负债按照编制资产负债表时的当前价格来估价。对产出的估价可以用基本价格或生产者价格，对货物和服务使用的估价则采用购买者价格。这几种市场价格间的基本关系是：

$$基本价格＋生产税－补贴＝生产者价格$$

$$生产者价格＋商业流通费＋运费＝购买者价格$$

第二节 国内生产总值核算的基本理论

一、国内生产总值核算的概念

（一）国内生产总值的含义

国内生产总值（Gross Domestic Product，简称 GDP）是指一个国家或地区按市场价格计算的最终产品和劳务价值的总和，是反映一国国民经济的生产规模及综合实力的总量指标。20 世纪 30 年代，美国国民核算专家 C. 沃伯顿首先应用了国民生产总值（Gross National Product，简称 GNP）的概念，并对其进行了实际的估算，在他之后，美国的另一位著名的国民核算专家西蒙·库兹涅茨在规范国民生产总值的概念定义和计算方法方面，做出了突出贡献，他因此被称为"国民生产总值之父"。如果说限制性国民收入的概念产生于 17世纪，距今已有 400 多年的历史，那么国内生产总值与其姊妹指标——国民生产总值的出现是 20 世纪的事。国民生产总值和国内生产总值都是反映国民经济成果的指标，其不同之处是它们的计算原则不同，国民生产总值是以国民原则计算的产值，而国内生产总值是以国土原则计算的产值。两者的关系是：

国内生产总值＝国民生产总值－（本国得自国外的要素收入－外国得自本国的要素收入）

或　　　　　国内生产总值＝国民生产总值－国外净要素收入

由于发达国家在国际上处于要素净输出地位，因而从国外取得的要素收入为正，即国民生产总值大于国内生产总值；而与此相反，广大的发展中国家，外国资本流入本国，利润流出，国外净要素收入为负，因而国民生产总值小于国内生产总值。

在我国，不论是全国还是地区，都按国土原则计算产值，因此国内生产总值在国民经济核算中具有重要的现实意义。

（二）GDP 核算的主体

GDP 核算的基本统计单位可以是基层单位、机构单位，但并不是所有的基层单位及机构单位都在本国的 GDP 核算范围内，只有一国的"常住单位"才被统计。常住单位并不等同于国籍的界定，也不等同于领土范围的界定，它是指一国经济领土上具有经济利益中心的单位。其中经济领土是一国政府控制或管理的、其公民及货物和资本可在其中自由流动的地理领土组成。经济利益中心是指一个单位在一国经济领土内的某一地点，从事并拟继续从事相当规模的经济活动或交易，无论是无限期的还是较长期限的。应注意的是，一个单位只能有一个经济利益中心。

二、国内生产总值核算的原则和作用

（一）GDP 核算的原则

GDP 核算的原则是确定其核算范围的条件，这些原则概括起来主要有以下四点：

1. 支配性原则

支配性原则强调产品必须是人类行为的作用产生，凡在人类的劳动、控制、负责和管理下形成的生产活动成果，即包括物质产品也包括服务，都要纳入核算范围之内。值得说明的是，并不是所有的人类行为支配下的产品都是核算的对象，只有其中的有效成果才被统计，不符合生产和生活要求的不算，如废品废料。

2. 准市场原则

准市场原则要求 GDP 核算中的经济量要具有商品或准商品的性质，它应该能进行交易，或者可以被有效虚拟交易。虚拟交易就是通过虚拟一个市场来进行交易，可通过在市场上交易的该类产品的价格来虚拟那些没有交易的产品价值和用该类生产活动的费用、成本来虚拟产品价值广义的市场活动来核算。

广义的市场活动主要包括以下 6 种行为：（1）严格的市场行为；（2）实物交换的产品或实物性收入；（3）非市场产出的供给（不以获利为目的）；（4）生产者对产品的自给性消费（农民的自产自用）；（5）对消费上人所有的固定资产的使用（如住在私人住宅中的房主）；（6）通常不在市场上进行交换的，在家中生产的产品（如家庭主妇的劳动）。

因此，GDP 统计包括：（1）所有提供或准备提供给其他单位的货物和服务的生产；（2）生产者用于自身最终消费和资本形成的一切货物的自给性生产；（3）自有住房服务和付酬家庭雇员提供的家庭或个人服务的生产。

3. 时间性原则

这与国民经济统计的核算规则中的记录时间是一致的，也是采用权责发生制法则。

4. 存在性原则

在 GDP 核算中，判断一个活动是否在生产活动范围内，是以该活动的客观存在性为标准，而不管是否合法，是否公开。从这个意义上说，GDP 核算不排除非法生产及地下经济成分。采用这样的原则，是为了全面地反映生产及消费活动。非法生产有两种：一是法律禁止销售、分配或持有货物的生产；二是生产合法，但未经许可。

地下经济是经济意义上的生产性活动，如果遵守某些标准和规章，也是合法的活动，但出于某种原因，故意将生产活动隐藏起来，不公开进行生产的活动。需要说明的是，外部效应不包括在核算范围内，因为其为非市场，统计技术难度大。

（二）国内生产总值指标的作用

在统计实践中，国内生产总值指标的作用主要表现在：（1）国内生产总值指标能综合反映国民经济活动的总量，表明国民经济发展的全貌；（2）国内生产总值指标是衡量国民经济发展规模、速度的基本指标；（3）国内生产总值指标是分析经济结构和宏观经济效益的基础数据；（4）国内生产总值指标有利于分析研究社会最终产品及服务的生产、分配和使用状况，能全面反映国家、企业和居民三者之间的分配关系。

当然，国内生产总值并不是万能的，随着社会的不断发展和环保意识的增强，绿色 GDP 的呼声很高，传统的 GDP 受到很多的质疑，主要原因是：（1）GDP 在衡量一定时期的经济成果时，没有把自然资源的利用作为经济过程的投入来看待，同时也没有把人类不合理的生产和消费方式所造成的环境污染以及为恢复适宜的环境所付出的代价加以适当考虑，因而其计算结果有很大的偏误。（2）GDP 不是一个令人满意的经济福利指标，有时 GDP 的增加并不代表社会福利的增加。过分追求 GDP 的增长，有时反而会降低人们的"效用"水平。

第三节　国内生产总值的核算方法

从国内生产总值的含义可以看出，GDP 的核算是关于社会最终产品的生产、分配和使用的核算，因此 GDP 可以采用生产法、收入法和支出法来计算其产值，并且遵循三方等价的原则，即生产法的 GDP＝收入法的 GDP＝支出法的 GDP。但是在实践中，由于这三种核算方法各有其特点，核算的资料来源不同，在实际中三种计算方法所得到的结果常会出现偏差，即统计误差。一般来讲，农业、工业采以生产法；服务业采用的是收入法；支出法只有从整个国民经济来看才有意义。接下来将依次介绍这三种核算方法。

一、国内生产总值核算的生产法

生产法又叫增加值法（value added approach），它是直接根据国内生产总值的定义设计的，即 GDP 等于所有常住单位的增加值之和。也可称为部分法，即从生产的角度先计算出国民经济各部门的总产出，然后扣除其中间消耗，得到各部门的增加值，把其加总后就是 GDP 的值。其计算的基本公式如下：

GDP＝各部门增加值之和＝∑（各部门总产出－各部门中间消耗）

其中，增加值是生产单位对产品所追加的价值部分，是一种价值形态，其没有实物形态。但从价值形态看，增加值等于社会上实物最终产品的价值总和。根据公式，要算出 GDP 的值必须先算出各部门的总产出和其中间消耗。

（一）总产出的核算

总产出（Gross Output）是本国常住单位在一定时期内以货币计算的全部生产活动的总成果，既包括货物生产部门总产出，又包括服务部门的总产出。由于国民经济各部门的经济活动具有不同的特点，因此，计算总产出的方法也就各不相同。主要有以下几种：

1. 产品法

产品法是直接以产品为总体单位计算产品的产出价值。公式为：

总产出＝∑某产品产量×该产品单价

该法适用于产品品种比较少而且比较稳定，容易计量的生产部门。如农业企业、建筑企业等。

2. 企业法

企业法是以企业为总体单位计算总产出的一种方法。

该法适用于部门的产品品种规格繁多，变化较大，不宜实行产品法计算总产出的部门。如工业企业、建筑企业等。

3. 总收入替代法

总收入替代法是从事服务经营的部门和企业用计算总收入方法来替代总产出。

该法适用于不直接生产物质产品而从事服务经营的部门。如交通运输业、邮电业、商业餐饮业、房地产业、金融业等营利性服务业。

4. 总费用替代法

总费用替代法是非营利性服务业用计算总费用的方法来替代总产出。总费用主要包括非营利性服务业提供非营利性服务时发生的经常性开支和固定资产折旧。此外，对于差额预算单位和自收自支单位，还包括其收支结余和税金。如国家机关、政府机关、社会团体、科研机构、科教卫生、社会福利业等非营利性服务业。

（二）中间消耗的核算

中间消耗又称中间投入，指投入生产过程并在生产过程中被消耗或转移掉的货物和服务的价值。从实物形态看，它是生产过程中投入的原材料等；从价值形态看，它是生产的转移价值。由于中间消耗是总产出的一部分，并且与总产出是对应的，故它的计算方法和范围与总产出是一致的。

二、国内生产总值核算的收入法

收入法（the income approach）又称分配法，是从收入或分配的角度，按照各生产要素在生产中得到的收入份额来计算的，或者说是按国民生产总值初次分配份额计算的。这些要素主要包括固定资产折旧、劳动者报酬、生产税净额和营业盈余，它们分别是资本的收入（对资本消耗的补偿）、劳动者收入、政府收入和企业收入。将这四部分求和就是国内生产总值，其公式如下：

$$GDP=固定资产折旧+劳动者报酬+生产税净额+营业盈余$$

其中，固定资产折旧指一定时期内为弥补固定资产损耗按照规定的固定资产折旧率提取的固定资产折旧，或按国民经济核算统一规定的折旧率虚拟计算的固定资产折旧，它反映了固定资产在当期生产中的转移价值。原则上，固定资产折旧应按固定资产的重置价值计算，但是目前我国尚不具备对全社会固定资产进行重估价的基础，所以对其折旧不同的单位采用不同的方法。一般，各类企业和企业化管理的事业单位的固定资产折旧是指实际计提的折旧费；不计提折旧的政府机关、非企业化管理的事业单位和居民住房的固定资产折旧是按照统一规定的折旧率和固定资产原值计算的虚拟折旧。

劳动者报酬又称劳动收入，指劳动者从事生产活动而从其所在的生产单位得到的所有货币形式或实物形式的报酬收入，表示劳动这种生产要素从生产的价值中所获得的收入。它包括劳动者获得的各种形式的工资、奖金和津贴；农民取得的联产报酬包括净收入、家庭副业收入。此外，还包括劳动者所享受的公费医疗和医药卫生费、上下班交通补贴、单位支付的社会保险费、住房公积金、稿费、讲课费和价格补贴等。对于个体经济来说，其所有者所获得的劳动报酬和经营利润不易区分，这两部分统一作为劳动者报酬处理。

生产税净额是生产税减去生产补贴后的差额。其中，生产税指政府对生产单位从事生产、销售和经营活动以及因从事生产活动使用某些生产要素（如固定资产、土地、劳动力）所征收的各种税、附加费等。生产补贴是指政府为控制价格等原因对货物或服务的生产或进口而对生产单位所做的补贴，包括政策亏损补贴、价格补贴等，表示政府参与生产单位生产所获得的收入。随着市场经济体制的不断强化和完善，这方面的支出将大幅度减少，但短期内是很难完全避免的。

营业盈余是指生产单位总产出扣除中间投入——劳动者报酬、生产税净额和固定资产折旧后的剩余部分，表示劳动以外的土地、资本及管理等生产要素所得收入之和。它相当于企业的营业利润加上生产补贴，但要扣除从企业利润中开支的工资和福利等。

由于统计核算的记录时间是权责发生制，而不是收付实现制，中间存在时间差。具体表现在产品生产出来后，不一定能销售出去，而销售取得的利润，不一定就是本期利润。这种情况在一些长线产品企业，总产值与销售产值的差距非常明显。因此，对于生产税净额和营业盈余一般采用总产值对比销售额来加以推算。其公式为：

$$生产税净额或应得营业盈余 = 现价总产值 \times \frac{实际营业盈余（或生产税净额）}{销售收入}$$

三、国内生产总值核算的支出法

支出法（the expenditure approach）又称最终使用法，是从最终使用的角度将全社会用于最终使用的支出汇总起来求得国内生产总值，以反映一个国家（或地区）一定时期内生产活动最终成果的一种核算方法。其包括最终消费、资本形成总额及货物和服务净出口三部分。其公式如下：

$$GDP = 最终消费 + 资本形成总额 + 货物和服务净出口$$

其中，货物和服务的净出口等于其出口减去进口，原因是货物和服务的进口属于国外要素，不是本国的经济总量。

最终消费指常住单位为满足物质、文化和精神生活的需要，从本国经济领土和国外购买的货物和服务的支出。它不包括非常住单位在本国经济领土内的消费支出。从消费者来看，就是为了获得这些货物和服务所花费的最终消费支出。从消费群体看，最终消费分为居民消费和政府消费。

资本形成总额指常住单位在一定时期内获得减去处置的固定资产和存货的净额，包括固定资本形成总额和存货增加两部分。固定资本形成总额指生产者在一定时期内获得的固定资产减处置的固定资产的价值总额。存货增加可以是正值，也可以是负值，正值表示存货上升，负值表示存货下降。存货包括生产单位购进的原材料、燃料和储备物资等存货，以及生产单位生产的产成品、在制品和半成品等存货。

货物和服务净出口指货物和服务出口减货物和服务进口的差额。出口包括常住单位向非常住单位出售或无偿转让的各种货物和服务的价值；进口包括常住单位从非常住单位购买或无偿得到的各种货物和服务的价值。由于服务活动的提供与使用同时发生，一般把常住单位从非常住单位得到的服务作为进口，非常住单位从常住单位得到的服务作为出口。货物的出口和进口都按离岸价格计算。

以上三种核算方法的举例见表 10-2 所列。综观表 10-2 可知：（1）生产法，GDP＝总产出－中间消耗＝515105.6－330411.8＝184693.8；（2）收入法，GDP＝固定资产折旧＋劳动者报酬＋生产税净额＋营业盈余＝29211.0＋99839.2＋26824.9＋28818.7＝184693.8；（3）支出法，GDP＝最终消费＋资本形成总额＋货物和服务净出口＝109313.6＋32499.8＋42880.4＝184693.8。

表 10-2　某年某国国内生产总值账户　　　　　单位：亿元

使　　用		来　　源	
最终消费		总产出	515105.6
居民消费	74371.5	中间消耗	330411.8
农村居民消费	29768.1	生产法的 GDP	184693.8
城镇居民消费	44603.4		
政府消费	34942.1	劳动者报酬	99839.2
资本形成总额	32499.8	固定资产折旧	29211.0
固定资本形成总额	32623.8	生产税净额	26824.9
存货增加	－124	营业盈余	28818.7
货物和服务净出口	42880.4		
支出法的 GDP	184693.8	收入法的 GDP	184693.8

四、国民经济增长

（一）国民经济增长的概念及其统计分析的意义

国民经济增长（简称经济增长）是指一定时期内，一个国家或地区国民经济生产成果的增加。在国民经济运行中，增长是与周期波动相伴随，经济增长的波动是以按可比价计算的国内生产总值的发展速度波动为主要标志的。按可比价计算的 GDP 的发展速度，剔除了价格变化的因素，可以较好地反映社会最终产品物量的实际增长变化。

国民经济增长统计分析的意义主要在于：

1. 经济增长是国民经济活动的中心内容，是世界各国分析评价经济形势的首选标志。

2. 经济增长是促进经济发展和社会进步，提高综合国力和国际竞争力的核心。

3. 经济增长是不断提高人民生活水平和质量的重要条件。

（二）国民经济增长率的测定

国民经济增长率又称经济增长率，即增长速度，是不同时期国民经济活动总成果对比的增长程度，一般指国内生产总值的增长速度。

$$国民经济增长率 = \frac{报告期\ GDP - 基期\ GDP}{基期\ GDP} = GDP\ 发展速度 - 1（或\ 100\%）$$

$$平均经济增长率 = \sqrt[n-1]{\frac{第\ n\ 年的\ GDP}{第\ 1\ 年的\ GDP}} - 1 = 平均经济发展速度 - 1（或\ 100\%）$$

五、国内生产总值与相关指标的关系

（一）国民总收入（Gross National Income，简称 GNI）

国民总收入指各机构部门的初次分配总收入之和。初次分配指生产活动形成的收入在参与生产活动的生产要素的所有者及政府之间的分配。国民总收入即国民生产总值，国民生产总值这个指标历史比较悠久，在介绍国内生产总值的含义时已介绍了。国民生产总值是反映常住单位全部收入（包括国内和国外）的指标，是一定时期内本国的生产要素所有者占有的最终货物和服务的总价值，是一个收入指标，但却给它冠以"生产"的定语。为了避免歧义，在1993 年联合国统计委员会通过的国民经济核算体系的修订稿中提出了国民总收入的概念，来取代国民生产总值，从此国民生产总值指标淡出了统计舞台。我国也在 2002 年正式把国民总收入引入中国国民经济核算体系中。

国民总收入（国民生产总值）与国内生产总值有着密切的关系。从计算上说，它等于国内生产总值减去支付给非常住单位的原始收入，再加上从非常住单位得到的原始收入。即：

GNI＝GDP＋来自国外的净要素收入＝GDP＋（生产进口税－生产进口补贴）＋劳动者报酬（来自国外的净额）＋财产收入（来自国外的净额）

（二）国内生产净值（Net Domestic Product，简称 NDP）

由国内生产总值核算的生产法知道，国内生产总值是常住单位的增加值之和，其是由总产出减去中间消耗计算得到的，而中间消耗并不包括资本的消耗，也就是国内生产总值中包含了固定资本折旧的部分。从这个意义上讲，真实的增

加值，即净增加值，需要从国内生产总值中扣除固定资本消耗。其公式为：

$$NDP＝GDP－固定资本消耗$$

（三）国民净收入（Net National Income，简称 NNI）

国民净收入（相当于过去的国民生产净值）等于国民总收入减去固定资本消耗。其公式为：

$$NNI＝GNI－固定资本消耗$$

复习思考题

1. 何谓国民经济统计？其主要内容是什么？

2. 何谓机构单位？我国国民经济活动的机构部门有哪些？

3. 我国的三次产业是怎么划分的？其内容是什么？

4. 什么是国内生产总值，我国的国内生产总值和国民总收入孰大孰小，为什么？

5. 国内生产总值核算的原则是什么？地下经济和非法经济是不是国内生产总值核算的对象，为什么？

6. 国内生产总值的核算方法有哪些？它们的计算公式是什么？

7. 某地区某年的物质生产部门生产的物质产品 1600 亿元，生产中的中间消耗是 750 亿，其中固定资本消耗占 15％，非物质生产部门生产劳动产品是 560 亿元，生产中消耗的物质产品 80 亿元，其中固定资本消耗占 10％。试求国内生产总值和国内生产净值。

第十一章　金融统计

第一节　信贷收支统计

一、中国人民银行金融统计项目

（一）信贷资金运用统计项目

1. 金融机构贷款

金融机构贷款是中央银行运用基础货币向商业银行和其他金融机构的资金融通，分为再贷款和再贴现两种形式。再贷款是中央银行向国有独资商业银行、政策性银行、其他商业银行和城乡信用社等金融机构发放的信用贷款。再贴现指商业银行和其他金融机构持有已贴现的未到期商业票据，向中央银行进行票据再转让的行为。

2. 专项贷款

专项贷款是指计划经济时期中国人民银行发放的支持老少边穷地区发展经济的贷款。目前，这项业务已经停止。

3. 金银占款

金银占款是指中国人民银行收购或调入的配售金银的价款。

4. 外汇占款

外汇占款是指中国人民银行收购和储备外汇所占用的款项。

5. 财政借款

财政借款是指中国人民银行向财政部发放的贷款。

6. 有价证券及投资

有价证券及投资指中国人民银行持有的国库券、政策性金融债券、其他有价证券借贷方轧差后的借方余额。

7. 买入返售证券

买入返售证券即中国人民银行在公开市场上的证券回购业务中所做的逆回购业务，是购入证券付出资金，待回购协议到期再销售出去。

8. 库存现金

库存现金是指中国人民银行库存的现金余额。

9. 其他资产

其他资产主要包括应收暂付款、利息支出、各项费用支出等。由于其他资产与其他负债由轧差反映，故有时其他资产不在表中单独反映。

（二）信贷资金来源统计项目

信贷资金来源统计项目主要包括：

1. 财政存款

财政存款是指中央财政收入存款、地方财政存款和财政预算外存款。

2. 机关团体部队存款

机关团体部队存款是指机关团体在银行的财政性存款及特种存款等。

3. 金融机构缴付准备金存款

金融机构缴付准备金存款是指银行和其他金融机构吸收的行款按规定比例缴付中国人民银行的准备金。

4. 邮政储蓄转存款

邮政储蓄转存款是邮政储蓄机构将其吸收的储蓄转存在中国人民银行的存款。

5. 商业银行划来财政性存款

商业银行划来财政性存款是商业银行按规定划拨给中国人民银行的财政存款。

6. 卖出证券回购

卖出证券回购是指中国人民银行在回购市场上做回购业务，卖出证券回购，从而形成其资金来源。

7. 货币流通量

货币流通量是指中国人民银行发行的扣除存款性金融机构之外的社会部门，如企业、事业单位、机关团体、城乡居民持有的货币流通量。

8. 中央信贷基金

中央信贷基金是指财政部拨付给中国人民银行总行或总行补充的中央信贷基金。

9. 当年结益

当年结益是指当年财务收支的差额。

10. 其他

主要是指信贷资金来源运用的平衡项目。

二、中国人民银行信贷收支统计报表的编制

中国人民银行信贷收支统计报表是在县级支行"全科目统计"的基础上，逐级汇总综合而形成的一种报表制度，县支行在搜集其信贷业务活动原始数据和会计核算资料的基础上，依据会计月报或总账中各科目数据，按照《中国人民银行信贷收支统计项目与会计科目对照表》的分组规定，采用直接填入、归并填入或轧差填入的方法，将有关数据填入信贷收支表的对应项目中。

三、金融机构资产负债统计

我国金融机构信贷收支统计从 1994 年起开始采用国际通行的平衡式资产负债报表形式。1996 年在此基础上建立了比较完善的"金融机构统计指标体系"（不含保险公司），并在全国范围内于 1997 年开始实施。它要求各级金融机构只要发生了业务，均应全科目据实上报给同级中国人民银行，然后中国人民银行再按各金融机构的不同要求进行归并，编制各金融机构相应的信贷收支报表。资产负债表应用于金融统计工作，不仅使我国的金融核算对外成为世界通用的专业语言，而且加速了我国金融数据处理的电子化进程。

（一）金融机构资产负债统计指标体系

资产是金融企业拥有或控制的，以货币计量的各种财产、债权和其他权利，包括流动资产和长期资产。负债是金融企业所承担的，能以货币计量，需要以资产或劳务偿付的债务。包括短期负债、长期负债、各项准备。所有者权益是指投资者对金融企业净资产的所有权。净资产是金融企业资产类减去负债类的余额。

1. 流动资产

流动资产主要有：现金、银行存款、贵金属、存放中央银行款项、中央经费限额支出、存放同业款项、存放联行款项、拆放同业、短期贷款、短期投资、证券资产、贴现、委托贷款及委托投资、外汇买卖、应收及预付款项、待处理流动资产损失、短期信托资产、其他流动资产。

2. 长期资产

长期资产主要有：中长期贷款、逾期贷款、融资租赁、经营租赁资产、长期投资、国家投资债券贷款、长期投资、固定资产净值、固定资产清理、在建工程、待处理固定资产损失、无形资产、递延资产、其他中长期资产。

3. 流动负债

流动负债主要有：活期存款、财政性存款、向中央银行借款、同业存放款、同业拆入、联行存放款、证券负债、发行短期债券、应付及暂收款、外汇买卖、应解汇款及临时存款、汇出汇款、汇入汇款、保证金、其他流动负债。

4. 长期负债

长期负债主要有：定期存款、发行中长期债券、长期借款、长期应付款、其他长期负债。

5. 各项准备

各项准备主要有：坏账准备、投资风险准备、呆账准备、其他准备。

6. 所有者权益

所有者权益主要有：实收资本、资本公积盈余公积、公益金、未分配利润、本年利润。

（二）金融机构信贷收支统计报表的编制

信贷收支是金融机构以信用方式集中和分配资金的主要方式。金融机构的信贷收支统计可以全面反映金融机构信贷资金的来源和运用情况，反映资金的结构、投向和分配，反映金融活动的运行情况。它是研究货币政策、分析信贷计划执行情况、合理使用资金、提高资金使用效益、加强金融运行监测与宏观调控的重要基础和依据。金融机构信贷收支统计包括信贷资金来源统计和信贷资金运用统计。

1. 信贷资金来源统计项目

（1）各项存款；

（2）代理财政性存款；

（3）发行金融债券；

（4）卖出回购证券；

（5）向中央银行借款；

（6）同业往来；

（7）委托存款及委托投资基金；

（8）代理金融机构委托贷款基金；

（9）所有者权益；

（10）各项准备；

（11）其他。

2. 信贷资金运用统计项目

（1）各项贷款短期贷款；

（2）有价证券及投资；

（3）买入返售证券；

（5）存放中央银行特种存款；

（6）存放中央银行的财政性存款；

（7）同业往来；

（8）系统内往来；

（9）代理金融机构贷款；

（10）库存现金；

（11）外汇占款。

3. 各金融机构信贷收支表的编制

各类金融机构如国有独资商业银行、股份制商业银行、城市商业银行和农村商业银行信贷收支表的编制，都是以同类性质单个金融机构的信贷收支表的合并。现以国有独资商业银行为例，说明各类金融机构信贷收支表的编制。

（1）信贷资金来源项目的编制

①汇总的项目有：各项存款、代理财政性存款、应付及暂收款、向中央银

行借款、各项准备金、所有者权益。

②合并的项目有：金融债券、卖出回购证券、委托存款及委托投资基金、代理金融机构贷款基金、同业往来。

③轧差的项目有：其他。

（2）信贷资金运用项目的编制

①汇总的项目有，各项贷款、有价证券和投资、应收及暂付款、存放中央银行的准备金存款、存放中央银行特种存款、缴存中央银行财政存款、库存现金、外汇占款。

②合并的项目有，买入返售证券、同业往来、代理金融机构贷款。

第二节　货币统计

一、货币供应量统计

（一）货币供应量

货币供应量是指一国在某一时点承担流通手段和支付手段职能的货币总额，它是一个存量概念，一般表现为现金和除政府之外的全部居民和机构在金融机构的存款，反映了该时点上全社会的支付和购买能力。

货币供应量统计的是货币，但不是所有的货币都纳入货币供应量。只有社会公众用于商品和劳务以及证券交易的货币存量才纳入统计。这些货币可能是用于即期交易的现金、活期存款，也可能是潜在的交易手段，如定期存款、储蓄存款等。银行之间的债权、债务虽然也是货币，但其不计入货币供应量，因为它没有面对商品、劳务和证券的流通。中央财政在银行的存款不计入货币供应量，其拨付给社会公众后才纳入货币供应量。

至今为止人们对"货币"的定义还没有定论，因此，对于货币供应量，只能从统计的角度，依据金融资产的流动性大小和实践中的需要，从不同层次对其进行描述。

（二）货币层次划分

1. 货币层次的划分

目前，大多数经济学家都认为应根据金融资产的流动性来定义货币，确定货币供应量的范围。所谓金融资产的流动性，是指一种金融资产能迅速转换成现金而使持有人不发生损失的能力，也就是变为现实的流通手段和支付手段的能力，也称变现力。根据资产的流动性来划分货币供应量层次，已为大多数国家政府所接受。

IMF于1996年制定了《货币与金融统计手册》，并于1997年、2000年进行了两次修订。在1997年的修订手册中指出：中央银行在编制货币供应量统计时，必须依据机构组织和市场特点，满足政策制定和经济分析的需要，以实证分析为依据。货币供应量统计口径为：

M_0：流通中现金，即狭义货币；

M_1：M_0＋可转让本币存款和在国内可直接支付的外币存款；

M_2：M_1＋单位定期存款和储蓄存款＋外汇存款＋可转让大额存单；

M_3：广义货币，M_2＋外汇定期存款＋商业票据＋互助金存款＋旅游支票。

2. 我国货币层次的划分

我国于 1994 年 10 月份正式向社会公布了货币供应量统计。货币供应量分为以下三个层次：M_0＝流通中现金，即狭义货币

$$M_1 = M_0 + 单位活期存款$$

$$M_2 = M_1 + 储蓄存款和企业定期存款$$

2001 年 6 月份第一次修订货币供应量，将证券公司客户保证金计入 M_2。2002 年初，第二次修订货币供应量，将在中国的外资、合资金融机构的人民币存款业务，分别计入不同层次的货币供应量。修订后的货币供应量层次划分如下：

M_0＝流通中的现金

$M_1 = M_0 +$企业单位活期存款＋农村存款＋机关团体部队存款

$M_2 = M_1 +$企业单位定期存款＋自筹基本建设存款＋个人储蓄存款＋其他存款

尽管货币供应量统计已修订了两次，但它仍未全面反映金融市场的变化。原因：一是货币在境内外的流动加大。货币在境内外的流动表现为人民币的流出和外币的流入。二是出现一些新的金融资产且交易量增长迅速，与货币供应量统计相关的有：短期金融债券、商业票据、债券回购等。三是金融机构发生变化。随着金融市场的发展，出现了证券公司、投资基金公司、担保公司、养老基金公司、期货公司等非银行金融机构，它们的一些资产构成了货币供应量。也有部分存款性机构进行清理整顿，它们吸收的存款不应包括在货币供应量之内。保险公司业务的发展使保险存款增长较快，对货币供应量影响较大。此外，相继出现的担保公司、养老基金公司、期货公司等金融机构，它们在存款性公司的存款也应纳入货币供应量的统计范围。四是部分金融资产的流动性发生变动。近几年随着金融的发展，原未计入货币供应量的一部分金融资产的流动性发生变动，主要有银行卡项下的活期储蓄存款、结算中的款项和预算外财政存款等。因此，为充分反映金融市场的发展，更好地调控宏观经济运行，中国人民银行目前正准备对我国货币供应量统计口径作第三次修订。

（三）基础货币

基础货币，又称高能货币、强力货币，是广义货币量最基础的部分，通常是指起创造存款货币作用的商业银行在中央银行的存款准备金与流通于银

行体系之外的通货这两者的总和。前者包括商业银行持有的库存现金、在中央银行的法定存款准备金和超额存款准备金。我国基础货币由金融机构库存现金、流通中货币、金融机构特种存款、金融机构缴存准备金和邮政储蓄转存款构成。

（四）货币乘数

货币乘数，也称为信用扩张倍数或基础货币扩张倍数，基本上反映了基础货币与货币供给总量之间的数量关系，其计算公式如下：

$$K = M_S/B$$

式中：K 为货币乘数；

M_S 为货币供应量；

B 为基础货币。

从上式我们也可得出，$Ms = B \cdot K$，即货币供应量等于基础货币乘以货币乘数。

如果货币乘数为常数，基础货币又是完全外生决定的，那么，中央银行通过调节基础货币就可以完全准确地控制货币供应量。但是，货币乘数不一定是常数，一般来说，货币供给量等于流通中现金与存款总额之和，基础货币是现金和存款准备金之和。用 C 表示现金，D 表示存款，R 表示商业银行准备金（包括法定准备金和超额准备金），则有 $M_S = C + D$，$B = C + R$。货币乘数的计算公式可以进一步表示为：

$$K = \frac{M_s}{B} = \frac{C+D}{C+R} = \frac{1+\dfrac{C}{D}}{\dfrac{C}{D}+\dfrac{R}{D}} + \frac{1+C'}{C'+r}$$

二、货币概览与银行概览

中央银行为了履行制定和实施货币政策的职能，首先需要获得货币供应量数据。根据国际货币基金组织编制的《国际金融统计》，货币供应量的统计应采取三级汇总的形式。第一级是将金融机构分成货币当局、存款货币银行和非货币金融机构三类，形成各自的资产负债表。第二级是将货币当局和存款货币银行的资产负债表合并成"货币概览"。第三级是将非货币金融机构资产负债表与货币概览合并成"金融概览"。金融概览是记录一个国家金融活动的整体状况，是全面衡量经济部门的所有清偿手段，描绘整个金融体系与其他经济部门之间经济联系的信息资料。我国目前还没有进行第三级汇总，仅编制将货币概览与特定存款机构资产负债表合并的"银行概览"。

（一）货币概览

货币概览是货币当局资产负债表与存款货币银行资产负债表的合并，主要统计 M_0 和 M_1。货币概览是为中央银行执行管理货币的职能而建立的货币运行监测报表，描绘了货币供应总量及其构成、货币与信贷以及宏观经济的内在联系。编制货币概览的目的是分析受货币当局影响最大、对其他国民经济总量最有影响的金融总量状况。它是一国宏观经济管理的重要工具。

货币概览的编制过程为：第一，将货币当局和存款货币银行的国外资产与国外负债分别轧差后相加，求得国外净资产；第二，将货币当局的对政府债权与政府存款轧差后与存款货币银行的对政府债权相加，求得对政府净债权；第三，将货币当局和存款货币银行之间的资产、负债冲销，冲销之后的余数即为货币概览的其他（净）；第四，将货币当局的货币发行与存款货币银行的库存现金轧差，求得货币概览的流通中现金；第五，将货币当局和存款货币银行对他们以外机构的资产、负债项目进行加总，得到货币概览对应值；第六，将不在货币概览中单独列示的货币当局和存款货币银行的项目计入其他（净）。

编制货币概览应注意以下几个问题：第一，货币概览是货币当局与存款货币银行资产负债表的合并表，因此必须消除两个部门之间的交易；第二，货币概览的资产主要是按部门或部门的各组成部分分类的，负债主要是按流动性的标准分类的。

（二）银行概览

银行概览是货币概览与特定存款机构资产负债表的合并。

银行概览与货币概览项目设置的不同点在于，银行概览没有对特定存款机构的债权这一项，而这恰恰是将货币概览与特定存款机构资产负债表合并的结果。

银行概览的编制过程为：第一，将特定存款机构资产负债表的国外资产与国外负债轧差后与货币概览的国外净资产相加，求得银行概览的国外净资产；第二，将货币概览的对政府净债权与特定存款机构资产负债表的对政府债权相加，求得对政府净债权；第三，将货币概览与特定存款机构之间的资产、负债冲销，冲销之后的余数记入银行概览的其他（净）；第四，将货币概览的流通中现金与特定存款机构的库存现金轧差，得到银行概览的流通中现金；第五，将货币概览和特定存款机构对它们以外机构的资产、负债项目进行加总，得到相应银行概览的值；第六，将不在银行概览中单独列示的货币概览和特定存款机构的项目计入其他（净）。

第三节　金融市场统计

一、金融市场的定义及分类

（一）金融市场的定义

金融市场就是资金融通的领域，它分为广义金融市场和狭义金融市场，广义金融市场包括协议贷款市场和公开金融市场。

协议贷款市场是借款人和贷款人之间通过个别协商借贷款合同条件，从而实现资金借贷的市场。它主要包括把闲置资金存入银行，向银行借入资金等金融交易市场。存款市场、贷款市场、贴现市场都属于协议贷款市场的范围。

公开金融市场又称非个人性市场，是任何人、任何机构都可以自由进出的市场。在这个市场上，交易工具的价格和条件对所有市场参加者都是公正、公开、公平的。任何符合条件的机构和个人都可以参加交易活动。

（二）金融市场的统计分类

根据融资期限的长短，可以把金融市场分为融资期限一年以内的货币市场与融资期限一年以上的资本市场；根据交易工具的不同，金融市场分为同业拆借市场、票据市场、股票市场、债券市场、外汇市场、基金市场；按交易层次不同，金融市场分为初级市场（一级市场）和次级市场（二级市场）；根据交割方式的不同，金融市场分为现货市场、期货市场和期权市场；按交易双方在地理上的距离，金融市场分为地方性、全国性、区域性金融市场和国际金融市场。

二、货币市场统计

货币市场统计包括同业拆借市场统计、票据市场统计、短期债券市场统计、银行间债券市场统计、可转让大额定期存单统计等。

（一）同业拆借市场统计

1. 同业拆借市场的含义

同业拆借市场也叫金融同业拆借市场，是指具有准入资格的金融机构之间进行临时性资金融通的市场，换句话说，同业拆借市场是金融机构之间的资金调节市场。

从最初的意义上来讲，同业拆借市场是金融机构间进行临时性"资金买寸"调剂的市场。"资金头寸"一词源于旧中国商业和金融用语，通常是指收支相抵后的差额。无论是商业还是金融业，营业结束后都要"轧头寸"，收入大于支出称"多头寸"，支出大于收入称"少头寸"。

从现代意义上讲，同业拆借市场是指金融机构之间进行短期资金融通的市场，其进行的资金融通已不仅仅限于弥补或调剂资金头寸，也不仅仅限于一月或几月的临时资金调剂，已发展成为各金融机构特别是各商业银行弥补资金流动性不足和充分有效运用资金，减少资金闲置的市场，成为商业银行协调流动性与盈利性的有效市场机制。

2. 同业拆借市场统计的主要分组

目前我国同业拆借市场统计主要按交易期限、交易机构和拆借的方向进行分类。

（1）同业拆借按交易期限分为隔夜、7 天内、8 天～20 天、21 天～30 天、31 天～60 天、61 天～90 天、91 天～120 天 7 个品种。

（2）同业拆借的交易机构分为国有独资商业银行、其他商业银行、其他金融机构、证券及投资基金管理公司、外资金融机构等。

（3）拆借方向分为拆入和拆出，拆入和拆出是相对拆借主体而言的。

3. 同业拆借市场统计指标

同业拆借市场统计指标有总拆借额、净拆入（拆出）额、平均每笔拆借额、平均拆借利率、平均拆借期限。

（1）总拆借额是同业拆借市场拆借的发生总额，是反映同业拆借市场总规模的指标，它分为拆入资金总额和拆出资金总额。总拆借额是流量指标，同业拆借总额按单方统计，即或统计拆出总额或统计拆入总额。

（2）净拆入额是拆入总额与拆出总额的轧差额。拆入总额大于拆出总额为净拆入，反之为净拆出，是反映拆借主体资金是净流入还是净流出的指标。

（3）平均每笔拆借额是拆借资金总额与拆借笔数之比，反映拆借资金的一般水平。其计算公式是：

$$平均每笔拆借额 = 拆借资金总额 / 拆借笔数$$

（4）平均拆借利率是反映拆借市场拆借资金的一般价格。其计算公式是：

$$平均拆借利率 = （\sum 每笔拆借资金 \times 每笔拆借利率） / \sum 每笔拆借资金$$

为了反映拆借的最高和最低利率差距水平，统计时要增加最高和最低利率两项统计指标。

（5）平均拆借期限是拆借资金的金额积数与拆借总额之比，是反映拆借资金期限一般水平的指标，其计算公式是：

$$平均拆借期限 = （\sum 每笔拆借资金 \times 每笔拆借期限） / \sum 每笔拆借资金$$

在实际统计中，有的只统计平均每笔拆借期限指标，其计算公式是：

$$每笔拆借资金平均期限 = \sum 每笔拆借资金期限 / \sum 拆借资金笔数$$

（二）票据市场统计

1. 票据与票据市场的含义

票据一词有广义与狭义之分。广义泛指经济领域中的多种权利凭证和单据，如发票、提货单、保单等等；狭义票据是指依规定要求签发和流通的汇票、本票、支票等金融工具。我们通常所说的票据，就是指狭义票据，即是一种具有流通性的债务凭证，它的书面载明债务人有按规定期限向债权人（或指定人、持票人）无条件支付一定金额的义务。

2. 票据市场统计的主要分组

商业票据市场通常按票据的性质、票据市场运行的环节及发行票据企业类别等标志进行分组。主要有：（1）商业票据市场按票据的性质分为商业本票市场与商业汇票市场，商业本票是指工商企业发行的，到期按票面金额兑付的票据；商业本票市场是指商业票据的发行、转让、兑付的市场。商业汇票是由售货人（债权人）签发的，购货人（债务人）到期付款的票据，商业汇票市场是指商业汇票的发行、承兑、转让、贴现市场。（2）商业票据市场按运行环节分为发行市场、承兑市场、转让市场、贴现市场。商业票据发行市场是指商业票据的一级市场，即从发行者转移到购买者手中，从而实现融资的市场。商业票据承兑市场是指承兑人在票据上签名，承诺支付款项的市场。商业票据按承兑人的不同，又分为商业承兑汇票和银行承兑汇票两种。商业票据的转让市场是指票据到期前背书转让的市场，商业票据贴现市场是指商业票据在到期前卖给金融机构的融资市场，它又分为贴现市场、转贴现市场、再贴现市场。

此外，商业票据还可按发行企业的所有制性质、产业部门等进行分类。

3. 票据市场统计指标

票据市场统计指标主要有：票据发行额、票据贴现额、未到期余额等。

（1）商业票据发行额是报告期发行的商业票据发行价格总额，商业票据的价格与票面金额有一定联系，但两者并不总是相等。若采取折价发行，则发行价格要低于票面额，两者的关系是：

发行价格＝票面额－贴现金额

贴现金额＝票面额×贴现率×票据贴现期限/360

贴现率＝（1－发行价格/面额）×360/票据贴现期限＝贴现金额/票面额×360/票据贴现期限

若采取溢价发行，则发行价格要高于票面金额。

（2）票据贴现额是票据贴现的金额，这与前面的贴现额是不同的，是金融机构扣除相当于收益的金额后，支付给来贴现的企业的货币额。

票面贴现金额＝票面额×（1－贴现率×票据贴现期限/360）

（3）未到期余额是报告期末未到期商业票据的余额，它是一个存量指标。

（三）银行间债券市场统计

1. 银行间债券市场的含义

银行间债券市场是银行间买卖债券的市场。从广义上讲，银行间债券市场属于同业拆借市场，是以债券为抵押的拆借市场。因银行间债券市场上买卖的债券流动性较强，因此，银行间债券市场成为银行调节资金头寸的场所。

2. 银行间债券市场统计的主要分组

（1）银行间债券市场按买卖对象，分为国库券市场和金融债券市场。国库券市场又可进一步按发行年限和发行期分为 96 国债（6）、97 国债（3）、98 专项国债等；金融债券又可按发行机构及发行期分为 99 国开 01、98 进出口债等。

（2）银行间债券市场按买卖机构可分为国有独资商业银行、其他商业银行、城市商业银行和外资金融机构债券市场等。

（3）银行间债券市场按交割方式分为现券交易市场和回购交易市场。现券交易是指债券成交后，在规定的时间内办理券款交割的行为。回购交易是指债券持有人（正回购方）在卖出债券给购买人（逆回购方）时，双方约定在将来的确定日期以约定的价格，由正回购方向逆回购方买回相等数量的同品种债券的交易行为。回购中的正回购与逆回购是同时发生的，对卖者而言是正回购，对买者而言是逆回购。

3. 银行间债券市场统计主要指标

债券市场统计主要指标有：成交量、成交额、平均价、回购平均利率。其中，成交量是指成交的债券的票面额之和；成交额是指成交的债券的价格总额；平均价是指以现券市场的成交量作为权数，对现券成交价格进行加权平均算出的价格；回购平均利率是以回购市场的成交量为权数，对市场利率进行加权平均计算而得出的利率。

（四）可转让大额定期存单市场统计

可转让大额定期存单（CDs，简称存单），是银行发给存款人以一定金额、按一定期限和约定利率计息，可以转让流通的金融工具。存单具有如下特点：一是发行人通常是资历雄厚的大银行；二是面额固定，金额较大（我国发行给个人购买的面额为 500 元，企业购买的为 1000 元）；三是可转让流通，但不能提前兑付；四是期限长短不一，最短 14 天，最长可达 5 年。存单按利率不同，分为固定利率存单和浮动利率存单；按发行人不同，分为境内存单、欧洲或亚洲美元存单、外国银行在国内发行的存单。存单的发行方式有两种：一是批发式发行；二是零售发行。目前我国只有发行市场，没有正规的转让市场；发行面额的种类少（个人 500 元，企业 1000 元），期限长（一般为 3 年），且虽有银行办理转让，但只是收回自己发行的存单。

可转让定期存单市场的统计，目前只限于存单发行额统计和收回额统计。

由于存单不转让流通，可转让定期存单市场的统计并入到信贷统计，而没有纳入金融市场统计的范围。

三、资本市场统计

资本市场统计包括股票市场统计和债券市场统计两部分内容。

（一）股票市场统计

1. 股票的含义

股票是股份有限公司发给股东，以证明其向公司投资并拥有所有者权益的有价证券。第一，股票是由股份有限公司发行的，非股份有限公司不能发行股票；第二，股票是由股份投资者向公司投资入股的凭证，因此，购买股票和向公司投资是同一过程；第三，股票是投资者拥有所有者权益并承担相应责任的凭证。

2. 股票市场统计的主要分组

股票市场统计一般按发行对象、发行和上市地区、是否进入交易市场、筹资方式、交易环节、发行企业的行业等标志分组。

（1）根据持有人的身份不同，将股票分为国有股、法人股、个人股、外资股。

（2）根据发行和上市地区的不同，将股票分为人民币普通股股票和人民币特种股票。

（3）根据是否进入交易市场，股票可分为流通股和不流通股。

（4）股票市场按筹资方式不同，分为新发行股票筹资、配股筹资和其他筹资。

（5）股票市场按交易环节分为发行市场和流通市场。

此外，还按发行股票企业的行业等标志进行分组。

3. 股票发行市场统计的主要指标

股票发行市场统计主要反映股票发行的规模和结构，主要统计指标有：股票的发行数量、发行价格、申购的数量、发行股票企业的数量、筹资额、投资者开户数。

4. 股票流通市场交易量统计主要指标

股票流通市场交易量统计的主要指标有：

（1）流通股本。它是在二级市场上交易的股票数量，流通股本的计量单位是股。

（2）市价总值。它是指在某一时点上股票按市场价格计算的发行总股本的总金额。

（3）流通市值。它是在某一时点上按市场价格计算的流通股本的总金额。

（4）股票成交数量，主要分为成交量和成交额两个指标。股票成交量的计算单位为股，股票成交金额为股票交易的价格总和。成交量及成交额均为买卖单方计算。

5. 股票价格指数

（1）股票价格指数的作用

股票价格指数是指用以表示多种股票平均价格水平及其变动并衡量股市行情的指标，包括股价指数指标和股价平均数指标。股价指数是用来反映不同时点上股价变动情况的相对指标，通常用报告期的股票价格与选定的基数价格相比，并将两者的比值再乘以基数的指数值即得到该报告期的股票价格指数。人们通过观察股票价格指数的变化，可以衡量出报告期股价与基期相比的变动方向及幅度。

（2）股票价格指数的计算方法

目前，世界上股票价格指数的计算方法主要有以下几种：

①算术股价指数法。以某交易日为基期，将采样股票数的倒数乘以各采样股票报告期价格与基期价格比之和，再乘以基期的指数值。

②算术平均法。采用算术平均法股价指数就是求得这一股价指数中所有样本的算术平均值。

③加权平均法。在利用加权平均法股价指数时，赋予每种股票一定的权数。通常权数是根据每种股票当时交易的市场总价值或上市总股数来分配，权数就是分发"选票"的依据。

④除数修正法。除数修正法又称道式修正法，是美国道·琼斯公司为克服单纯平均法不足，在1928年发明的一种计算股票价格平均数的方法。此法的核心是求出一个常数除数，去修正因有偿增资、股票分割等因素造成的股价总额的变化，以便如实反映平均股价水平。

⑤基数修正法。此法修正的对象为基期的数值。由于发生有偿增资、新股上市或上市废止等情况，将引起上市股数改变并导致时价总额的变动，为了使报告期与基期的统计口径基本一致而具有较好的可比性，必须对基期的时价作相应的调整。方法是求出上市股数改变前后的时价总额之比，将原基期时价总额乘以这个比率即为基期修正值。

（3）股价指数的种类及我国股价指数

目前，世界上著名的股价指数有：道·琼斯股价平均指数、标准·普尔指数、纳斯达克指数、金融时报股价指数、日经道·琼斯股价平均指数、恒生指数。

我国的上证指数和深证指数也是世界上著名的股价指数。

①上证指数。上海证券交易所编制的股价指数有上证综合指数、上证A股指数、上证B股指数、上证30指数以及上证商业类股指数、工业类股指数、公用事业类股指数、房地产类股指数、综合类股指数。

上证综合指数是反映上海股市行情的股票价格指数，它是以1990年12月

19 日为基期，以所有上市股票为样本，以股票发行量为权数编制的。基期指数为 100 点，其计算公式为：

$$某日股价指数＝该日市价总值/基日市价总值×100$$

式中的分子、分母分别以计算期（报告期）和基期全部股票的收盘价（如当日未成交，则用上日收盘价）乘以发行股数，求得计算期和基期的市价总值，然后进行对比。但是，如果遇到上市股票扩股、分割或减少时，则按下式进行修正：

$$期权日股价指数＝该日市价总值/新基准市价总额×100$$

上证 A 股指数是反映上海 A 股股市行情的股票价格指数，以 1990 年 12 月 19 日为基期。上证 B 股指数是反映上海 B 股股市行情的股票价格指数，以 1992 年 2 月 21 日为基期，市价总值一律按美元计算。

上证 30 指数，是以在上海证券交易所上市的 30 只样本股，包括工业股、商业股、房地产股、公用事业股和其他行业股进行综合计算的，1996 年 7 月 1 日正式发布，以 1996 年 1 月至 3 月的平均流通市值为基期，基期指数定为 1000 点。

上证工业类股指数、商业类股指数、房地产类股指数、公用事业类股指数和综合类股指数，是 1993 年 5 月推出的分类股价指数。

②深圳证券交易所股价指数。深圳证券交易所编制的股价指数有深圳股价综合指数、深圳成分指数。深圳股价综合指数是全面反映深圳股市行情的股价指数，以 1991 年 4 月 3 日为基期，以深圳证券交易所上市的股票为成分股，采用加权平均法编制。遇有成分股变更，刚采用连锁法将计算得到的指数还原到基期，以保证指数的连续性。深圳成分指数，1995 年 1 月 23 日开始推出，以 1994 年 7 月 20 日为基期，基期指数定为 1000 点。该指数按股票种类分为 A 股指数和 B 股指数，A 股指数又按行业分为工业分类指数、商业分类指数、金融业分类指数、地产分类指数、公用事业分类指数和综合企业分类指数。

（二）债券市场统计

1. 债券的含义

债券是政府、金融机构、工商企业等机构直接向社会借债筹措资金时，向投资者发行，并且承诺按一定利率支付利息并按约定条件偿还本金的债权债务凭证。债券的发行人既是资金的最终需求者，也是债务人，承担着到期还本付息的义务；债券的购买者，既是资金的借给者，也是债权人，有权要求债务人按约定条件还本付息。因此，债券是证明持有人和发行人之间债权债务关系的法律凭证。

2. 债券市场统计的主要分组

债券市场统计通常按发行的机构、期限、交易环节、投资对象、计息方式、交割方式等标志进行分组。

（1）债券按发行机构不同，分为国债、政策性金融债券、中央银行债券、资产管理公司金融债券、企业债券等。

（2）不同机构发行的债券期限不同，政策性金融债券的期限分为 3 个月、6 个月、1 年、2 年、3 年、5 年、7 年、8 年、10 年、20 年、30 年等档次，国债分为 1 年、3 年、5 年、7 年、10 年、12 年、15 年等档次，其他国债也分为不同期限档次。

（3）债券按交易环节分为发行、交易、兑付三个环节。

（4）债券按投资对象不同，设计了不同的债券，如国债分为凭证式国债和记账式国债等。凭证式国债的购买者主要是个人，记账式国债购买者主要是单位。

（5）债券按交割方式不同，分为现券交易和回购交易。回购交易又分为正回购与逆回购交易。

3. 债券市场统计主要指标

债券市场统计的主要指标有：发行额、兑付额、期末余额、成交量、成交额和平均利率等。

四、外汇市场统计

（一）外汇及外汇市场的含义

国际货币基金组织对外汇曾作如下解释：外汇是货币行政当局（中央银行、货币机构、外汇平准基金组织及财政部）以银行存款、财政部库存、长短期政府证券等形式所保有的在国际收支逆差时可以使用的债权。《中华人民共和国外汇管理条例》规定，外汇是指下列以外币表示的可以用作国际清偿的支付手段和资产：（1）外国货币，包括纸币、铸币等；（2）外币支付凭证，包括票据、银行存款凭证、邮政储蓄凭证等；（3）外币有价证券，包括政府债券、公司债券、股票等；（4）特别提款权、欧洲货币单位；（5）其他外汇资产。根据这样的规定，外汇必须是：第一，以外币表示的国外金融资产，换言之，用本国货币表示的支付凭证和有价证券不能归为外汇；第二，在国外能得到偿付的货币债权；第三，可以兑换成其他支付手段的外币资产，不能兑换成其他国家货币的外国钞票不能视为外汇。总之，那些用外币表示的信用流通工具和外币本身，统称为外汇。

（二）外汇市场统计的主要分组

外汇市场统计一般按组织方式、交易规模、政府对交易的干预程度、外汇买卖交割等标志进行分组。（1）外汇市场按组织方式，分为柜台市场与交易所市场；（2）外汇市场按交易规模分为外汇零售市场与外汇批发市场；（3）按政府的干预程度，外汇市场分为官方外汇市场与自由外汇市场；（4）按交割不同，外汇市场分为外汇现货市场与外汇期货市场；（5）外汇交易按币种分为美元、日元、欧元、港币等。

（三）外汇市场统计的主要指标

外汇市场统计主要统计交易额和汇率。

1. 外汇交易额

外汇交易额是各种外汇成交的总额，因成交的币种不同，统计时需把其他币种折成一种币种进行统计。中国目前把各币种折合成美元统计总成交额，其中港币、日元、欧元折美元的计算方法是，先各自计算出当天的加权平均价，然后算出美元计价的港币、日元、欧元成交额。计算公式是：

港币折美元＝港币加权平均汇率×（港币成交额/美元加权平均汇率）

2. 汇率

外汇市场的汇率有多种汇率，如买入汇率、卖出汇率、中间汇率；即期汇率、远期汇率等。汇率统计除分别统计多时点上的汇率外，一般还要统计计算平均汇率、加权平均汇率、汇率指数、实际汇率。其中，加权平均汇率是以选择币种的交易额为权数，对其市场成交汇价进行加权平均；汇率指数是报告期汇率与基期之比，反映汇率的变动程度；实际汇率是指剔除两国通货膨胀因素后的汇率，等于名义汇率乘以两国消费物价指数的比率。

（四）银行结售汇统计

1. 银行结售汇的含义

零售外汇市场是客户与银行之间的外汇买卖市场，在我国这种买卖外汇的市场表现为结售汇行为。所谓结售汇，就是企业所创外汇需要卖给国家，所需外汇根据规定向外汇指定银行购汇，外汇指定银行每天根据中央银行公布的人民币与美元的中间价，在一定范围内，制定对客户的挂牌价，与客户进行买卖。

2. 银行结售汇统计主要分组

银行结售汇统计主要根据买卖行为、外汇来源与运用、地区、办理的金融机构等标志进行分。

3. 银行结售汇统计主要指标

银行结售汇统计是统计银行卖出与买进外汇的数额，因而是流量统计。主要指标有：当期发生额、累计发生额、结售汇差额等。银行结售汇的币种不同，还要按银行间外汇市场折算的办法将其他币种折算成美元，用美元作为计算单位进行统计。

复习思考题

1. 什么是货币供应量的层次划分？

2. 简述金融市场的定义及分类。

3. 什么是外汇市场？外汇市场统计有哪些指标？

4. 什么是债券市场统计？债券市场统计有哪些指标？

第十二章 资源环境统计

资源环境统计主要有统计描述和统计分析两个基本功能。统计描述功能从数量方面对资源、环境各要素及其与经济的关系予以描述，构造各种统计指标，提供大量统计数据，使管理者通过统计指标这种特定的"语言"，了解和认识资源环境现实状况、与经济社会系统的关系及其动态过程。统计分析功能是在统计描述基础上，进一步运用特定的统计方法，以当期和历史数据为基础，进行系统的数量分析，以获得资源、环境及其与经济之关系的规律性认识。这两个功能相互衔接，描述功能针对现实状况形成统计数据，分析功能则在描述基础上对统计数据做进一步加工，凸现出数据间的关系和规律性，以获得对现实的进一步认识。

第一节 水资源统计

水资源是指在一定时期的经济技术条件下，人类可以用有经济意义的方式利用的、当年可更新的地表和浅层地下淡水资源。地表水包含地面上流动或储存着的所有水，包括水库、湖泊、河流中的水；地下水包括地下蓄水层中的所有水，是埋藏在地面以下，存在于岩石和土壤空隙中可以流动的水体。

一、水资源总量及其变化统计

（一）地表水资源统计

地表水资源统计的主要指标是地表水资源量。地表水资源量是指水库、河流、湖泊、冰川等地表水体的动态水量，由于地表水体通常都是存在于特定河流流域之上的，所以有时也用天然河川径流量来统一代表地表水资源量。动态水量是由于降水、蒸发等因素的变化而变化的水量，可作为反映当年可更新水资源量的一个理想的统计口径。

$$径流量＝降水量－蒸发量$$

地表水资源量统计时，有几点值得注意：①为使径流量具有一致性，在统计径流量时要消除不断增加的调蓄和损耗等人类活动的影响，也就是所谓的"天然"径流量。②实际应用中，径流量常用径流深来测度。径流深是在一定时段内通过河流某一过水断面的水深，它较径流量更容易测度，但准确性会有所下降。③不同区域的水资源是不同的，在进行区域水资源量比较时，可以以流域片或行政区划为基础。但以流域片作为天然集水单位，在统计上较为简单。

对于可利用水资源的统计而言，水资源质量与数量同样重要。水资源的利用不仅取决于水量，也受水质的很大影响；污染程度越严重，水资源的使用范围就越小，利用成本就越高，可利用性就越差。从度量水资源利用潜力的角度，在统计水资源总量时，应同时对水资源的质量进行统计。

对地表水质量进行统计，通常是将地表水按有机物如 BOD、COD 或是其他如氨氮污染水平来定义，形成不同等级，或是按相应的使用标准分为不同等级，然后再统计流域内各个不同等级的水资源量。对江河来说，通常可以用各个等级的河流长度占考察河段总长度的比例来大体描述不同等级水资源的情况。流域水质等级的定义则因国家和地区的不同而有所不同，如我国《地面水环境质量标准》（GB3838－88）中，根据地面水水域使用目的和保护目标，将地面水划分为五类。

（二）地下水资源统计

地下水资源的主要统计指标是地下水资源量。地下水资源量是降水、地表水（含河道、湖库、渠系和渠灌田间）入渗补给地下含水层的动态水量。一般所统计的地下水，都是可以大量提取的浅层地下水，因为浅层地下水参与水循环并可以逐年更新，与人类生活的关系最为密切。浅层地下水的补给主要来自降水入渗和地表水体的渗漏，地下水资源的分布受到降水和地表水分布的制约。在确定流域分区或行政分区的地下水资源时，要扣除山区和平原之间的重复计算。

另外一个反映地下水资源变化的重要指标是地下水水位。地下水水位随着降雨量、地下水开采量等自然因素和人为因素的变化不停地变化，是地下水开采量的一个较为直接的反映指标。作为评价地下水储留的基础资料，地下水位的观测资料已经得到了广泛利用。

地下水资源同样有质量的分级，地下水色度和浑浊度是衡量地下水质量的主要指标。

（三）水资源总量统计

地表和地下水资源共同构成水资源系统，但一个地域的水资源总量并非就是两者的简单加总。地表水里包含有一部分地下潜流流出到地面上形成的地表水，而地下水特别是浅层地下水的补充，很大部分来自于地表水的入渗。因此，两部分加总的结果中包含了地表水和地下水对水资源的重复计算，必须将这些重复计算量从中扣除。某地域淡水水资源总量可以表示为：

$$水资源总量＝地表水资源量＋地下水资源量－重复计算量$$

如果剔除重复计算，把地表水、地下水作为一个整体，水资源总量的唯一补充来源就是大气降水。所以，水资源总量的另外一个重要统计指标是年降水量：降水量的多少可以反映水资源的丰沛程度，降水量的变化可以反映水资源状况的变化，两者之间所具有的高度相关性。如果从去向予以观察，降水量就等于水资源的总流出量，可以用下式表示：

$$P=R+E+R$$

式中，P 表示降水量，R 表示河川径流量，E 表示水资源的蒸发散发量，U 表示对地下潜流的流出量。

对于特定地域的水资源，还需要反映水的"进口"和"出口"，也就是水从其他地域流入本地和从本地向其他地域流出的数量。有些地区的水循环时间较长，有时可能几年无降水，这时降水量指标的作用非常有限，而水资源的"进出口"指标就更为重要。需要说明的是，这里所说的水资源的"进出口"指的只是河流或是地下水在不同地域的流入流出，而不包括通过输水管道在不同区域之间的水的流动。

二、水资源利用统计

水资源总量统计关注人类可利用的水资源量，而水资源利用统计的对象则是一定时期内人类生产和生活过程实际利用的水资源量。对水资源利用进行统计，可以直接反映人类活动对水资源的影响，反映不同类型生产活动、不同类型生活方式对水资源的依赖程度或者说利用强度，反映水资源不同用途的经济效率。从经济－环境大系统角度考虑，水资源利用统计是整个水资源统计的核心。从统计指标的构建上，水资源利用统计分为水资源利用规模统计和水资源利用强度统计两个层次。以水资源利用统计的指标为基础，可以对水资源短缺的程度和影响进行分析，也可以研究节水和提高重复利用率所带来的效用。

（一）水资源利用规模统计

水资源具有广泛的用途，各个部门的生产活动都或多或少地要使用水，人类为维持生存和提高生活质量更是离不开水。在一定的时期内，当期经济活动规模和人口规模所使用的全部水资源量，就是水资源利用规模统计的对象。

1. 水资源利用总量统计

水资源利用总量统计按其统计口径从窄到宽分别为：用水量、用水消耗量和全部用水量。

（1）用水量

用水量是指各种水源工程提供，分配给用户使用的包括输水损失在内的毛用水量，其计量单位一般为立方米。用水量的统计范围仅限于有水源工程提供的水资源量，来自于非人工来源，如降水、地下水自然补充等的用水量不包括在内。理论上，用水量仅能反映经济活动对人工供水的需求量，而不能反映对水资源的实际需求量。用水量是水资源利用统计的核心指标，它是度量人类从自然体系中的水资源系统输入到经济体系中的水资源量，反映了在资源投入方面两个体系之间的直接交流。利用该指标，可以就一定时期内经济活动规模和人口规模对水资源的用途进行统计，后者具有重要的分析意义。

（2）用水消耗量

用水消耗量指在输水、用水过程中，通过蒸腾蒸发、土壤吸收、产品带走、居民和牲畜饮用等各种形式消耗掉，而不能回归到地表水体或地下含水层的水量。

用水量测度从水资源系统进入经济体系的水资源量，而用水消耗量则测度进入经济体系并且未以任何形式返回水资源系统的水资源量。所以用水量减去返回水资源系统的水资源量即为用水消耗量。对于农业而言，用水消耗量等于用水量与地表地下回归水量之差；对于其他生产部门和居民生活而言，用水消耗量等于用水量与废污水排放量之差。

一般将用水消耗量占用水量的比率称为耗水率。耗水率的高低主要取决于用水方式和用水单位所在地的自然环境，不同部门、不同地区的耗水率会很大差别。如1999年我国农业平均耗水率为63％，工业为25％。但由于用水方式和自然环境都是相对稳定的要素，耗水率一般变化很小。

（3）全部用水量

全部用水量等于用水量与重复用水之和，它反映生产生活中的实际用水量。水资源在进入生产系统以后，经过第一次使用后有一部分并不直接排出生产系统，而是在系统内第二次、第三次重复利用，各次重复用水量的合计就是重复用水。农业、第三产业和居民生活用水方式的特点，基本不可能进行水资源的重复利用，所以重复用水主要存在与工业部门中，部分部门重复用水的数量相当大，最多可到用水量的数倍。

重复利用率是度量工业用水效率的关键指标之一。同类部门比较，重复利用率越高，用水效率越好。我国工业重复利用率为53.34％，这一比例远低于发达国家工业用水重复利用率75％的水平，大致相当于美国20世纪60年代初的水平。

实际计算中，先有用水量才能得到全部用水量和重复利用率。但在理论逻辑上，则是全部用水量和重复利用率决定用水量。全部用水量由生产的技术特征和生产规模决定，在重复利用率一定的情况下，全部用水量越大，则用水量越大；在全部用水量一定的情况下，重复利用率越高，则用水量越小，这就是提高重复利用率之所以能提高工业用水效率内在机制。

2. 水资源用途统计

按用途统计水资源利用量是水资源利用规模统计中有重要的分析意义，为水资源强度统计奠定基础，通常使用的统计口径是用水量。水利部现行的用途分类体系基本上是一个两层体系，第一层的区分为农业、工业、生活三大用途，然后再分别进行细分。农业、工业、生活用水合计再加上城区河湖补水，即为总用水量。城区河湖补水不属于生产用水和生活用水，而是属于生态用水的范畴，但在生态用水中，城区河湖补水只占很小比例，在以生产和生活用水为主的分类体系中，城区河湖补水基本可以忽略。1997 年以来，全国、各流域和各省级行政区均公布各种用途的用水量，但其中对"生活"的定义要大于一般经济统计对"生活"的定义，导致"生产"统计范围的缩小，相应的对部分生产部门用水量统计产生影响。

（二）水资源利用强度统计

水资源利用强度由水资源利用规模指标值除以生产和生活活动规模指标值得到，反映了生产活动或居民生活对水资源的依赖程度和水资源的利用效率。在以用水量作为水资源利用规模统计指标的情况下，对生产用水而言，用以测度水资源利用强度的统计指标为用水系数，或者称为用水定额；对生活用水而言，则是人均生活用水。

1. 用水系数

用水系数表示生产单位产品所使用的水资源量，可用实物单位计量或货币单位计量。如以开采一吨石油的供水量作为石油开采业的用水系数，计量单位是立方米/吨；以万元产值的供水量作为石油开采业的用水系数，计量单位是立方米/万元。实物量用水系数具有物理意义明确、不受价格影响的优点，但实物单位千差万别，不同单位的产品不能合并计算。价值量用水系数则相反，它能够将不同实物单位的产品合并起来计算用水系数，反映这些产品的平均用水强度，但在不同年份比较时却会受价格因素的显著影响，如有的产品产量实际并未上升，用水量也没有变化，但如果产品价格上升，以价值量为基础计算用水系数就会得到用水强度下降的错误印象。

尽管在本质上实物量用水系数更符合用水强度测度的需要，但由于它的不可加性，使得在宏观上无法实际应用，分析者不可能也没有必要对成千上万的用水系数进行比较和研究。除了某些特定的研究外，一般主要使用价格量用水系数。同时为了消除价格因素的影响，在应用该系数进行时序比较和国际比较时，一般要进行价格调整以保证其可比性。

2. 人均生活用水量

居民生活的用水系数一般称为人均生活用水量，即人均每天为满足生活需要的用水量（升/人日），其分子为居民生活用水量，分母按照习惯为人口规模乘以一年的天数，用以反映居民生活的水资源利用程度。人均生活用水量主要受居民生活方式和社会经济地位的影响，同时城乡差别明显。在不同部门之间和不同类型居民间的比较，水资源利用强度主要反映对水资源依赖程度的差别；而在同一部门和同类居民间的比较，水资源利用程度的差别可以说明用水效率和节水程度的差别。这是水资源利用强度统计指标的两个主要作用。

第二节 土地资源统计

土地资源是一种综合的自然资源，是人类社会最基本的生产资料和劳动对象。出于统计的目的，我们使用这样的土地概念：土地是地球上特定部分，是地球表面除海洋之外的陆地及其之上的江河、湖泊等水面，是气候、地貌、岩石、土壤、植被和水文自然因素功能作用形成的自然地理综合体，同时又包含着这一地域范围内过去和目前人类活动的种种影响结果。土地资源是指在一定的经济技术条件下，能直接为人类生产和生活所利用的土地。

一、土地资源存量及其变化统计

（一）土地总量及其类别统计

1. 土地总面积的各类土地资源面积

土地总面积是指一个国家或行政区域内所有土地面积总和，其中既包括陆地面积，也包括陆地上的水域面积，实际上就是一个国家国土面积总和。土地总面积是对土地资源存量状况最具概括性的指标，可以反映一个国家或地区土地中的绝对数量。但仅有一个总量指标是远远不够的，土地资源具有多种类型，不同类型的土地利用方式差别很大，对土地资源进行分类统计具有重大意义。

土地资源进行分类可以有多种标准和分类体系，常用的分类体系有两种：（1）根据土地资源自然属性。依据的具体标准是土地所在位置的地形特征，土地资源通常被分为平原、盆地、丘陵、高原和山地等，相应的统计指标是平原、盆地、丘陵、高原和山地面积。这种分类之所以重要，是因为地形对土地利用方式往往有重要影响，照此分类分别进行面积统计，并进一步计算各类土地面积占土地总面积的比例，即可反映一个国家或地区不同地形土地的构成。（2）根据土地经济属性。根据中国目前应用的分类，按照土地利用方式，可以将土地分为耕地、园地、林地、牧草地、居民点与工矿用地、交通用地、水域和未利用土地等八类，分别统计其面积，即可得到按利用方式分类的土地资源类别统计指标。

2. 人均土地资源

土地总量的多少并不能反映其稀缺程度和利用潜力，作为需求量大的人口数量，是一个不可忽视影响因素。为反映一个国家或地区土地资源的真实充裕程度，还需要对人均占有土地资源的数量进行统计。常用指标有人均土地面积和人均耕地面积。人均土地面积是一个国家或行政区域内所有人口平均每人占有的土地面积；人均耕地面积则指一个国家或行政区域内所有人口平均每人占有的耕地面积。

人均土地面积可以概括性地反映一个国家或地区土地资源的充裕程度。值得注意的是，由于土地有多种类型，可以利用程度差异很大，有的国家土地以易于开发耕种的平原为主，如印度；有的国家则以可利用性很差的沙漠为主，如埃及等，不同国家即使人均土地面积接近，但真实的土地富裕程度却仍可以相差甚远。一般认为，在各类土地资源中，耕地是可利用程度最高的类别，尤其从与农业这一古老的产业及关系来看，因此，人均耕地面积指标常常被选作从可利用程度角度对人均土地面积指标的重要补充。

（二）土地及其类别的空间分布统计

土地总面积和各类土地面积统计反映了一个国家或地区的整体土地资源存量及其内部结构，但由于土地空间位置的固定性，使其空间分布或区域分布与相应区域内的人类活动具有强烈的对应关系，土地及其类别的空间分布统计就成为土地资源统计极富意义的内容。

空间分布统计的指标与土地总量及其类别统计没有什么区别，仍然使用"面积"这一基本尺度。两者的不同在于，相对于总量统计来说，空间分布统计考虑了在一国范围内的区域划分，是结合区域概念来提供土地资源有关指标。例如，将耕地面积与省级行政区划结合所得到的北京市耕地面积等即为土地空间分布的统计指标。我国常用的区域划分有：（1）按行政区域划分，如按照省市自治区所进行的划分。（2）按经济区域划分，如按照所谓东北、华北、华东、中南、西南、西北6大经济区域划分。（3）按照地形特征所形成的东、中、西划分。

以土地空间公布统计指标为基础，可以按照两种方法来计算比例：（1）以土地类型为经，区域划分为纬，计算各区域某类土地占该类土地总量的比例，以分析各类土地资源的区域划分。（2）以区域划分为经，土地类型为纬，计算各区域某类土地占该区域土地总量的比例，以分析各区域土地资源的类型分布。

（三）土地资源存量变化统计

在土地资源存量统计的基础上，从两个统计时点存量的差值，可得到反映存量变化的统计指标。由于一国和地区的土地总面积相对稳定的，因此，土地资源变化指标主要是针对不同类型的土地资源来统计，尤其关注不同利用方式间转换所引起的变化，以此分析土地资源利用的变化趋势。比如耕地的增加或减少，各类经济建设用地的增加或减少等。

需要说明的是，该方法所构造的指标只能反映土地资源的净变化，而不能反映其总变化。就是说，只能表现某类土地资源净减少或净增加，却不能反映增加和减少的各自数量。要想反映总变化，就需要分别进行增加量或减少量的统计。一般来说，净变化对于分析土地资源的变化趋势较为合适，而总变化则更适于测度变化的规模。

　　人类活动对土地资源的影响不仅体现在数量上，很大程度还通过土地质量的演变情况得以体现。统计如何反映土地资源自然变化状况？一方面可以通过土地资源利用方式的变化来体现，同时还可以就良性的土地改造和恶性的土地退化两方面来构造指标，如沙漠以及沙漠化土地面积增加量，水土流失面积增加量，受毒性影响的土地面积增加量，受酸沉积影响的土地面积增加量，盐碱化土地面积增加量，改良土地面积增加量等。

二、土地资源利用统计

（一）土地资源利用统计

　　土地资源进行统计的一个重要内容是要反映特定时间上的对土地资源的利用程度和利用效果。土地利用是具有综合性的概念，是指人类对特定地区的土地有目的地进行改造、管理从而施加影响的过程，其实质是对组成土地的各种自然特性的综合开发和利用。土地资源利用包括土地资源利用的结构布局与利用程度、土地资源利用的强度以及土地资源利用的生态影响。

　　1. 土地资源利用的结构布局与利用程度统计

　　常用的统计方法是在按土地利用方式分组基础上计算各组土地面积占土地总面积的比例，主要的指标有：（1）土地利用率。已利用土地面积占土地总面积的百分比，综合反映土地开发利用程度。已利用土地面积是指人们从事农业生产、建设工矿企业、交通运输、城市、疗养、旅游等社会经济活动的用地面积。（2）土地农业利用率。农用地（包括耕地、园地、林地、牧草地和水产养殖用地）面积占土地总面积的百分比。（3）土地垦殖率。又称土地垦殖指数，指耕地面积占土地总面积的百分比，反映种植业的发达程度。（4）森林覆盖率。森林用地占土地总面积的百分比，反映森林的拥有程度。（5）牧地利用率。生长有饲用价值的植物群落的土地面积占土地总面积的百分比。（6）土地建设利用率。建设用地（包括居民点、工矿、交通、水利设施）面积占土地总面积的百分比。（7）水面利用率。已利用水面面积占水面总面积的百分比。（8）人口密度和交通密度：前者指每平方公里土地上的人口数量，后者是指公路及铁路线总里程与土地总面积的比例（公里/平方公里），它们综合反映了土地资源的开发利用程度及经济方展水平程度。

　　2. 土地资源集约度统计

　　土地资源集约度是指在同一土地面积上投入的生产资料和劳动数量的多少。测度土地资源集约度指标的一般构成方式为：分子是各类投入量指标，分母为土地面积。就分母而言，既可以是土地总面积，也可以是各类土地的面积，但要保证投入施用范围与所投入的土地之范围的对应性。投入量可以用货币尺度，也可以用实物量测度。用货币测度的好处在于可以将计量单位不同的投入品汇总，综合地反映土地的集约度，所以当用货币单位时，集约度统计指标的分子一般是资金投入，采用实物单位时，由于不同单位无法合并，分子种类很多，经常使用的有劳动力、化肥施用量、地膜使用量和机械总动力等。

3. 生产效率统计

生产效率一般可以通过投入产出比来测度，投入产出比较高，即单位投入所获得的产出较多，意味着生产效率较高。对于土地资源而言，产出主要是指各种农产品的产量和产值（相当于产量乘以价格），如粮食总产量、畜牧业的出栏量等；投入情况则较为复杂，不仅化肥等生产过程中的物质消耗是投入，劳动力和机械设备固定资产是投入，土地的数量以及土地资源本身的自然属性也是投入。

在计算投入产出比时会涉及投入种类选择的问题。就土地资源而言，一般的处理方法是将其所有投入水平的状况"委托"到土地面积这一指标上，将因各种其他投入而增加的产量都视为土地数量投入之生产效率提高的结果，直接计算单位土地面积的产量和产值作为测度土地资源生产效率的指标。

4. 土地资源利用的生态影响

人类对土地资源的利用不仅会产生经济效益，对生态和环境也会产生重要影响。土地沙漠化、水土流失等生态恶化的现象都与土地资源的不当利用有密切关系。反映土地资源利用之生态影响常用指标有：（1）水土流失面积指数：水土流失总面积占土地总面积的比例。（2）土地沙化面积指数：土地沙化总面积占土地总面积的比例。（3）土地盐渍化面积指数：土地盐渍化总面积价土地总面积的比例。

（二）耕地资源利用统计分析

1. 耕地资源总量与构成统计

反映耕地总量状况的指标主要有：①耕地面积。反映一个国家或地区耕地的绝对数量的多少。②土地垦殖率。作为耕地面积占土地总面积的百分比，它反映耕地相对数量的多少。③后备耕地资源总量。反映一个国家或地区未来可利用的潜在耕地资源总数。

不同类型的耕地将会有不同的耕作方式和生产效率，耕地资源构成是刻画耕地总体状况的重要内容。耕地资源构成可以按照不同的标准来划分。①按自然属性划分，耕地面积由水田面积和旱地面积构成，进一步还可按灌溉条件进行更次一级的构成统计，如旱地中的水浇地，在此基础上可以计算各自占耕地总面积的比例，作为分析耕地构成的指标。水对于耕地具有特别重要的意义，水田以及水浇地所占比例是衡量耕地状况的重要标志。②按坡度划分，耕地面积分为坡耕地面积和其他耕地面积，对坡耕地面积还可划分为缓坡耕地和陡坡耕地，再计算各自所占的比例。一般说来，无论从经济角度还是从生态角度考虑，陡坡耕种都具有很大的风险性和很小的经济收益，这类土地所占比例是反映耕地总体状况的重要标志。比例越高，耕地可利用性越差。③按不同质量等级划分，按"一等耕地"、"二等耕地"、"三等耕地"、"不宜农耕地"等级别划分的耕地资源面积；按土壤质量划分的耕地面积，即耕地资源中具有不同产量的土壤面积，可以从不同侧面反映一个国家或地区耕地资源质量构成情况。

2. 耕地资源集约度统计

与土地资源集约度类似，耕地资源集约度是为实现农业集约经营而在单位耕地面积上投放的物化劳动和活劳动量。主要指标有：①复种指数。它是指一年内在同一块耕地上种植农作物的平均次数，也就是全部农作物总播种面积与总耕地面积之比，是结合自然条件反映耕地集约经营程度的指标。②耕地的资金集约度。它是指投入耕地的生产资金总量（包括流动资产和固定资产）与耕地面积之比，是从资金投入反映耕地集约经营程度的指标。③耕地的劳动集约度。它是指从事种植业生产的劳动力人数与耕地面积之比，是从劳动投入方面反映耕地集约程度的指标。④耕地的实物量集约度。主要有如下几个指标，一是每公顷耕地拥有马力数，指在册拖拉机的总动力与耕地面积之比，反映耕地的农业机械化程度；二是有效灌溉面积比率，指有效灌溉面积与耕地面积之比，反映耕地灌溉程度；三是每公顷耕地肥料施用量，指肥料总施用量与耕地面积之比，反映肥料投施和培肥地力情况；四是每公顷耕地用电量，指种植业生产用电量与耕地面积之比，反映种植业生产的电气化程度。

第三节　矿产资源统计

矿产资源是指赋存于地下或地表的，由地质作用形成的呈固态、液态或者气态的具有现实和潜在经济价值的天然富集物。作为一种重要的自然资源，矿产资源具有不可再生性、分布不均匀性、共生性、伴生性等自然属性；它的经济属性表现为资源范围的动态性和资源量的不确定性。矿产资源统计的内容包括：矿产储量统计、质量统计、分布统计、储量变动统计、利用统计等。这些内容以储量统计为中心联系在一起，质量统计描述的是矿产储量的质量，分布统计讨论的是储量的地理分布情况，变动量统计是对储量变化的统计等。

一、矿产资源的分类与矿种统计

（一）矿产资源的统计分类

矿产资源按其可燃性，分为能源矿产和非能源矿产；按其在天然条件下的物理状态，分为固体矿产、液体矿产和气体矿产；按元素性质，分为金属和非金属矿产；按其经济用途，分为作为原料的矿产和作为燃料的矿产等。

能源矿产资源和非能源矿产资源之间的主要区别在于是否可循环使用，前者是所谓"使用后就消耗掉"资源，而后者至少从理论上看是全部可以循环的。非能源矿产的分类对象都是不明确的个体，因此分类相对容易进行。根据所含矿物组分，非能源矿产可分为金属矿产和非金属矿产两大类。金属矿产是指含有金属元素的、可供工业提取金属有用组分或直接利用的岩石与矿物，通常按金属元素来做进一步细分；非金属矿产是指工业上不作为提取金属元素利用的矿产，除少数非金属矿物是用来提取某种非金属元素，如磷、硫等外，大多数非金属矿产利用的是矿物或矿物集合体的某些物理、化学性质和工艺特性，如云母的绝缘性、石棉的耐火、耐酸、绝缘、绝热和纤维特性等。

（二）矿种统计

由于矿产资源分布的不均匀性，对特定区域来说，有必要在资源分类基础上进行所拥有矿种的统计。一国所拥有的矿种种类的多少可反映其资源的配套程度，对于建立完整的国民经济体系具有重要意义。世界上已知的主要矿产在我国均有发现，其中有查明储量的矿产共 157 种，包括能源矿产 9 种，金属矿产 54 种，非金属矿产 91 种，其他水气矿产 3 种。中国是世界上矿产种类多、矿种齐全、配套程度较高的少数几个国家之一，不仅拥有煤、石油、天然气、铀矿等能源矿产资源，也拥有铁、铜、铝、钨等金属矿产资源，磷矿、硫矿等非金属矿产资源，以及地下水、矿泉水等水气矿产。

二、矿产资源储量统计

（一）矿产资源总储量统计

矿产资源性质各异，因此储量统计通常是分类进行的，不能简单地加总。主要指标有两个，一是矿产资源潜在价值总值，反映一国矿产资源总量的大小；二是按照人均和单位陆地面积计算的矿产资源潜在价值总值，反映一国矿产资源的相对丰裕程度。

（二）矿产资源分矿种储量统计

1. 各类矿产的总产量指标

反映矿产的总数量以及现行的经济技术条件下可利用的矿产资源的数量。包括矿产探明储量、矿产保有储量、可利用的矿产储量、不可利用的矿产储量等。

2. 各类矿产的人均储量指标

反映矿产的相对丰裕程度。如人均矿产探明储量、人均矿产保有储量等。

3. 各类矿产储量的国际比较指标

反映矿产的优势、弱势和竞争能力。常用的有：各类矿产储量占世界总储量的百分比、总储量的世界排名、人均储量的世界排名。

三、矿产资源储量质量统计

（一）品位

矿产品位按有用组分的含量分类，品位越高，质量越好，越利于开发利用。从品位方面反映矿产资源质量的下指标有：各品位矿产储量占总储量的比重、矿产平均品位。

（二）规模

矿床规模按矿产储量分类。矿产勘查与开发均需大量投入，单个矿床的规模越大越具经济意义，不同规模矿床占矿床总数的比例是最重要的指标。

（三）矿产的空间垂直分布

矿产垂直分布的深度主要影响矿产开采的难易程度，在一定程度上也可作为矿产储量质量的标志。主要统计指标为距地表一定范围内的储量及其占总产量的百分比。

四、矿产资源分布统计

（一）矿产资源总储量分布

与矿产资源总储量统计类似，要反映矿产资源总储量丰富，也要借助于矿产资源潜在价值，反映各地区矿产的丰饶程度。具体指标包括：各地区的矿产资源潜在价值、各地区矿产资源潜在价值在全国的百分比、各地区单位面积矿产资源潜在价值、各地区人均矿产资源潜在价值。

（二）矿产资源分矿种储量分布

不同矿产的形成需要有不同的地质条件，各种矿产的地区分布和丰度表现出很大差异。反映各矿种的分布，需要分矿种统计以下指标：各地区的储量、各地储量占总产量的比重、各地各种规模矿床的数量、各地各种规模矿床占矿床总数的比重。

五、矿产资源变动统计

（一）矿种变动统计

矿种变动即所拥有矿种数量的增减变化。通常，随着人类认知程度的提高，矿种会不断增加。在统计上，一般是考虑一国总矿种和分类别矿种增加的情况。

（二）矿产储量变化统计

矿产储量变化统计包括储量的增加和储量的减少。储量增加主要指新增的探明储量，即前后两个时期（如年）累计探明储量之差，是地质勘查和经济评估的结果。储量减少包括正常开采造成的耗减与其他非正常耗减，其中，前者用已开采量指标表示，是指已经完成采矿最后生产过程，从采场运到坑口或台阶的全部采出的能利用的储量；后者主要用损失量指标表示，是开采过程中永远遗留于坑内或采场不能采出的储量，但不包括地面运输以及选矿过程中造成的损失。

在这些变动指标中，最受关注的是已开采量指标，它代表了实际进入经济过程的资源产品量，同时从资源角度看，它体现了当期被开采利用资源规模。统计上经常要计算矿产资源的采储比，即以已开采量与矿产储量求比值，反映矿产资源的实际开发利用程度或矿产资源的开采速度。

第四节 森林资源统计

森林资源狭义上指以乔木为主体的森林植物组成部分。《中华人民共和国森林实施条例》在法律意义上明确了森林资源的范畴："森林资源，包括森林、林木、林地以及依托森林、林木、林地生存的野生动物、植物和微生物。森林，包括乔木林和竹林。林木，包括树木和竹子。林地，包括郁闭度 0.2 以上的乔木林地以及竹林地、灌木林地、疏林地、采伐迹地、火烧迹地、未成林造林地、苗圃地和县级以上人民政府规划的宜林地。"从资源统计的角度，森林资源的涵盖范围界定为林地和林木两部分。其中，林地指森林涵盖和以发展林业为目的土地，包括已有森林生长的土地和规划为发展森林的用地；林木则指森林中生长的木本植物。林木资源统计是森林资源统计的主要对象。

一、森林资源实物量及其变动统计

（一）林地资源实物量及其变动统计

林地的本质是土地资源，因此其实物量及其变动统计具有较明显的土地资源统计的特点，即比较侧重于面积统计。但是，作为与森林相结合土地资源，在林地分类上则主要采用森林分类标准。

1. 林地资源实物量统计

林地资源实物量统计主要反映某一具体时点的林地面积及其构成情况、可按总量和人均分别统计。林地面积统计分类最常用的是按照中国森林资源连续清查复查中实现的分类标准，将林地分为疏林地、未成林造林地、灌木林地、苗圃地、其他林地和有林地等。一般而言，有林地面积比重最大，是林地资源统计的主体。

2. 林地资源实物量变动统计

林地资源变动统计主要反映一定时期内各种因素所引起的林地面积的消长变化。引起林地资源存量变动的因素主要包括自然因素、经济因素、分类和再评估因素等，实践上很难将各种因素所导致的林地面积变化分离开来。通常的做法是直接从林地面积与非林地面积之间的转化以及林地的内部结构调整来分析林地资源存量的变动。有林地面积、用材林面积和无林地面积变化情况分析类似。表示有林地面积增加和减少的关系式：

有林地面积增加量＝疏林地转化为有林地面积＋灌木林地转化为有林地面积
＋未成林造林地转化为有林地面积＋苗圃地转化为有林地面积

$$＋无林地转化为有林地面积＋非林地转化为有林地面积$$
$$有林地面积减少量＝有林地转化为疏林地面积＋有林地转化为灌木林地面积$$
$$＋有林地转化为未成林造林地面积＋有林地转化为苗圃地面积$$
$$＋有林地转化为无林地面积＋有林地转化为非林地面积$$

（二）林木资源实物量及其变动统计

林木资源统计和主要任务是查明林木资源的数量、质量、构成和分布，以及由于森林的自然生长、人为造林更新采伐和不可控灾害事件等因素引起的森林资源的消长变化情况。由于林木资源结构、品种、类型复杂，即使是相同的树种、林种，有的有径级大小、林层高低和年龄长短的差别，通常以立木蓄积作为林木资源实物量的统一度量指标。

1. 树木资源实物量统计

树木资源数量统计实质上是对森林资源中林木蓄积量的系统描述，蓄积量指标包括总蓄积量和分类蓄积量。

总蓄积量包括两个指标：一是活立木总蓄积量，指一定范围内土地上全部在生长树木的总蓄积量，包括林分蓄积、疏林木蓄积、散生木蓄积和四旁树蓄积。活立木区别于枯立木倒木的标志是活立木还具有生长能力。二是森林总蓄积量，指一定森林面积上存在着的林木树干部分总材积，既包括活立木总蓄积，也包括枯立木倒立木蓄积。一般说来，森林总蓄积量是反映一个国家或地区森林资源总规模和水平的基本指标，也是反映森林资源丰富程度、衡量森林生态环境优劣的重要依据。

2. 林木资源实物量变动统计

林木资源实物变动统计反映林木蓄积量的变化情况。从五次森林清查中森林总蓄积和活立木总蓄积的变动趋势看，自 20 世纪 70 年代初期至 20 世纪 90 年代末，中国森林蓄积量保持持续上升的趋势，反映了中国植树造林、封山育林、退耕还林等措施的积极影响。

（三）森林资源质量统计

森林资源质量统计的主要指标有：平均单位林地面积林木蓄积、森林的林龄结构比例、用材林林木的径级组比例等。

1. 平均单位林地面积林木蓄积量

主要就林分地计算，反映单位面积上森林蓄积量的多少。一般来说，该比值越大，森林资源的质量就越高；比值越小，森林资源质量越低。计算关系式为：

$$单位林地面积林木蓄积量＝林分林木蓄积量/该林分所占面积$$

2. 森林的林龄结构比例

指森林资源中幼龄林、中龄林、近熟林、成熟林、过熟林的面积比例或蓄积量比例。林龄结构比例对森林的可持续经营有重要意义，如幼中龄阶段是林木生长旺盛的阶段，也是蓄积量增加最快的时期，这一时期应减少砍伐，以免影响森林资源的增长。

3. 用材林林木的径级组比例

胸径的大小是用材林质量的重要指标，因此，可以用林木径级组比例来反映用材林林木的质量结构。用材林林木径级组比例是指用材林不同胸径组的林木的比例，可以按蓄积量来计算，也可以按林木株数计算。林木径级组比例稳定是用材林林木结构比较合理的表现。

二、森林资源利用统计

（一）林地资源利用统计

反映林地资源利用情况的主要指标有：森林覆盖率、各类林地面积结构、林地生产力及采伐迹地更新率等。

1. 森林覆盖率

森林覆盖率指一个国家或地区森林面积占土地面积的百分比，反映了森林覆盖土地的程度、反映森林资源的丰富程度和生态平衡状况。在计算森林覆盖率时，森林面积包括郁闭度 0.2 以上的乔木林地面积、竹林地面积以及国家特别规定的灌木林地面积、农田林网以及四旁林木的覆盖面积。我国现行的森林覆盖率计算公式如下：

森林覆盖率（%）

＝森林面积/土地总面积

＝（有林地面积/土地总面积）＋（灌木林地总面积/土地总面积）＋

（农田林网面积/土地总面积）＋（四旁树占地面积/土地总面积）

＝有林地覆盖率＋灌木林覆盖率＋林网占地覆盖率＋四旁树占地覆盖率

林地利用充分与否决定林地面积大小，从而决定森林覆盖率的高低，反映林地资源利用程度的基本指标。

2. 各类林地面积结构

林业用地包括有林地、疏林地、未成林造林地、灌木林地、苗圃地和无林地，把上述各类林地面积与林地总面积进行对比，可反映林业用地的利用情况。一般来说，林地利用率越高，有林地面积比重越高，而疏林地、无林地的面积比重越低。充分利用无林地是林地管理和经营的主要目的。

3. 采伐迹地更新率

森林是可再生资源，某种程度上自我更新自我复制。森林采伐或者发生火灾以后，必须及时更新才能促进森林覆盖的恢复，保证森林资源的永续利用。这种更新包括人工更新、人工促进天然更新、天然更新。更新率就是反映采伐与更新之间关系的指标。采伐迹地更新率是人工更新和人工促进天然更新造林合格面积与相应时期采伐面积和火烧迹地面积之比。

4. 林地生产率

林地生产率是指单位林地面积年产量或产值，它从林业生产角度反映林地利用程度和效果，以产量表示的林地生产率称为林地生产率实物指标，以产值表示的林地生产率称为林地生产率价值指标。

（二）林木资源利用统计

反映林木资源利用情况的主要统计指标有：森林资源开发率、采伐面积、采伐蓄积量、出材量与出材率，以及采伐剩余物综合利用率等。

1. 森林资源开发率

森林资源开发率是指已开发森林资源占全部森林资源的比例，可按面积、蓄积计算，用以反映森林资源开发利用的程度。其计算公式如下：

森林资源开发率＝已开发森林资源面积/全部森林资源面积

该指标数值越高，说明森林资源开发程度越高。值得注意的是，该指标数值并不是越高越好，从可持续利用出发，不应该追求最大的开发率，而是要使开发保持在一个适度的水平上。

2. 采伐面积、采伐蓄积量、出材量与出材率

采伐面积：报告期实际采伐的伐区面积，包括本年新采伐面积和回头采伐面积。

采伐蓄积量：报告期森林主伐、低产林改造和成林抚育间伐的实际采伐蓄积量。

出材量：报告期实际采伐的林班面积中生产的原条、原木、小规格材和薪材的数量，不包括枝丫、树皮、伐根等。统计出材量时，一般区分主伐出材量和抚育伐出材量，而且在出材量合计中要分别列出针叶种、阔叶种。

出材率：出材量与采伐蓄积量的比率，是反映森林资源利用情况的重要指标。出材率高，表明林木资源利用得当，反之说明利用程度较低。

3. 采伐剩余物综合利用率

在森林资源采伐利用过程中，会产生大量的伐区剩余物，如梢头、枝丫、树皮、树叶等。充分利用伐区剩余物和加工剩余物，开展森林资源综合利用，不仅能为国家提供更多的产品，而且对节约森林资源，相对减少采伐面积，促进采育比例协调具有重要意义。反映采伐剩余物综合利用的指标是采伐剩余物综合利用率，其计算公式为：

采伐剩余物综合利用率＝剩余物综合利用量/采伐剩余物总量

第五节　渔业资源统计

渔业资源，也称水产资源或水生资源，指具有经济开发利用价值的水生生物资源。包括鱼类、贝壳类、海面、藻类以及水生哺乳动物等各种具有经济价

值、可开发利用的水生生物资源。

一、渔业资源总存量及其变动统计

资源统计的主要内容无外乎存量与流量（变动量）统计。对于渔业资源这样一种实物形态拥有处于变化和流动中的生物资源来说，获得存量及其变动数据存在技术上的巨大困难，无法通过直接计数来获得有关数据，通常借助于其他间接方法来测度渔业资源及其变动量。

（一）从生物学角度进行渔业资源总存量统计

生物学上会使用各种不同的方法来估算各种渔业资源种群的存量或规模。实际总体分析法（VPA）是目前最可靠的方法，它是由同一种群中各子群体的捕获数据以及单位获得数据来推断种群的总规模，但这种方法只适于推算寿命相对较长并且已知捕获量中各子群体所占比例的那些种群的规模。如果这些信息不完全，可能要采用一些数学模型，如根据单位捕获量来推算该种群的可得性进而推算其规模，但鉴于这些模型的假设较多，一般很难以同质单位估算捕获量，使得统计结果的准确性大为降低。

（二）从开发利用角度进行渔业资源存量和变动统计

由于渔业资源存量的不可得性，实际统计常常要借助于渔业资源开发利用的数据来间接表述渔业资源的总存量和变动量，其中涉及的重要的指标就是渔获量。按照联合国粮农组织（FAO）的统计解释，渔获量包括通过捕杀、捕捞、定置作业、采集、饲养或养殖等各种生产活动获得的，用于商业、工业和维持生计等一切用途的渔业资源数量，其基本统计口径是折算为鲜活重量的上岸量。显然，渔获量是渔业资源开发利用统计的一个指标，表征的是渔业资源开发利用深度和强度的大小，并不能代表某种资源的全部。但渔业资源存量的各种变动通常也必然会引起捕获量的相应变动，至少会大致上有相同的变动趋势，在没有其他方法获得存量及其变动数据的情况下，以捕获物数量及构成等的变化作为渔业资源存量及变动的一种间接测度是有可能的，也是可以接受的。

其他一些指标也可以作为渔业资源存量及其变动统计的替代。如通过单位捕获来推算种群规模的方法，单位水域面积的渔获量、渔船每吨位的平均捕获量等数据来反映渔业资源的丰度。但是，由于渔业资源的地域差异非常明显，这种测度方法可能只适合于对特定水域或渔场的专门研究和历史研究，而且丰度也只是存量规模的一种间接反映，不是直接测度。在现实的渔业统计和相关分析中，更加常用的方法是以渔获量作为渔业资源存量及变动的替代指标。

二、渔业资源存量及其变动分类统计

最基本的渔业统计分类有三种，一是按渔业资源的生存水域划分为海洋资源和内陆渔业资源（淡水渔业资源）。二是按其生命过程受人类控制和干预的程度，分为培养性渔业资源和非培育性渔业资源，也成为人工养殖的渔业资源和天然生产的渔业资源，与渔业经济统计相对应，前者一般对应于养殖业统计数据，后者则对应于捕捞业统计数据。三是按生物种群分为鲸、海豹和其他水生哺乳动物类，杂水生动物类，杂水生动物产品，水生植物等 9 大类，其下还有 50 个种类，覆盖了 1073 个物种。

（一）海洋与淡水渔业资源

渔业资源中海洋渔业资源与淡水渔业资源的构成情况可以通过渔业水产品总量中海水产品与淡水产品的构成予以间接反映。

（二）培育性与非培育性渔业资源

培育性与非培育性渔业资源的差别主要在于其生长过程受人类控制的程度，一般将前者看作人工养殖的成果，将后者看作是天然生产的结果，两者分别构成养殖业和捕捞业的生产基础和开发对象。一般用水产品总量中人工养殖和天然生产或者养殖业于捕捞业的产量来反映两者在总的渔业资源中的构成情况。

（三）按种群分类的渔业资源

渔业资源的种群构成，首先是用鱼类、虾蟹类等在水产品产量中的比重来表示。从测度渔业资源的存量及构成变化的角度，计算主要的渔业资源开发对象（如优质鱼类或重要商业鱼类）的捕捞量在总渔获量中所占比重以及其年龄构成，所得数据可能具有更大的分析价值。在人工养殖的产量中，渔业投入因素起非常重要的作用，如果以受人类干扰较小的捕捞数据为分析对象，将更能反映渔业资源本身的构成状况。

第六节　环境污染物排放及治理统计

一、环境污染物排放统计

环境污染物排放统计由污染物排放量统计、污染物排放密度统计和污染物排放强度统计三部分构成。根据中国国家环保总局出台的《"九五"期间全国主要污染物排放总量控制》，有 12 种污染物可以作为污染物排放统计中的重要污染物，具体包括 3 类大气污染物（烟尘、SO_2、工业粉尘）、8 类水污染物（COD、挥发酚、氰化物、汞、砷、六价铬、镉、铅）和工业固体废弃物。通过对这些主要污染物的统计测度，可以初步反映污染问题的大致状况和控制情况。

（一）工业污染物排放量统计

工业污染物排放量统计是对一定时期内一个国家或地区含有污染物的工业污染物排放总量的统计测度，能反映污染物的排放规模和环境压力。排放量统计主要使用以下指标：

1. 工业废气排放量

企业厂区内燃料燃烧和生产工艺过程中产生的各种排入空气的含有污染物的气体的总量。排放量所使用的单位一般是立方米（Nm^3），这是指排放的废气在标准状况（即一个标准大气压和摄氏零度）下的干气体积。

2. 工业废水排放量

经过企业厂区所有排放口排到企业外部的工业废水量。包括生产废水、外排的直接冷却水、超标排放的矿井地下水和与工业废水混排的厂区生活污水，不包括外排的间接冷却水，但是清污不分流的间接冷却水应计算在内。一般通过实测法和系数推算法来获得废水排放量。

3. 工业固体废弃物产生量

企业在生产过程中产生的固体、半固体和高浓度液体状废弃物的总量。废物、冶炼废渣、粉煤灰、炉渣、煤矸石、尾矿、放射性废物和其他废物等；不包括矿山开采的玻璃废石和掘进废石（煤矸石和呈酸性或碱性的废石除外）。其中酸性或碱性废石指采掘的废石其流经水、雨淋水的 pH 值小于 4 或 pH 值大于 10.5 者。固体废弃物产量并不等于排放量，一般是后者的 10 倍。

4. 工业固体废弃物排放量

所产生的固体废物排到固体废物污染物防治设施、场所以外的数量，不包括矿山开采的剥离废石和掘进废石（煤矸石和呈酸性或碱性的废石除外）。计算公式为：

工业固废排放量＝工业固废产生量－储存量－综合利用量－处置量＋综合利用和处置往年储存量

（二）工业污染物排放密度统计

工业污染物排放密度统计是对包含在工业污染物中的各类污染物数量的统计测度，基础指标就是污染物排放量，包括废气排放密度、废水排放密度和工业固体废弃物排放密度统计。

1. 废气排放密度

废气排放密度的统计指标主要有：（1）工业二氧化硫排放量，它是指企业厂区在燃料燃烧和生产工艺过程中排入大气的二氧化硫数量，通常用物料衡量法来计算。（2）工业烟尘排放量，是指企业厂区内燃料燃烧产生的烟气中夹带的颗粒物数量，可采用林格曼仪法、收尘法、光电透视法和烟尘测定仪法等方法测量。（3）工业粉尘排放量，指企业在生产工艺排放过程中排放的颗粒物重量。如钢铁企业的耐火材料粉尘、焦化企业的筛焦系统粉尘、烧结机的粉尘、石灰窑的粉尘、建材企业的水泥粉尘等，不包括电厂排入大气的烟尘。

2. 废水排放密度

废水排放密度的统计指标主要有：（1）工业废水排放达标量，它是指各项指标都达到国家或地方排放标准的外排工业废水量，包括未经处理外排达标和经过处理后外排达标两部分。和不达标情况相比，达标部分的污染物密度会较低，因此在废水排放中达标排放占有较大比例，说明工业废水排放的污染物密度较低。（2）工业废水化学需氧量，指在规定条件下，排放的工业废水中能被氧化的物质氧化所需要的氧化剂的量。（3）工业废水主要污染物排放量，指在规定条件下，排放的工业废水中各类主要污染物的含量。如汞、镉、六价铬、铅、砷、挥发酚、氰化物、化学需氧量、石油类、氨氮。这些污染物排放量越大，在废弃物排放中占有的比例越高，工业废水排放密度越大。

3. 工业固体废弃物排放密度

工业固体废弃物排放密度用所排放的工业固体废弃物中各类主要污染物的含量表示，如危险废物、冶炼废渣、粉煤灰、炉渣、煤矸石、尾矿、放射性废物。该类指标可以反映固体废弃物排放的污染物密度。

二、环境污染物治理统计

环境污染物治理是环境保护活动的重要组成部分，治理对象主要包括大气污染物、水体污染物、固体污染物和其他污染物。污染物治理统计包括污染物治理量统计、污染物治理率统计以及污染物治理投入统计。治理量统计和治理率统计从治理活动成果的角度描述废弃物治理的水平，不同之处在于前者以绝对量的方式体现，而后者则通过计算废弃物排放量中得到治理的比率，从相对比例角度反映治理活动成果。治理投入统计从治理活动投入角度进行测度，治理投入决定了环境治理能力和治理水平。

（一）工业污染物治理量统计

1. 工业废气治理量指标

工业废气治理量指标主要有：（1）经过治理的废气量，是指经过废气处理设施处理过的废气量，具体包括经过消烟除尘设施处理过的废气量和经过净化处理装置处理过的工艺废气量两个指标。（2）工业二氧化硫去处量，指燃烧燃料过程中产生的废气和生产工艺过程中产生的废气经过各种废气治理设施处理后去除的二氧化硫重量。（3）工业烟尘去除量，指企业燃料燃烧过程中产生的废气经过各种废气治理设施处理后的去除烟尘的重量。（4）工业粉尘去除量，指企业和生产工艺过程中产生的废气经过各种废气治理设施处理后去除的粉尘重量，不包括电厂去除的烟尘。

2. 工业废水废气治理量指标

工业废气治理量指标主要有：（1）工业废水处理排放达标量，是指经过各种水治理设施处理后达到国家或地区排放标准的废水排量。在统计时这一流量一般包括在工业废水排放达标量中，不过为了体现治理水平应将其分离出来。（2）工业废水处理重复用水量，指经过各种水治理设施处理后（不考虑其有没有达到国家或地方标准），被重新使用的工业废水。（3）工业废水污染物去除量，指在处理工业废水时除去的主要污染物的重量：氰化物、化学需氧量、石油类、氨氮和挥发酚。

3. 工业固体废弃物治理量指标

工业废气治理量指标主要有：（1）工业固体废弃物综合利用量，它是指通过回收、加工、循环、交换等方式，从固体废弃物中提取或者使其转化为可以利用的资源、能源和其他原材料的固体废物量（包括当年利用往年的工业固体废弃物累计储存量），如用作农业肥料、生产建筑材料、筑路等。综合利用量由原产生固体废弃物的单位统计。（2）工业固体废弃物处置量，是指固体废弃物焚烧或者最终置于符合环境保护规定要求的场所，并不再回取的工业固体废弃物量（包括当年处置往年的工业固体废弃物累计储存量）。处置方法有填埋、焚烧、专业贮存场（库）封场处理、深层灌注、回填矿井等。（3）工业固体废弃物贮存量，指以综合利用或处置为目的，将固体废弃物暂时贮存和堆存在专设的贮存设施或专设的集中堆积场所内的数量。专设的固体废弃物贮存场所或贮存设施必须有防扩散、防流失、防渗透、防止污染大气和水体的措施。

（二）工业污染物治理率统计

工业污染物治理率是在排放量和治理量统计的基础上加工获得，是评价一个国家或地区环保活动成果的主要依据，也是污染物治理统计的核心。对于废气、废水而言，治理率常用于评价指标是达标率；对于固体废弃物而言，治理率常用于评价指标是综合利用率和处理率。

1. 达标率

达标率是指各类污染物达标排放量占总排放量的比例。对于废气而言，可以计算工业二氧化硫排放达标率，工业烟尘排放达标率和工业粉尘排放达标率。对于废水而言，通常不分污染物种类分别计算，而是计算工业废水排放达标率这一综合指标。需要说明的是，虽然工业废水排放达标量中包含部分未处理而达标的外排废水，但主要还是经过处理而达标的外排废水，因此这一指标仍可以体现工业废水的治理率。

2. 工业固体废弃物综合利用率

工业固体废弃物综合利用率是指所生产的工业废弃物中综合利用部分所占有的比例。由于当期被综合利用部分与当期产出部分有可能发生时间错位，在计算该综合利用率时需要对分子和分母的对比口径予以调整。其计算公式为：

综合利用率＝工业固体废弃物综合利用量／（当年产生的工业固体废弃物＋综合利用往年贮存的工业固体废弃物）

3. 工业固体废弃物处理率

和综合利用率一样，工业固体废弃物处置率也要进行分子和分母的口径调整，计算公式为：

工业固体废弃物处置率＝工业固体废弃物处置量／（当年产生的工业固体废弃物＋处置往年贮存的工业固体废弃物）

（三）工业废弃物治理投入统计

与工业污染物治理水平密切相关的是用于治理的投入，投入可分为即资金、设备和人员，相应的治理投入统计指标也分为 3 类。

1. 工业污染物治理投资完成额

在统计年度实际建设完成，可付诸使用的工业污染物治理设施的投资额。投资完成额常用以分析治理能力的变化。

2. 工业污染物治理设施

投资额主要从流量角度反映废弃物治理投入，治理设施这一实物量指标（计量单位为套）则主要从存量角度反映投入水平，反映治理能力。

3. 工业污染物治理设施运行费用

它是从另一个角度对存量投入水平的反映。污染物治理设施并非建设完成便可一劳永逸，设施的日常运行与维护仍需要费用的投入。设施套数越多，在平均意义上运行费用越多，两者有正相关关系。

复习思考题

1. 简述水资源统计的主要内容和指标。

2. 常用的土地资源统计指标有哪些？

3. 矿产资源统计的内容包括哪些？它们与储量统计有怎样的关系？

4. 森林资源统计的主要对象和主要内容。

5. 渔获量是如何反映渔业资源存量及其变动的？

6. 某日用化工厂每年生产洗衣粉 400t，已知洗衣粉生产废水排放系数 $K_水＝40t/t$，COD 排放系数 $K_{COD}＝6.8kg/t$，油排放系数 $K_油＝4.7kg/t$，计算此厂每年废水排入量及水中主要污染物的量。

7. 某铝生产厂在生产铝的过程中，年产生赤泥量 15000t，每年将 9000m^3 运到山区填沟造田，它的堆密度 $\rho＝0.9t/m^3$。求该厂的废渣处理量和处理率。

第十三章 财 政 统 计

第一节 财政收支统计概述

财政收支统计是对财政收入以及财政支出的有关情况进行统计、分析，并通过财政收支的平衡状况，检查国家预算的执行情况。财政收支统计具体包括三个方面的内容：财政收入统计、财政支出统计、财政收支平衡统计。

一、财政收入统计

广义的财政收入包括预算收入和预算外收入。预算收入即狭义的财政收入，是指在一个预算年度内通过一定的形式和程序，有计划地筹措的归国家支配的资金，是国家的主导财力，反映着整个国家的政策、各级政府活动的范围和方向，主要用于解决全面、整体、宏观方面的需要，由国家财政统一筹集、分配使用和管理。我国预算收入主要包括税收收入、国有资产收益、债务收入和其他收入。此外，还有以满足某一时期特定需要的收入形式，如曾经征收过的国家能源交通重点建设基金、国家预算调节基金等。

预算外收入是指按照国家财政、财务制度规定，不纳入国家预算，由各地区、各部门、各单位自收自支、自行管理使用的财政性资金，是国家的补充财力，反映着各职能部门事业活动的特点，主要用于解决局部、部分、微观方面的需要，由各地区、各部门或各单位组织、使用和管理。一般来说，绝大部分的预算外资金都有收与支的对应关系，从哪里取得的收入，就应该用于哪里，从哪里转移过来的价值，就应该给哪里补偿，尽量维持原有价值的平衡状态，或者为了解决某些特定需要，而采取预算外资金的筹集方式。预算外收入的管理范围主要包括：（1）根据国家法律、具有法律效力的规章收取的各种行政事业性收费、基金（资金、附加收入）和凭借政府职权筹集的资金等；（2）按照国务院和省级人民政府及其计划和财政部门共同审批的项目和标准，收取和提取的各种行政事业性收费；（3）按照国务院或财政部审批的项目和标准向企事业单位和个人征收、募集或以政府信誉建立的具有特定用途的各种基金（资金、附加收入）；（4）主管部门按照国家规定从所属企事业单位和社会团体集中的管理费及其他资金；（5）用于乡镇政府开支的乡自筹和乡统筹资金；（6）其他未纳入预算管理的财政性资金。主要包括以政府名义获得的各种捐赠资金，财政拨款有偿使用回收资金中未纳入财政预算管理部分，国家行政机关派驻境外机构的非经营性收入，财政专户利息等。

由于债务收入不属于经常性收入，而预算外收入无法得到精确的计算，本节的财政收入，主要针对经常性预算收入。

（一）财政收入水平统计指标

1. 财政收入在国内生产总值中的比重

$$财政收入在国内生产总值中的比重 = \frac{报告期财政收入}{报告期国内生产总值}$$

国家财政是国民收入再分配的工具。财政收入的增长与 GDP 的增长有着直接的关系。用财政收入总额与 GDP 总额对比，是了解各个时期财政收入在 GDP 中所占的比重，对于研究财政分配与总产出之间相互关系的重要指标。

2. 税收收入统计指标

财政收入按形式分为税收收入、国有资产收益、其他收入等。税收是指一国政府凭借本国的政治权力，依据相关法律按照预定的标准，向处于本国税收管理范围之内的居民和居民组织强制无偿征收的财政收入。税收是财政的主体收入，一般占世界各国财政收入的比重在 70％以上。国有资产收益也叫经营性国有资产收入，是指国有资产管理部门以国有资产所有者代表的身份，取得的除去税收、使用费以外的其他收入形式。

财政收入主要来自于税收，利用税收的统计资料可以进行许多重要的分析并进行国家间的比较。关于税收负担的统计指标主要有以下几个：

（1）税收收入占国内生产总值的比重

$$税收收入占国内生产总值的比重 = \frac{报告期税收收入总额}{报告期国内生产总值}$$

这一指标反映宏观税负水平，表明在 GDP 分配中的集中程度，是政府制定税收政策的重要依据，也是税收政策实施的综合体现。

（2）纳税主体的负担

$$纳税主体的负担 = \frac{报告期纳税主体纳税额}{报告期纳税主体应税收入}$$

这一指标反映微观税负水平，可用于衡量企业和居民个人的税收负担水平，或用于各阶层居民或各类企业之间税收负担水平的差距。

（二）财政收入结构统计分析

财政收入按来源分类，包括两种不同的亚类：一是以财政收入来源中的所有制结构为标准，将财政收入分为国有经济收入、集体经济收入、中外合营经济收入、私营经济或外商独资经济收入、个体经济收入等；二是以财政收入来源中的部门结构为标准，将财政收入分为工业部门和农业部门收入，轻工业部门和重工业部门收入，生产部门和流通部门收入，第一产业部门、第二产业部门和第三产业部门收入等。按财政收入来源分类，有助于研究财政与经济之间的制衡关系，有利于选择财政收入的规模物和结构，并建立经济决定财政、财政影响经济的和谐运行机制。

1. 财政收入所有制结构分析

财政收入的所有制结构是指财政收入来自于国有经济、集体经济、个体经济和其他经济成分的比重。这种结构分析的意义，在于说明国民经济所有制构成对财政收入规模和结构的影响及其变化趋势，从而采取相应的增加财政收入的有效措施。由于我国经济以公有制为主体，国有经济居支配地位，同时允许并鼓励发展城乡个体经济、私营经济、中外合资经营企业和外商独资企业，所以财政收入主要来自国有经济，1978 年，国有企业上缴的收入占全部财政收入的 87%。但是，自改革开放以来，集体经济以及其他非国有经济的发展速度远远大于国有经济的发展速度，在 GDP 以及工业总产值中所占比重迅速提高，而它们所提供的财政收入也逐年增长，到 1995 年，财政收入中国有经济的比重下降到 71.1%。但是，把财政收入的所有制构成和工业总产值的所有制构成对比可知，非国有经济上缴的财政收入的增长与它们工业总产值的增长很不相称，财政收入的增长相对缓慢。分析原因，可能有三点：一是税率高的企业，如烟酒行业等主要是国有企业，自然国有企业上缴的比重较大。二是改革开放以来至今还未完全实现统一税制，税收的负担主要在国有经济身上。三是集体经济和个体经济小型企业居多，征管难度较大，税收征管上存在抓大轻小的倾向。

2. 财政收入部门结构分析

财政收入的部门结构，是指财政收入来自于各部门的比重。这种结构分析，目的在于说明各部门对财政收入的贡献和影响，根据各部门的发展趋势和特点，合理地组织财政收入，开辟新的财源。

按照传统意义上的部门分类，分为工业、农业、建筑业、交通运输业及服务业等。在我国，农业部门直接提供财政收入的比重是比较低的。但是，农业是国民经济的基础，是其他部门赖以发展的基本条件，没有农业的发展，其他部门的发展及所能提供的财政收入都将受到制约，从这个意义上说，农业也是财政收入的基础。工业是创造 GDP 的主要部门，也是财政收入的主要来源。由于过去我国工商税收在生产环节征收，所以工业部门提供的财政收入在整个财政收入中所占比重较高，1985 年以前一直占 60% 以上。实行增值税以后，所占比重有所下降，但仍占 40% 左右。商业部门的财政收入近年来迅速增长，尤其是在实行增值税和营业税以后。建筑业在财政收入构成中的比重目前虽然较低，但逐年有较大的增长，随着建筑业的迅速兴起，它将成为财政收入的一个重要的潜在源泉。

按照现代意义上的产业分类，分为第一产业、第二产业、第三产业。在发达国家，第三产业占 GDP 的比重已达 60% 以上，提供的财政收入占全部财政收入的50％以上。目前我国第三产业还不够发达，但已显露出迅速增长的态势，占GDP的比重已达30％以上，随着改革的深化和经济的发展，第三产业将以更快的速度增长，将成为财政的重要财源。

二、财政支出统计

（一）财政支出包括的范围和内容

财政支出指国家财政将筹集起来的资金进行分配使用，以满足经济建设和各项事业的需要，是国家从国民收入分配和再分配上对经济活动和社会活动进行干预和调节的重要手段。财政支出的目的是满足政府执行其职能的需要，因此政府职能范围的大小决定了财政支出的范围。在市场经济下，政府职能范围是和市场失效联系在一起的。一般来说，财政支出的范围主要包括以下几个方面：

1. 为国家机构的正常运转提供经费

现代国家机构主要包括政权机构、行政管理机构、司法机构以及军事武装机构等。为了维持这些机构的存在和履行其职责的需要，财政必须提供人员经费、公用经费。这些财政支出无论是从巩固政权、保卫国家领土的完整、稳定社会秩序，还是提供市场正常运行所必需的公共服务来说都是必须保证的，而且经费开支只能由国家财政来提供。

2. 为科教文卫事业提供经费

政府所提供的公共服务，除了由国家各类机构直接完成以外，还有大量的是由政府提供全部或部分经费来源或资助，而由事业单位甚至由企业单位完成。在现实生活中，科教文卫事业活动尽管可以区分这些活动的直接受益者，但它们又具有很大的为全社会提供利益的性质，这种社会公益性决定了这些事业活动难以完全由市场提供，因为这类服务对象从个人来看没有享受服务的全部利益，而是有相当的利益溢散到全社会中去了，作为服务直接受益对象的个人也就不应为这类服务支付全部费用。在市场经济条件下，这类服务如果由企业和个人提供，将难以获得全部的收益，从而市场难以将应占有一定份额的社会资源配置到这类事业中去。因此，作为经济行为主体的企业和个人就很难为这类活动提供全部费用，而只能由财政提供一部分经费。

3. 为公共工程提供经费

在市场经济条件下，许多公共工程方面的投资对社会经济活动的正常开展是必不可少的，但又很难由市场的方式加以解决。原因在于，这类工程的建成并投入使用，在很大程度上是不能收费或不能足额收费的。有些公共工程，从技术上看对使用者进行收费的成本非常昂贵或根本不可能收费，并且从根本看这类服务基本上是公共性的，社会所建造的这类设施所提供的服务，对任何人而言，都是机会均等；从性质上看，这类公共工程属于纯粹的公共产品，因而只能由财政提供全部经费。还有另外一些公共工程，属于混合产品，其提供的服务可以分为两部分，一部分可以向直接受益者收取部分费用，这一部分服务具有"个人产品"的性质，另一部分服务却是一种"公共产品"，是无法实行市场式的收费服务的。对于这类公共工程，财政应给予一定的财力支持，才能保证在公共工程方面做到资源的有效配置。

4. 为社会公平实现提供经费

在市场经济条件下，市场分配的标准是"生产能力"，谁的生产能力大，谁的收入报酬就高。很显然，如果不加约束，市场机制会使社会的贫富悬殊，出现"马太效应"。正是由于社会分配公平是市场无法自动解决的，而公平的影响对于市场经济运行状况的好坏极为重大，因而保证社会一定程度的公平是政府为社会、市场提供的一类公共服务。这种服务一方面可以通过税收的途径加以解决，另一方面可以通过财政支出加以解决。为社会公平提供的财政支出主要通过社会保障进行。

（二）财政支出规模统计

1. 财政支出统计指标

（1）财政支出占国内生产总值的比重

$$财政支出占国内生产总值的比重 = \frac{报告期财政支出}{报告期国内生产总值}$$

财政支出对一国的经济会产生影响，这一指标可以反映一国财政支出对经济影响的程度，同时方便进行不同时期、不同国家之间的比较。

（2）各类支出占国内生产总值的比重

$$各类支出占国内生产总值的比重 = \frac{报告期各类财政支出}{报告期国内生产总值}$$

进一步分析各类财政支出占国内生产总值的比重，可以分析比较各类财政支出对经济影响程度的大小。

2. 财政支出规模变化规律分析

统计出各年财政支出占国内生产总值的比重以后，可以分析财政支出规模的变化规律。一般来说，随着国民收入的增长，财政支出会以更大比例增长，这就是瓦格纳法则。瓦格纳（Adolf Wagner）是德国19世纪的一位经济学家，他对19世纪的欧洲国家以及日本、美国进行了分析，他发现，这些国家财政支出的变化趋势是一致的，即不断增长的趋势。基于这些经验性资料的分析，他认为，随着人均收入水平的提高，政府支出占GNP的比重将会增长，这一思想被后人归纳为瓦格纳法则。

在我国，建国初期，财政支出占国民生产总值的比重有较大的波动，这主要由于经济方面的波动引起的，比如，1958年开始的大跃进，导致了1958、1959、1960年三年的财政支出比重的不正常提高。20世纪70年代以后，我国财政支出占国民生产总值比重基本上呈逐年下降的趋势。从表面上看，与瓦格纳法则不相符。究竟是什么原因造成了这种变化趋势，还需要对财政支出的结构进行统计分析。

（三）财政支出结构统计分析

1. 财政支出统计分组

财政支出的项目繁多，数额不一，如果统计时不进行适当的分组，就很难显示财政支出的方向和政府职能活动的重心。对财政支出进行统计分组有以下益处：一是可以促进社会公众对政府财政状况的了解。由于国家财政支出的资金来自社会公众，因而政府有必要、有义务让社会了解其财政支出状况。如果国家的财政支出项目排列得当，性质分类清楚，则社会公众可以充分了解政府财政状况，而政府则可借此了解社会公众对其工作的看法，有利于以后财政支出的改进。二是有利于促进政府预算的编制。政府预算作为财政收支的基本计划，是指导财政工作的重要工具。预算编制的好坏就在于其是否反映政府各项目的轻重缓急，便于预算的实施。而适当的分组可将各类支出按一定的方式分列出来，体现在预算中，使预算显得层次分明。三是有利于对财政支出问题进行分析研究。在财政支出中，不同的组成部分对经济的影响程度是不一样的，有些支出对经济的影响较大，有些对经济的影响较小。对财政支出进行适当的分组，对其中的每一部分进行统计分析，有助于对整体财政支出问题的深入探讨。

财政支出的统计分组，按照国际货币基金组织的方法，有职能分类法和经济分类法两类。按职能分类，财政支出包括一般公共服务支出、国防支出、教育支出、保健支出、社会保障支出和福利支出、住房和社区生活设施支出、其他社区和社会服务支出、经济服务支出以及无法归类的其他支出。按经济分类，财政支出包括经常性支出、资本性支出和贷款。

根据在我国的统计习惯，财政支出一般有以下几种分类：

（1）按用途分类

基本建设支出。指按国家有关规定，属于基本建设范围内的基本建设有偿使用、拨款、资本金支出以及经国家批准对专项和政策性基建投资贷款，在部门的基建投资额中统筹支付的贴息支出。

企业挖潜改造资金。指国家预算内拨给的用于企业挖潜、革新和改造方面的资金。包括各部门企业挖潜改造资金和企业挖潜改造贷款资金，为农业服务的县办"五小"企业技术改造补助，挖潜改造贷款利息支出。

地质勘探费用。指国家预算用于地质勘探单位的勘探工作费用，包括地质勘探管理机构及其事业单位经费、地质勘探经费。

科技三项费用。指国家预算用于科技支出的费用，包括新产品试制费、中间试验费、重要科学研究补助费。

支援农村生产支出。指国家财政支援农村集体（户）各项生产的支出。包括对农村举办的小型农田水利和打井、喷灌等的补助费，对农村水土保持措施的补助费，对农村举办的小水电站的补助费，特大抗旱的补助费，农村开荒补助费，扶持乡镇企业资金，农村农技推广和植保补助费，农村草场和畜禽保护补助费，农村造林和林木保护补助费，农村水产补助费，发展粮食生产专项资金。

农林水利气象等部门的事业费用。指国家财政用于农垦、农场、农业、畜牧、农机、林业、森工、水利、水产、气象、乡镇企业的技术推广、良种推广（示范）、动植物（畜禽、森林）保护、水质监测、勘探设计、资源调查、干部训练等项费用，园艺特产场补助费，中等专业学校经费，飞播牧草试验补助费，营林机构、气象机构经费，渔政费以及农业管理事业费等。

工业交通商业等部门的事业费。指国家预算支付给工交商各部门用于事业发展的经费，包括勘探设计费、中等专业学校经费、技术学校经费、干部训练费。

文教科学卫生事业费。指国家预算用于文化、出版、文物、教育、卫生、中医、公费医疗、体育、档案、地震、海洋、通讯、电影电视、计划生育、党政群干部训练、自然科学、社会科学、科协等项事业的经费支出和高技术研究专项经费。主要包括工资、补助工资、福利费、离退休费、助学金、公务费、设备购置费、修缮费、业务费、差额补助费。

抚恤和社会福利救济费。指国家预算用于抚恤和社会福利救济事业的经费。包括由民政部门开支的烈士家属和牺牲病残人员家属的一次性、定期抚恤金，革命伤残人员的抚恤金，各种伤残补助费，烈军属、复员退伍军人生活补助费，退伍军人安置费，优抚事业单位经费，烈士纪念建筑物管理、维修费，自然灾害救济事业费和特大自然灾害灾后重建补助费等。

国防支出。指国家预算用于国防建设和保卫国家安全的支出，包括国防费、国防科研事业费、民兵建设以及专项工程支出等。

行政管理费。包括行政管理支出，党派团体补助支出，外交支出，公安安全支出，司法支出，法院支出，检察院支出和公检法办案费用补助。

价格补贴支出。指经国家批准，由国家财政拨给的政策性补贴支出。主要包括粮食加价款，粮、棉、油差价补贴，棉花收购价外奖励款，副食品风险基金，市镇居民的肉食价格补贴，平抑市价肉食、蔬菜价差补贴等以及经国家批准的教材课本、报刊新闻纸等价格补贴。

（2）按费用类别划分

按费用类别划分实际上就是按照国家职能的不同，将财政支出区分为经济建设费、社会文教费、国防费、行政管理费和其他支出5大类。

经济建设费。包括基本建设投资支出，国有企业挖潜改造资金，科学技术三项费用，简易建筑费支出，地质勘探费，支援农村生产支出，工业、交通、商业等部门的事业费支出，城市维护费支出，国家物资储备支出等。

社会文教费。包括用于文化、教育、科学、卫生、出版、通讯、广播、文物、体育、地震、海洋、计划生育等方面的经费、研究费和补助费等。

国防费。包括各种武器和军事设备支出，军事人员给养支出，有关军事的科研支出，对外军事援助支出，民兵建设事业费支出，用于实行兵役制的公安、边防、武装警察部队和消防队伍的各种经费，防空经费等。

行政管理费。包括用于国家行政机关、事业单位、公安机关、司法检察机关、驻外机构的各种经费、业务费、干部培训费等。

其他支出。包括债务支出和财政补贴等。

（3）按经济性质分类

按经济性质分类可将财政支出分为购买性支出和转移性支出两类。

购买性支出也称为消耗性支出，是指政府的支出本身将形成对产品和劳务的需求的这类财政支出。它既包括政府购买开展行政事业活动所需要的物质资料，以及相应支付的工资费用，也包括政府投资性活动对物质资料的购买和工资性支出，因为它们都对产品市场或劳动力市场形成了购买要求。这类支出主要包括各种经济建设支出、文教科卫支出以及行政国防支出等。

转移性支出，是指政府的支出本身不直接形成对产品和劳务的需求，而仅仅是对企业和个人单方面的货币或实物授予的这类财政支出。这类财政支出是否形成对市场的购买压力，则要视获得这类支出补助或补贴的企业和个人是否再进一步将所获得的货币使用出去。所以，仅从财政的角度看，它并未形成市场需求，而只是以财政为中介，通过财政收入取得所需的财力，再经过财政支出转手给企业和个人的一种转移行为，不同于购买性支出对市场所形成的购买行为。这类财政支出主要包括社会保险支出、抚恤和社会福利救济支出。

2. 财政支出构成分析

（1）政府职能与财政支出结构

财政支出结构是与政府职能存在着紧密的对应关系的，因此，从政府职能的分类角度分析财政支出结构，有助于分析政府职能的转变。分析我国近年来的各类财政支出占国民生产总值的比重，可以看出，我国财政支出占国民生产总值的比重下降，在很大程度上是由于经济建设支出占国民生产总值比重下降造成的。这一时期是我国经济体制发生深刻变革的时期，从高度集中的计划经济体制向市场经济体制转变，政府职能发生了变化，经济管理职能逐步弱化，社会管理职能日益加强，财政支出结构发生了很大变化，经济建设支出逐年下降。与此同时，行政管理支出中的绝对规模和相对规模都在增长，其占国民生产总值的比重稳中有升。这种发展符合瓦格纳的财政支出增长法则。

（2）财政支出的经济性质与财政支出结构

购买性支出与转移性支出在财政支出总额中所占比重的大小，反映出政府在一定时期内直接动员社会资源的能力。购买性支出和转移性支出占总支出的比重，各个国家有所不同。一般地说，经济发达国家，由于政府较少直接参与生产活动，财政收入比较充裕，财政职能侧重于收入分配和经济稳定，因而转移性支出占总支出的比重较大，往往同购买性支出平分秋色。发展中国家，由于政府较多地直接参与生产活动，财政收入相对匮乏，购买性支出占总支出的比重较大。在我国，经济体制改革以来，随着国民经济的迅速增长，在全部财政支出中，购买性支出所占比重有所下降，而转移性支出所占比重有所上升，这说明，财政的资源配置能力减弱，收入分配能力增强。

三、财政收支平衡统计

（一）财政收支差额绝对指标

财政收支差额指标是财政决策中的一个平衡性指标，也是反映国家财政状况的一个综合性指标。其计算公式为：

$$财政收支差额＝财政收入－财政支出$$

财政收支相等即财政平衡，而现实中财政收支往往是不相等的，当财政收入总额大于支出总额时，收支差额表现为年终结余额，即顺差。当财政收入总额小于支出总额时，收支差额表现为赤字，即逆差。

各国财政收入和财政支出概念的界定不同，财政收支平衡的计算口径也不同，通常有两种不同的计算口径：

财政收支差额＝（经常收入＋债务收入）－（经常支出＋债务支出）

财政收支差额＝经常收入－经常支出

这两种口径的主要差别在于，债务收入是否计入正常财政收入，以及债务支出是否计入正常财政支出中。按第二种口径，债务收入不列为正常收入，相应的债务偿还也不列为正常支出，但利息的支付却列入正常支出。各国的计算口径是不同的。美国一向不把公债收入作为正常财政收入；日本则把公债分类建设公债和赤字公债，建设公债的收入及偿还列为正常财政收支；按照国际货币基金组织的规定，采用第二种计算口径。

我国在新中国成立后基本上把债务收入作为正常财政收入来对待，按第一种口径计算财政收支差额，同货币基金组织的统计口径不一致。但是，如果按照这样的处理，财政收支就永远是相等的，也就没有什么赤字或结余可言，计算财政收支差额也就没有什么意义了。债务收入虽然可视同当年的财政收入动用，但毕竟不同于当年的财政收入，借债迟早是要偿还的，会相应地减少以后年度可支配的资金。因此，按照第二种口径来计算财政收支差额，才是合理的和有意义的。

（二）财政收支差额相对指标

财政收支差额相对指标即财政收支差额占财政总收入的比重。

$$财政收支差额占财政总收入的比重 = \frac{报告期财政收支差额}{报告期财政总收入}$$

财政平衡是一种相对平衡，只要财政结余或赤字不超过一定的数量界限，就可以视为财政收支的平衡形态。财政收支的平衡有三种形式：一是财政收支平衡、略有结余的稳固平衡。略有结余的数量界限，一般认为以财政结余数占财政总收入的 3% 左右为度。二是财政收支完全平衡。但财政收支的绝对相等是不存在的。根据历史经验，财政结余占财政总收入的 2% 以下可视为财政收支完全平衡。三是财政收支基本平衡。这是指财政收入小于财政支出，略有赤字。略有赤字以财政赤字占财政总收入的 3% 以内为度。

财政平衡是一种动态平衡。财政平衡不应只局限于一个财政年度内的收支对比状况，要考虑年度之间的收支对比状况，更要考虑年度之间的联系和相互衔接，研究未来财政年度收支的发展趋势。因此，对财政收支差额占财政总收入的比重进行纵向的对比，对于分析财政收支的未来发展趋势，研究经济周期对财政的影响以及财政对经济周期的调节作用有重要意义。

（三）财政赤字的统计分析

财政赤字也称预算赤字，它是政府的经济行为违背了政府预算约束的产物。在西方国家，通常按照产生赤字的原因和经济背景，将财政赤字划分为两类：结构性赤字和周期性赤字。结构性赤字是指发生在充分就业之上的赤字，也称为充分就业赤字。结构性赤字假定经济已经在充分就业水平上运行，一般用于分析赤字对经济的影响，是将赤字作为外生变量看待的。周期性赤字是全部财政赤字减去结构性赤字的余额，主要体现经济对财政的决定作用，将赤字作为内生变量看待。它的数量随经济波动而变动。对于发达国家来说，由于经济体制和经济结构相对稳定，经济活动主要受市场供求和商业周期的影响，因而将赤字划分为结构性赤字和周期性赤字，可以满足政策分析的需要。但对发展中国家来说，这种赤字的划分虽有借鉴意义，却不能完全说明这些国家财政赤字的产生及其政策含义的复杂性。

财政赤字的横向纵向比较通常借助于财政赤字占国民收入的比重这一指标。

$$财政赤字占国民收入的比重 = \frac{报告期财政赤字}{报告期国民收入}$$

这一指标实际上是联系一国的经济水平来考察赤字的大小及其相对于经济水平所体现的压力的变化。这一指标的国际对比有助于考察各国财政赤字的共同趋势和各国经济对赤字的承受能力。

如果需要分析财政赤字的形成原因，还需要对财政赤字的结构进行具体分析。

第二节 公债统计

公债也叫国债，是政府以债务人身份向国内外发行的债券，是一种国家信用。公债是政府收入的特殊形式，具有有偿性和自愿性特点，这一点是公债不同于税收等一般财政收入的形式。

公债的种类可以从以下几个角度来划分：（1）按发行期限分，公债有短期公债、中期公债、长期公债。短期公债一般是指发行期限在一年以内的公债。短期公债流动性强，是货币市场主要的交易品种，是中央银行实行公开市场业务，调节货币供应量的重要政策工具。长期公债一般是指发行期限在 10 年以上的公债，中期公债是指期限介于长期公债和短期公债之间的公债，这只是相对而言的，中期公债和长期公债之间并没有绝对的、严格的界限。（2）按来源分，可分为内债和外债。内债是政府向国内机构和个人发行的公债，发行和偿还都用本国货币结算和支付。外债是政府向外国政府、银行、企业和个人发行的公债，既包括向国外发行的债券，也包括不用债券形式向国外借得的各项资金。外债的发行和还本付息额一般都要使用外汇。本章即从这一分类角度来讲述公债统计。（3）按发行的主体分，可分为中央政府公债和地方政府公债。地方政府公债原则上不可以用来弥补财政预算的赤字，一般用于特殊目的的地方性受益的资本性支出。在我国，地方政府一般没有发债权。（4）按是否可以流通划分，可以分为上市公债和不上市公债。上市公债可以在证券市场上公开出售，价格由市场供求来决定。不上市公债就是只能按期付息，到期还本，到期以前不能在证券市场上流通。（5）按利率形式分，可分为固定利率公债和浮动利率公债。固定利率公债是指票面利率固定，不受市场利率变动的影响，定期按票面利率计息的公债。浮动利率公债指的是发行时对票面利率不予固定，利率随着市场利率的变化而浮动的公债，一般在通货膨胀时期政府为有利于推销公债而发行。

一、内债统计

（一）内债规模统计指标

内债规模统计指标是反映内债负担的指标，从国际及国内现行做法来看，描述内债规模的指标主要有：

1. 内债负担率

$$内债负担率 = \frac{报告期内债余额}{报告期国内生产总值}$$

即内债余额占 GDP 的比重，用于表明国民负担国债的状况，也表示内债的增长与国民生产总值增长的关系。目前 OECD 国家主要采用这个指标。这种指标的设计主要从宏观经济的整体考察其对赤字和财务的承受能力。世界上许多国家都在 20% 至 40% 左右，国际公认的警戒线是 20%。发达国家的内债负担率一般不超过 45% 为宜。这一指标主要衡量政府累计债务相当于经济总规模的比例，一定程度上反映债务对经济的影响。经济越发达债务承受能力越强。

2. 内债依存度

$$内债依存度 = \frac{报告期内债发行额}{报告期财政支出}$$

即内债发行额占当年财政支出或中央财政支出的比重，它主要说明政府的承受能力。高收入国家内债依存度一般较低，发展中国家的内债依存度相对较高，一般超过 20%。国际上通行的标准是认为不宜超过 25%。近年来，我国的内债依存度明显偏高。由于内债是由中央政府支配的，因此，另一个指标，中央财政依存度，即债务发行额占中央财政支出总额的比例，能够更为确切地反映政府的负债状况。在我国，公债只能由国家发行，收入也只归中央政府支配，所以一般以中央财政依存度为准。

3. 偿债率

$$偿债率 = \frac{报告期内债还本付息额}{报告期财政收入}$$

即公债当年还本付息额占当年财政收入的比重。该指标反映由于国债引起的财政负担，数值越高表明偿债能力越差，发达国家该指标值一般低于 10%。

内债是否对纳税人真的造成了负担，要对内债所产生的效益与其成本（内债的还本付息额）进行比较。如果政府利用内债的效果很差，既无经济效益与无社会效益，就会对社会造成负担。当然，政府使用内债，主要是用于提供公共产品，不是用于私人产品的生产，这给内债的使用效果的评价带来很大的困难，因为缺乏货币计量的手段。但是，从理论上进行这种比较，仍然是必要的。从总体上看，如果内债产生的社会经济效益大于其成本，内债的净效益是正数，不存在内债的总体负担问题。反之，就存在内债的负担问题。但不存在总体负担问题不等于每个纳税人都不存在负担问题。只有在每个纳税人为还本付息额所缴纳的税款与其从内债所产生的效益相匹配的情况下，纳税人才不存在内债负担问题。

4. 人均负担政府债务额

$$人均负担内债额 = \frac{报告期内债余额}{报告期人口数}$$

这一指标也是各国政府财政统计中常用的统计指标。由于债务的偿还，最终是要落在每个人的头上，所以分析人均负担的内债额，是一项极有意义的分析。

（二）内债结构统计分析

1. 内债期限结构

内债期限结构是指短、中、长期各种期限的内债占内债总额的比重。合理的内债期限结构，能促使内债年度还本付息的均衡化，避免形成偿债高峰，也有利于公债管理和认购，满足不同类型投资的需要。内债期限结构的形成是十分复杂的，不仅取决于政府的意愿和认购者行为取向，也受到客观经济条件的制约。对内债的期限结构进行统计分析有利于对内债的管理。

2. 内债的持有者结构

内债的持有者结构是指各类持有者所持内债占内债总额的比重。应债主体结构对公债发行具有较大的制约作用。应债主体结构是指社会资金或收入在社会各经济主体之间的分配格局，即各类企业和各阶层居民各自占有社会资金的比例。内债持有者结构是政府对应债主体实际选择的结果。合适的内债持有者结构，可以使内债的发行具有丰裕的源泉和持续的动力。

3. 内债的利率水平与结构

利率水平及结构是否合理，直接关系到偿债成本高低的问题。制约内债利率的主要因素是证券市场上各种证券的平均利率水平。内债利率必须与市场利率保持大体相当的水平才具有相当的吸引力，才能保证发行不遇到困难。

二、外债统计

外债的主要形式一般有以下几种：（1）外国政府贷款。指一国政府利用本国财政资金向另一国政府提供的优惠贷款。其利率较低，甚至是无息，期限较长，一般是带有经济援助性质的优惠贷款。但这种贷款往往规定专门的用途，而且一般以两国政治关系较好为前提。（2）国际金融机构贷款。包括国际货币基金组织贷款、世界银行集团贷款和一些区域性金融机构贷款。国际货币基金贷款是该组织针对基金成员国政府提供的贷款，贷款只能用来解决成员国国际收支出现的暂时不平衡，成员国所能借款的额度取决于该国向基金组织缴纳的份额。缴纳的份额越大，能获得的借款额度就越大。世界银行集团包括国际复兴开发银行、国际开发协会和国际金融公司。世界银行贷款提供的对象主要是发展中国家的政府、政府部门和由政府担保的公私企业。国际金融机构的贷款一般利息比较优惠，但有许多附加条件。（3）外国银行贷款。是国际商业银行用自由外汇提供的商业性贷款，有的还要求借款国官方机构予以担保，利率不优惠，大多以伦敦银行同业拆放利率加上一定幅度的差价，但基本没有附加条件，期限一般以中、短期为主，信贷方式灵活多样。（4）出口信贷。是指出口国为了支持本国产品的出口，增强国际竞争力，在政府的支持下，由本国专业银行或商业银行向本国出口商或外国进口商（或银行）提供较市场利率略低的贷款，以解决买方支付进口商品资金的需要。根据贷款对象，出口信贷可以分为买方信贷和卖方信贷。是国家支持商品出口，加强贸易竞争的一种手段。

（5）发行国际债券。国际债券是一国政府、金融机构、工商企业或国家组织为筹措和融通资金，在国外金融市场上发行的，以外国货币为面值的债券。国际债券的重要特征，是发行者和投资者属于不同的国家，筹集的资金来源于国外金融市场。国际债券的发行和交易，既可用来平衡发行国的国际收支，也可用来为发行国政府或企业引入资金从事开发和生产。依发行债券所用货币与发行地点的不同，国际债券又可分为外国债券和欧洲债券。外国债券是一国政府、金融机构、工商企业或国际组织在另一国发行的以当地国货币计值的债券。欧洲债券是一国政府、金融机构、工商企业或国际组织在国外债券市场上以非发行地所在国货币为面值发行的债券。例如，法国一家机构在英国债券市场上发行的以美元为面值的债券即是欧洲债券。

（一）外债规模统计指标

外债规模统计是反映外债负担及偿还能力的指标，判断外债规模是否适度，主要依据以下 3 个指标：

1. 偿债率

$$偿债率 = \frac{报告期外债还本付息额}{报告期出口收入}$$

这是衡量一国外债水平的一个中心指标，它反映了年度内外债还本付息的支出与当年商品劳务出口创汇收入之间的关系。这个比率是判断债务国清偿能力的高低和对它贷款风险大小的指标。按国际惯例，安全线为 20%，危险线为 30%。如果高于这一比例，说明外汇收入不足以承受还债负担。

2. 经济债务率

$$经济债务率 = \frac{报告期外债余额}{报告期国内生产总值}$$

这一指标说明一国新创造的价值中被外国资本所占的比重，目前国际上公认这一比例的安全线应该低于 30%。

3. 出口债务率

$$出口债务率 = \frac{报告期外债余额}{报告期出口收入}$$

按国际上公认的标准，这一指标值应该小于 100%。

上述 3 个指标，主要是从静态角度衡量外债规模是否适度。此外，还有一些动态指标，用于监控外债增速是否正常。比如，外债余额增长速度，一般不能高于 GDP 增长速度；年偿还外债本息增长速度，不应高于年外汇收入增速。联合国有关组织估算，20 世纪 90 年代以来，拉美地区外债增长超过 50%，平均每年递增 5.2%，远高于年均 2.9% 的 GDP 增长率。据此，国际金融组织判断，随着还债期临近，拉美极有可能爆发大规模的债务危机。

判断外债规模是否适度，除了依据以上几个指标外，在实际操作中，还必须考虑一国的国内配套能力。国内配套能力包括如下内容：①资金配套。引进的规模能搞多大，必须考虑与国内资金的配套关系。借用外债，引进国外设备，同时要具备相应的国内配套资金，以兴建土建工程、水、电、交通等配套设施，以及购买生产原料等，只有这样才能真正形成生产能力。②措施配套。只有各部门、各相关主体相互协调，才有可能对外债进行有效管理。一般来说，措施配套包括税收、海关、外汇管理、经济立法，以及引进必要的技术和管理人才等。③物资配套。借用外债，重点是引进关键设备和技术，而土建材料、生产原料、燃料及设备配套等主要依靠国内资源。因此，要分析考虑国内的配套物资，有多大承受能力。

（二）外债结构统计分析

1. 外债期限结构

外债期限结构指短、中、长期外债占外债总额的比重。合理的外债期限结构要求各种期限的外债之间应保持适当的比例，短、中、长期搭配合理，以适应多层次的需要。外债的期限结构上要求不同时间到期的外债数量要与本国在各个时期内的偿债能力相适应，尽量避免形成偿债高峰。合理的外债期限结构还应考虑到风险因素，比如，1 年以内的短期外债，易受国际市场影响，风险较大，短期外债占外债总额的比例，以不超过 20％为宜。值得注意的是，这里所说的期限，是指到期期限，如果一笔期限 10 年的外债，到了第 9 年，其外债余额就应算作短期外债，而不能算入长期外债中。

2. 外债币种结构

外债的币种结构是指各种货币形式的外债占外债总额的比重。合理的外债币种结构，一方面应多样化，一方面要结合汇率、利率以及进出口情况来综合考虑，进行选择，以降低借债的实际成本，并有效控制风险。国际金融市场是动荡多变的，为了避免因汇率变化所导致的损失，进行外债币种结构的分析十分重要。比如，预计 10 年后日元对美元贬值，那么，日元是软货币，借款时就应选择日元。假设借入 1.5 亿日元，按 100：1 的汇率，兑换成 150 万美元。还款时，如果 1 美元可兑换 150 日元，那么，只需拿出 100 万美元，就可归还原来的贷款，剩下的 50 万美元，还了利息还能绰绰有余。反之，借款时错误地选择了美元，借方便会不堪重负，可能还不起债了。

3. 外债来源结构

外债来源结构包括两层含义，一是外债资金的地区、国别来源，二是外债资金的机构来源。在外债资金来源上，不能依靠某一国或某一机构，而应采取多来源、多渠道、多方式的借债策略，以使债务国有可靠、稳定、均衡的外部资金来源，避免因国际金融市场动荡而出现借入困难和偿还成本的提高。

4. 外债利率结构

利率结构要均衡，浮动利率与固定利率的外债比重需要适当控制。浮动利率外债过多，很有可能因为利率上升而增加债务负担，同时，易使债务总额变化不定，不便于国家以外债进行宏观控制，也无法计算某年确切的偿还额。因此，对外债利率结构的计算及分析对分析计算外债成本很重要。

5. 外债借入者结构

是指债务国内部借款人（公共部门、私人部门和金融机构）的构成及相互间的关系。通常，外债借款人与外债的使用投向是紧密联系的，如果债务国内部借款人结构合适，外债资金的投向就合理，使用效益会比较好，也不太容易出现债务偿付困难。所以，对外债借入者结构进行分析，对控制外债负担很重要。

第三节　社会保障统计

社会保障统计是财政统计的重要组成部分，它是对社会保障工作中的数据进行收集、整理和分析，以观察研究社会对丧失或暂时丧失劳动能力的社会成员及其他需要与应该获得帮助的社会成员，在一定时期内所提供物质保障的范围、水平、规模、效益的状况以及发展的趋势、特点和规律的理论和方法。

社会保障统计的范围取决于社会保障工作的范围。各个国家由于国情不同，习惯传统不同，社会现实不同，社会保障的范围存在着一定的差异。我国的社会保障工作，从建国初期至今，经历了不同的历史阶段，发生了许多重大变革。随着社会主义市场经济体制的建立和不断发展完善，社会保障工作范围也处于不断地变动与拓展之中，与之相适应的统计工作范围也随之不断地变动与拓展。在现阶段，我国社会保障统计主要包括社会保险统计、社会福利统计、社会救助统计、优抚安置统计等方面的内容。

一、社会保障基金总体状况统计指标

衡量一个国家的社会保障规模，有收支两个方面的指标，分别是社会保障收入占中央财政收入的比重、社会保障支出占中央财政支出的比重。这两个指标基本能说明一个国家社会保障制度的完善情况，因为社会保障制度的发展意味着财政支出中用于社会保障支出的比例增加，而社会保障支出的增加又需要相应的收入来源。

$$社会保障收入占中央财政收入的比重 = \frac{报告期社会保障收入}{报告期中央财政收入}$$

$$社会保障支出占中央财政支出的比重 = \frac{报告期社会保障支出}{报告期中央财政支出}$$

如今发达国家的社会保障制度已经十分完整和稳定，已形成相当大的规模，社会保障税（包括社会保障捐助）业已成为仅次于所得税的第二大税类，社会保障支出则已超过其他财政支出项目而居第一。社会保障制度的完善有利于保障弱势群体的利益，有利于实现社会公平。但并不是说以上两个指标越高越好，社会保障支出占中央财政支出的比重过大，一方面会使刺激经济的回旋空间变得狭小，影响社会基础设施的建设，从而给经济带来负面效应；另一方面会提高劳动成本，影响本国的国际竞争力。为了减轻这些负面影响，一些西方国家先后在不同程度上推行了社会保障体制改革，以减少社会保障支出。

二、社会保险统计

社会保险是社会保障的重要方面，是指以国家立法为手段，以政府强制实施为特点，针对劳动者建立的社会保障制度，旨在保障劳动者因年老、疾病、伤残、生育、失业等暂时或永久失去劳动能力而失去工资收入情况下，仍能享有与在业期间差别不大的基本社会权利，通常包括养老保险、医疗保险、失业保险、工伤保和生育保险等。社会保险统计是对社会保险有关数据进行调查、整理和分析，实现统计监督和管理。目前我国的社会保险统计范围包括养老保险统计、医疗保险统计、工伤保险统计、失业保险统计和生育保险统计等。

（一）社会保险统计

1. 社会保险覆盖面统计

社会保险覆盖面是指某一时点加入社会保险的人数与总人数的比率，该指标反映了劳动者处于"安全网"内的比例，计算公式为：

$$全社会人口社会保险覆盖面 = \frac{报告期加入社会保险人数}{报告期总人口数}$$

2. 社会保险基金统计

社会保险基金是社会保险活动过程中预先建立，用于社会保险事业的专项基金。通过对社会保险基金收支情况的统计，可以掌握社会保险基金的规模、收支平衡状况，反映存在的问题从而为决策部门提供可靠的依据。

（1）社会保险基金收入统计

社会保险基金收入是指在一定时期内，社会保险管理机构从社会征集的社会保险基金，以及通过增值、财政补贴等方式获得的全部货币收入。社会保险基金收入统计的相应指标有：社会保险基金收入总额及其构成、实征率。实征率是社会保险基金实际征集额与社会保险基金计划征集额的比率。这一指标反映社会保险基金收入的完成情况。如果实征率大于100%，说明社会保险基金超额征收，如果实征率小于100%，说明社会保险基金欠征。

（2）社会保险基金支出统计

社会保险基金支出是指在一定时期内，社会保险管理机构向社会支付的基本社会保险费用以及投资损失的全部货币支出。其主要指标包括：社会保险基金基本支出额、社会保险费支出占社会保障总支出的比重、社会保险费用实际支付率。

（3）社会保险基金经济效益统计

社会保险基金经济效益统计用以考察社会保险管理机构工作水平，一般用社会保险基金增值率指标考察，说明社会保险基金的增长速度，计算公式为：

$$社会保险基金增值率＝\frac{报告期社会保险基金增值额}{基期社会保险基金水平}$$

（二）养老保险统计

社会养老保险是指劳动者为预防年老不能再从事劳动时的生活有保障，在法律规定的劳动时间内缴纳部分保险金，在他们年老丧失劳动能力离开工作岗位后，有权从国家有关保险机构申请领取养老金的社会保险制度。养老保险制度的统计指标主要有：

1. 基本养老保险费用额

通过测算基本养老保险费用总额，可以反映社会保险从社会筹集资金，共同负担和抵御风险这一基本原则的贯彻情况，进而为国家对社会保险制度改革提供了重要依据。

2. 参加养老保险人数

指报告期参加了养老保险并缴纳保险金的人员总数。随着经济体制改革的深入，我国城市职工养老保险制度已逐步实施，现在部分农村也实施了养老金制度，所以此指标一般按照城乡分别统计。

（三）失业保险统计

失业保险是依据立法强制实施，对劳动年龄人口中有劳动能力并有就业意愿的成员，当其因非自愿原因暂时失去劳动机会而中断生活来源时提供物质帮助的保障制度。失业保险统计反映社会失业人员以及享受失业保险人员的情况。常用的指标有：

1. 失业人员数

我国的失业人员数是指在城镇常住人口中，在劳动年龄（16 周岁至退休年龄）内具有劳动能力，在报告期内无业并根据劳动与社会保障部《就业登记规定》，在当地劳动与社会保障部门等进行失业登记的人员。

2. 失业率

失业率是失业人数与从业人数加失业人数之和的比率。反映城镇劳动力市场状况和劳动力资源的利用程度。

3. 享受失业保险人数

享受失业保险人数内因失业或其他原因，经过一定审批程序，通过不同形式享受社会保险的人员总数。

（四）工伤保险统计

工伤保险统计反映劳动者因工致残、伤亡后的保险状况。常用的统计指标有：

1. 享受工伤保险人数

是指报告期内因工负伤、患病、中毒、致残乃至死亡，暂时或永久丧失劳动能力的劳动者，按照法律、法规规定的条件，经过一定的审批程序，从社会保险机构得到工伤保险的人员数。

2. 工伤费用总额

是指报告期内社会保险机构依照有关规定，支付给因工伤亡人员的全部费用。它包括暂时性伤残津贴、永久全残抚恤金、遗属抚恤金等。

（五）医疗、生育保险统计

反映医疗、生育保险状况的统计指标主要有医疗保险费用、人均医疗费用额、生育补偿额。

三、社会福利统计

社会福利是指国家和社会通过各种福利服务、福利设施、福利津贴等方式，为社会成员提供基本生活保障并使其生活状况不断得到改善的社会政策的总称。社会福利统计的指标主要有：

（一）社会福利费用总额

是实际用于各项社会福利事业的费用总额，统计通常用总值、类值或主要项目开支额表示，用以说明社会福利费所达到的规模，反映社会福利事业投入的总水平。

（二）社会福利事业费用构成

指反映社会福利费总体的结构相对数，是在社会福利费按支出去向分类的基础上所测算的结果，用以反映和分析经费开支去向与比例是否合理。

（三）社区服务统计

社区服务是以社区为单位的社会服务。它是在政府的倡导下，发动和组织社会成员通过互助式的服务，就地解决社区的社会问题。它既包括由政府、社区甚至市场化的企业等各种非营利和营利的社会服务机构提供的专业服务，也包括由社区内的居民提供的非正式服务。社区服务统计的主要内容有城镇社区服务设施统计、社区服务队伍人员统计、社区居民、单位参与社区服务统计。

四、社会救助统计

社会救助是国家和社会按照法定的标准，采用经济和各种物质手段，向因自然灾害及其他经济、社会原因而陷入生活困境的社会成员提供最低生活需求帮助的社会保障制度。主要统计指标有：

（一）社会救助费用总额

是指实际用于各项社会救助事业的费用总额。包括对城乡贫困户的生活救济费、城市最低生活保障救助费、特殊救济对象救济费、社会散居孤老幼救助费、灾民生活救济费以及对城市贫困户和灾民扶持发展生产的费用。

（二）社会救助费用构成

是指各项社会救助费用占社会救助费用总额的比重。计算各项费用构成指标，可以了解社会救助费用的构成情况和去向，分析其是否得到合理利用。

（三）人均享受社会救助费

是实际享受救助的人员平均得到的救助总额。计算公式为：

$$人均享受救助费 = \frac{报告期社会救助费用总额}{报告期实际享受救助的平均人数}$$

五、社会优抚统计

社会优抚是国家和社会按照规定对法定的优抚对象提供确保一定生活水平的资金和服务，带有褒扬和优抚安置性质的特殊的社会保障制度。优抚统计的主要指标有：

（一）优抚费用总额统计

优抚费用总额统计是指用于优待抚恤对象的抚恤、补助、优待等费用的总和。统计范围主要包括：（1）优待抚恤事业单位经费；（2）因公牺牲、病故和伤残人员抚恤费；（3）各种补助费；（4）烈士纪念单位经费；（5）优待抚恤慰问活动经费；（6）其他优待抚恤工作经费。

（二）优抚对象人（户）数统计

优抚对象人（户）数统计的主要指标有：（1）革命烈士家属户（人）数；（2）因公牺牲、病故军人家属户（人）数；（3）伤残抚恤人数；（4）复员退伍军人数；（5）军队离退休干部人数。

值得注意的是，实际统计中要求取得优抚总户（人）数与分类户（人）数指标，以便进一步分析其结构是否合理。

复习思考题

1. 财政收入、财政支出的常用统计指标分别有哪些？

2. 财政收支平衡统计的绝对指标、相对指标有哪些？

3. 内债规模的统计指标有哪些？如何运用这些指标进行内债规模的分析？

4. 外债规模的统计指标有哪些？如何运用这些指标进行外债规模的分析？

5. 外债结构的统计分析一般包括哪些方面？

6. 社会保障基金统计的常用指标有哪些？

第十四章 贸易统计

第一节 商品流转统计

一、商品流转统计的一般问题

（一）商品流转的概念及特征

商品流转，又称商品流通或商品经营，是指作为商品的物资产品通过买卖关系由生产领域向消费领域的转移过程。

商品流转必须同时具备以下几个特征：（1）商品流转必须是物质产品的转移。这一特征将商品流转与一些文化、生活服务性的营业活动区别开来。例如影剧演出、体育比赛、展览、旅游景点参观等收费文化娱乐活动；市内公共交通、照相、旅馆、理发等生活服务性营业活动；邮电、供水、民用电等公用事业营业活动等。这些活动虽然也能满足人们的某种需要，并且也通过货币结算，但因没有物质产品的转移，因而不属于商品流转。（2）商品流转必须是以货币为媒介的买卖行为。这一特征将商品流转与那些不通过买卖的物资产品区分开来。例如，样品、礼品的赠送，物质的奖励、罚没，农产品的实物分配等，这些虽然都是物质产品的转移，但都没有通过货币结算，所以不是商品流转。（3）商品流转必须是改变所有权的物质产品转移。这一特征将商品流转与一些虽经货币结算，但没有改变所有权的实物转移区别开来。例如，商品加工、租赁、货运等，虽然它们都通过货币结算，也进行空间转移，但商品所有权未改变，因而也不属于商品流转。

（二）商品流转的分类

1. 商品流转的分类

在我国现阶段，国内商品流转过程中的销售者和购买者可分为三类：生产者、转卖者和消费者。生产者主要以销售者身份出现，在市场上销售自己的产品。消费者则主要以购买者身份出现，在市场上购买自己所需的消费品。转卖者则同时具有销售者和购买者的双重身份，在市场上从事专门的买卖活动。将不同的销售者与购买者组合起来，就构成了商品流转过程的 6 种基本买卖行为：（1）生产者将商品卖给转卖者；（2）生产者将商品卖给生产资料消费者；（3）生产者将商品卖给生活资料消费者；（4）转卖者将商品卖给另一转卖者；（5）转卖者将商品卖给生产资料消费者；（6）转卖者将商品卖给生活资料消费者。

2. 商品流转的基本经济范畴

（1）最初商品流转、中间商品流转和最终商品流转

最初商品流转是指社会产品作为商品的初次流转，包括上述 6 种基本商品买卖行为中的第 1、2、3 种。它反映了一定时期内进入商品流通领域的商品总量和构成。最初商品流转是商品流转的起点，它不包括同一商品的多次重复计算。

中间商品流转是指商品在流通领域内的继续流转，即第 4 种。它表明流通领域内部各地区、各系统、各环节商业机构之间的商品流转情况。由于它包括贸易部门之间的多次交易，故包括同一商品的重复计算。

最终商品流转是指社会产品作为商品最终销售到消费领域的流转，包括第 2、3、5、6 种。它表明商品从生产领域直接进入消费领域或通过流通领域进入消费领域的总量。由于它是商品流转的终结，故不包括同一商品的重复计算。

（2）商品批发和商品零售

商品批发是指一切进入流通领域供进一步转卖或进入生产领域作生产性消费的商品交换行为。它包括第 1、2、4、5 种买卖行为，其中第 1 种是商品进入流通领域，第 4 种是商品在流通领域中继续流转，第 2、5 种虽已进入消费领域，但其价值将随着再生产过程的延续而转移到新的产品中去。由此可见，商品批发流转的购买者是商业企业或生产资料消费者，购买商品的目的是为了转卖或满足生产消费，故均属于批发流转范畴。

商品零售是指商品进入消费领域的商品交易行为，它标志着物质产品再生产过程的结束，包括第 3、6 种买卖行为。商品零售包括售给居民和售给社会集团两类指标。售给居民是指将商品销售给城乡居民直接用于生活消费；售给社会集团是指售予社会机关团体直接用于公用消费。因此，商品零售流转标志着物质产品再生产过程的终结，使社会产品得到最终消费。

（3）自产自销商品流转和贸易部门经销商品流转

自产自销商品流转是指生产者将自己生产的产品不通过贸易部门而直接售给消费者，包括第 1、2、3 种买卖行为。自产自销既是最初商品流转，也是最终商品流转。第 2、3 两种买卖反映了工农业生产者向生产资料消费者和生活资料消费者提供商品的规模和构成。

贸易部门经销商品流转是指各种买卖行为都要通过贸易部门作为中介来组织商品流转。包括第 4、5、6 种买卖行为。其中，第 4 种属于中间商品流转，第 5、6 两种属于最终商品流转。它反映了商业企业销售商品的总量。

（三）商品总流转与商品纯流转

1. 商品总流转与商品纯流转的概念

商品流转按其发生的范围来分，可以分为商品总流转和商品纯流转。总流

转是指总体内部的和对总体外的全部商品流转，而纯流转仅指对总体外的商品流转。

统计研究的总体是可变的，它可以是整个国内贸易部门，也可以是不同经济类型的批发贸易业或零售贸易业，或某一贸易系统或基层企业。对于基层企业来讲，总体就是企业，企业以外的一切单位和个人的商品交换活动构成商品纯流转，由于企业内部一般不存在商品交换活动，所以，基层企业的商品总流转等于商品纯流转。而对于存在内部流转的总体而言，中间环节越多，内部流转额也就越大，重复计算也就越多，总流转与纯流转是不等的。因此，区别这两种不同性质的流转是十分必要的。

2. 商品总流转和商品纯流转的计算方法

计算商品总流转与商品纯流转的关键是明确总体范围，只有明确了总体范围才能区分总体内部的和对总体外的商品流转。其计算公式为：

商品总流转＝对总体外流转之和＋总体内部流转之和

商品纯流转＝对总体外流转之和　或＝商品总流转－总体内部流转之和

由此可推导出：

商品总销售额＝对总体外销售额之和＋总体内部销售额之和

商品纯销售额＝对总体外销售额之和　或＝商品总销售额－总体内部销售额之和

3. 计算商品总销售额与纯销售额的意义

商品总销售额可以粗略地反映所研究总体的劳动成绩和经济效益，而纯销售额则能说明所研究总体实际供应市场的商品总量，反映完成其职能任务的大小和社会效益。

此外，总销售额除以纯销售额反映的是所研究总体的商品流转环节次数。商品在贸易总体内每经过一次流转就是一个流转环节。对于一个大的贸易总体来讲，一般均需经过批发、零售等若干个流转环节，经过多次买卖，才能售出该总体。其中，有些环节是必要的，是为了合理分配资源、调剂商品余缺所需的，但如果总体内部流转环节过多，就必然会增加商品流转费用，延长商品投放市场的时间，提高商品最终销售价格。因此有必要对商品流转环节次数进行统计，以减少不必要的商品流转环节。

二、商品流转统计的基本指标

（一）商品流转统计基本指标体系

商品流转是多次商品买卖（购、销）行为的总称。商品购进是商品销售的前提，商品销售是商品流通的最终结果，商品库存是商品正常销售的保障。商品流转统计的基本指标就是由商品购进、商品销售、商品库存组成的，这几个指标相互联系、相互制约，并表现如下平衡关系：

期初商品库存＋本期商品购进＝本期商品销售＋期末商品库存

在统计工作中常用上述平衡关系，来推算其中某一指标，用来说明商品流转的全部情况。

（二）商品购进统计

1. 商品购进的概念

商品购进是指企业为了转卖或加工后转卖，通过货币结算方式从各种单位和个人取得商品所有权的买卖行为。商品购进除必须具备物质产品的转移和货币结算的基本特征外，还应具备商品购进后是以转卖为目的这一特征。因此，企业购进自用的包装用品、办公用品、储运器材、营业设备、建筑材料等，均不属于商品购进。

商品购进指标由从生产者购进额、从批发零售贸易业购进额、进口额和其他项目组成。这一指标反映批发零售贸易企业从国内、国外市场上购进商品的总量。

2. 商品购进的分类

（1）按商品购进来源分类

按商品购进来源不同，可分为从生产者购进、从批发零售贸易业购进、进口和其他购进。从批发零售贸易业购进是从国内商品流通企业购进的商品；进口是从国际市场上购进的商品；从生产者购进和其他购进则是从国内流通企业以外的单位和个人购进的商品。通过这种分类，可以分析商品的不同来源渠道及其结构状况，反映企业从国内外市场组织货源的规模，反映国民经济各部门之间的经济联系，检查和协调商品经营计划。

（2）按购进商品性质分类

按购进商品性质不同，可分为工业品购进、农副产品购进和废旧物质购进。通过这种分类，可以反映不同商品的购进规模和构成，反映商品流转为工农业生产服务的情况。

（3）按商品购进地区分类

按商品购进地区不同，可分为外埠购进和本地购进。这种分类可以反映商品流通企业掌握商品货源，合理组织商品流转，保证市场供应的能力。

3. 商品购进指标

商品购进统计的主要指标包括：商品购进总额、从生产者购进额、农副产品购进额、从批发零售贸易业购进额、进口额等。

（1）商品购进总额

商品购进总额是指企业为了转卖或加工后转卖，从本企业以外的各种单位和个人购进的商品总额。主要包括：①从生产者购进；②从批发零售贸易业购进；③进口；④其他购进。

购进的各种商品，不论是否进入本单位仓库，凡是通过本企业结算货款的，都包括在内。从国内购进的商品，以进货原价计算商品购进；进口商品的国外进价一律以到岸价格（CIF）为基础，并将外币按人民币折合计算；企业收购的农副产品，按收购价格和购入环节缴纳的税金计算。

商品购进总额是以批发零售贸易企业为总体的，对于独立核算的基层企业来讲，不会发生重复计算问题，能准确地反映商品购进的规模。但综合部门统计汇总时，因包括从其他批发零售贸易企业购进的商品，所以会发生同一商品的重复计算。

（2）从生产者购进额

从生产者购进是指企业为了转卖或加工后转卖，直接从工农业生产单位购进的各种工矿产品、农副产品，它反映贸易业从国内生产者购进商品的规模和构成，表明贸易业在为生产者推销产品方面而引导生产、促进生产的作用。主要包括：①农副产品购进；②工业品购进。

（3）农副产品购进额

农副产品购进是指以各种方式从农业（包括农、林、牧、渔业）生产单位和农民购进的全部农副产品总额。这个指标反映商品流通部门掌握多少农副产品来供应居民消费、轻纺工业生产和出口的需要。

（4）从批发零售贸易业购进额

从批发零售贸易业购进是指从各种登记注册类型的批发零售贸易企业或其他行业办的附营批发零售贸易单位购进的商品，包括国产商品和国外商品。该指标能够反映国内贸易地区之间、行业之间、企业之间相互买卖商品的情况。

（5）进口额

进口指直接从国外进口的商品和委托外贸部门代理进口的商品，不包括从国内有关单位（包括对外贸易部门和其他单位）购进的进口商品。对外贸易企业只统计自主经营进口的商品，不包括受托代理进口的商品。该指标能够反映一定时期内企业所掌握进口商品的货源情况。

（6）其他购进

其他购进是指从生产者、批发零售贸易企业以外的其他单位购进的商品。如从机关、团体、企业购进的剩余物质；从餐饮业、服务业购进的商品；从海关、市场管理部门购进的缉私和没收的商品；从企业、事业单位和居民购进的废旧商品等。

（三）商品销售统计

1. 商品销售的概念

商品销售是指企业通过现金或银行结算方式，出售本企业经营商品的交易行为。商品销售除了必须具备商品流转的基本特征外，还必须具备出售本企业所经营的商品这一特征。因此，凡出售非本企业所经营的商品，如出售自用的包装用品、废旧物资等均不属于商品销售。

商品销售是企业从事商品流转的最终环节，也是企业的中心环节，它标志着商品流转过程的终了，反映贸易企业完成商品流转任务和供应市场、满足需求的情况。

2. 商品销售的分类

（1）按商品销售业务性质分类

按商品销售的业务性质不同，可分为商品批发和商品零售。①商品批发是指除零售外的一切商品销售活动，包括对生产经营单位批发、对批发零售贸易业批发和出口。②商品零售是指城乡居民直接用于生活消费的商品和社会集团直接用于公用消费的商品。

批发与零售之和等于商品总销量。这一分类可以反映销售活动的中间流转和最终流转情况，以及商品流转的环节次数。

（2）按商品销售对象分类

按商品销售对象不同，又可进行两种分类：①按批发对象分，可分为对生产单位批发、对经营单位批发、对批发零售贸易业批发和出口四类，以观察商品批发构成及批发企业同国民经济各部门、各企业之间的经济联系。②按零售对象分，可分为对居民的零售和对社会集团的零售两类，以反映居民消费与社会集团消费的比例及其变化。

（3）按商品销售地区分类

按商品销售地区不同，可分为地区内销售和地区外销售，其中，对地区内销售还可根据不同情况进行再分组，以分析商品在不同地区的分布状况以及地区之间的经济联系。

这种分类表明企业的商品销售在不同地区空间上的实现与分布，反映各地区购买力水平及消费特点。

3. 商品销售指标

商品销售统计的主要指标包括：商品销售总额、商品批发额和商品零售额等。

（1）商品销售总额

商品销售总额是指对本企业以外的单位或个人出售（包括对国外或境外直接出口）的商品。该指标反映企业在国内市场上销售商品以及出口商品的总量。主要包括：①对生产经营单位的批发；②对批发零售贸易业的批发；③出口；④对居民和社会集团的零售。

商品销售的记载时间是以商品已经售出、商品所有权已经转移给买方后，收到货款或取得收取货款的凭证时作为商品销售。采取直接收款方式的，在实际收到货款或取得收款的凭证时，作为商品销售。采取托收承付和委托银行收款结算方式的，在发出商品并办妥托收手续时，作为商品销售。采用分期收款方式的，应按合同约定的收款日期，作为商品销售。采用预收货款方式的，在商品发出时作为商品销售。委托其他单位代销商品，以收到代销单位销售的代销清单时，作为商品销售。在交款提货的情况下，如货款已经收到，只要账单和提货单已经交给买方，不论商品是否发出，都应作为商品销售。出口的商品，一律以离岸价（FOB）计算商品销售。

（2）批发

商品批发是指尚未最终脱离社会再生产过程，除商品零售以外的一切商品销售活动。主要包括：①对生产经营单位的批发；②对批发零售贸易业的批发；③对农民农业生产资料的销售；④出口。

（3）零售

零售指已经最终结束社会再生产过程的商品销售活动，专指国民经济各行业售给城乡居民直接用于生活消费的商品和社会集团直接用于公用消费的商品。主要包括：①对居民的零售；②对社会集团的零售。

（四）商品库存统计

1. 商品库存的概念

商品库存是指批发零售贸易企业已经购进，取得商品所有权，但尚未销售的滞留在批发零售企业的商品。这一指标反映批发零售贸易企业库存商品的规模、结构和对市场供应的保证程度。

商品库存产生的原因主要是生产和消费在以下几个方面出现不平衡造成的一是时间上，包括常年生产、季节消费，季节生产、常年消费，季节生产、不同季节消费等情况；二是地区上，包括一地生产、多地消费，分散生产、集中消费以及供销双方存在的运输距离等。此外，商品在加工整理的过程中也会造成一定的库存。

2. 商品库存的分类

（1）按商品存放地点分类

按商品存放地点不同，可分为在库商品、在途商品、加工厂存商品和存放他处商品。一般企业库存商品大部分为在库商品又称实际库存商品。上述四部分库存之和为企业的全部库存。

（2）按商品存放环节分类

按商品存放环节不同，可分为农副产品采购单位库存、批发单位库存和零售单位库存。

（3）按商品经济用途分类

按商品经济用途不同，可分为生产资料库存和生活资料库存，生活资料库存又可分为吃、穿、用、住、烧等。

（4）按适销状况分类

按适销状况不同，可分为畅销商品库存、平销商品库存和滞销商品库存三类。

3. 商品库存统计指标

商品库存统计的主要指标是期末商品库存。期末商品库存总额指批发零售贸易企业已取得所有权的商品。这个指标反映批发零售贸易企业的商品库存情况及对市场商品供应的保证程度。包括：（1）在库商品。指本企业已取得所有权，随时可以供应市场的商品。（2）在途商品。指商品所有权已属（或仍属）本企业，正处在运输途中的商品。又可分为运入在途商品和运出在途商品两种情况。（3）寄放他处商品。指所有权属于本企业，因故暂时寄放他处的商品。（4）加工厂存商品。指所有权仍属本企业，但尚处于委托加工生产过程中的商品。

企业的库存商品金额可以采用进价或售价进行核算。采用进价核算的商品单位，应按商品进货原价（或实际采购成本）计算期末库存；采用售价核算的商品，应按商品的售价计算期末库存。具体地说，批发单位的库存商品按进价计算；零售单位的库存商品按核算价格计算，即按什么价格核算就按什么价格计算。

三、社会消费品零售统计

（一）社会消费品零售统计的概念

社会消费品零售是指一定时期内，全社会各种经济类型的批发零售贸易业、餐饮业、制造业及其他行业对城乡居民和社会集团的消费品零售和农民对非农业居民零售的总和。社会消费品零售统计的主要指标有两个：社会消费品零售额和社会消费品零售量。通过社会消费品零售统计，能够反映通过各种商品流通渠道向居民和社会集团供应的生活消费品以满足其生活需要的状况，它是研究人民生活、社会消费品购买力、货币流通等问题的重要依据。

（二）社会消费品零售的统计分类

1. 按行业分类

这是以经营企业单位本身的业务性质进行区分的，用以说明不同行业的消费品零售在社会消费品零售中所占比重及变化情况，反映不同行业的消费品零售额在零售市场中所起的作用。包括：批发零售贸易业零售额、餐饮业零售额、制造业零售额、其他行业零售额和农民对非农业居民零售额。

2. 按销售地区分类

这是按经营机构所在地划分的消费品零售额，以便研究城乡商品销售的结构及其变化情况。包括：市的零售额、县的零售额和县以下的零售额。

3. 按国（境）内外分类

这是反映消费品零售业对外资开放程度的指标类型。包括：内资企业零售额、港澳台商投资企业零售额和外资投资企业零售额。

第二节　对外贸易统计

一、对外贸易统计概述

（一）对外贸易统计的目的和特点

对外贸易是一国或地区与他国或地区进行商品及劳务的交换活动。对外贸易统计的目的是以系统的统计资料的形式，反映一国或地区进出口货物的品种、数量、金额、地理走向和其他有关的总体特征，为国家制定贸易政策和经济政策以及企业制定对外贸易规划和策略提供依据。

对外贸易统计具有以下几个特点：①研究的范围广泛。对外贸易统计研究不仅包括国内商品流转的业务环节，同时还包括进口和出口两个环节及过程分析。②要有明确的有关问题统计原则。由于对外贸易经济活动的复杂性，为保证对外贸易统计资料的准确和及时，必须确定诸如国别、价格、外币折算等统计原则及有关的分类标准。③对外贸易统计是对外贸易经济活动实行科学管理和对其进行监督检查的重要工具。

（二）对外贸易统计的两种体系

按照统计负担的任务、资料的搜集方法和传输渠道等方面的区别，对外贸易统计可分为两大体系：一是以实际进出口货物为记录对象的海关统计；一是以对外贸易企业的进出口业务为记录对象的商品流转统计，在我国称为对外贸易业务统计。对外贸易业务统计和海关进出口统计的内容和范围大体一致。目前，我国平行存在着两套体系，同时编制两套统计资料。

（三）对外贸易统计的原则

1. 国别统计原则

国际贸易统计重要原则——对外贸易的双记录原则，即出口国的每一笔出口统计，必须由交易的对方作相应的进口统计。反之，进口国的一笔进口统计，交易对方也应作相应的出口统计。交易双方又称伙伴国。实行这条原则的目的在于使世界范围内的出口与进口实行平衡。目前，国际上有三种确定国别的统计原则：按贸易国统计，按产销国统计，按运输国统计。

（1）按贸易国统计

按照这种方法，进口货物时按购自国统计，出口货物时按售予国统计。购自国是指购买进口货物的市场所在国（地区），售予国是指出口货物销售的市场所在国（地区）。按贸易国统计，可以反映国与国之间的贸易关系，分析对外贸易政策的执行情况。

（2）按产销国统计

根据这种方法，进口货物时按原产国，即生产国统计，出口货物时按消费国统计。按产销国统计，可以了解生产国与消费国之间的经济联系，有助于减少中间贸易渠道，改善本国对外贸易市场结构。

（3）按运输国统计

根据这种方法，进口货物按最初发运进口货物的国家（起运国）统计，出口货物按最后进口货物的国家（抵达国）统计。按运输国统计，可以正确划定发生进出口贸易的双方国家（地区），反映实际发生贸易联系的国家（地区）的分布状况。

2. 价格统计原则

对外贸易统计，不仅要统计各种进出口商品的数量，而且还要统计其价值。在确定进出口商品价值时，首先要解决采用何种价格来计算的问题。在国际上最常用的价格为离岸价格、到岸价格、成本加运费三种。

（1）离岸价格（FOB）

离岸价格，又称装运港船上交货价，是指卖方在合同规定的装运港和期限内将货物装上买方指定的船只后的价格。离岸价格包括从商品的购进到装船完毕时的货价、运费、保险费和其他劳务等费用以及出口关税，但不包括货物离开起运港后的运费、保险费和其他一切费用。

（2）到岸价格（CIF）

到岸价格，又称成本加运费、保险费价，是指卖方要负责货物装船前的一切费用和支付到指定目的港的运费、保险费，买方则负责卸货后的一切费用。

（3）成本加运费价格（CFR）

成本加运费价格，又称至目的港运费在内价，即卖方负责货物装上船前的一切费用和支付到指定目的港的正常费用，买方负责支付保险费和卸货后的一切费用。

目前，包括我国在内的世界上许多国家（地区）对进出口商品的统计价格都以美元计算，进口货物按到岸价格（CIF）统计，出口货物按离岸价格（FOB）统计。

3. 商品数量原则

确定进出口商品数量时，必须确定商品的计量单位。由于商品的种类、特性和各国度量衡制度的不同，计量单位也不同。通常使用的计量单位有重量单位、个数单位、长度单位、面积单位、体积单位和容积单位等。其中，以重量表示的商品，则是按净重计算。目前，在我国的对外贸易统计中，进出口商品的数量是按照对外贸易统计商品目录中统一规定的计量单位进行统计的。

4. 外币折算原则

在对外贸易中，进出口货物一般都是用外币进行结算和支付的。由于各国货币制度和使用习惯的不同，在实际工作中，进出口货物可以用美元、英镑、日元、欧元等不同外币结算和支付。但是计算进出口贸易总额时，必须按统一的货币计价汇总。一般是本币或折算成统一的外币。由于外汇的汇率有两种标价方法，所以外币与本币的折算也有两种方法。

直接标价法，又称应付报价法，是指单位外币折成本国货币的方法。目前世界上大多数国家采用直接标价法。例如，100 美元折合人民币×××元（按届时汇率牌价折算）。

间接标价法，又称应收报价法，是指单位本币折成外币的方法，是直接标价法的倒数。例如，100 元人民币折合美元×××元（按届时汇率牌价折算）。

为了便于进行国际比较，许多国家（地区）和一些国际组织通常把有关对外贸易统计资料按美元折算，即先将其他外币都折算成美元，再加以汇总。其折算公式为：

按美元计算的进出口值＝按其他货币计算的进出口值×其他外币折合美元的折算率

或：按美元计算的进出口值＝按其他外币计算的进出口值÷美元折合其他外币的折算率

（四）对外贸易统计分类

国际上公认并广泛采用的国际贸易商品分类有三种：联合国《国际贸易标准分类》，简称 SITC；海关合作理事会制定的《海关合作理事会税则商品分类目录》，简称 CCCN；《商品名称及编码协调制度》，简称 HS。

国际贸易标准分类把全部国际贸易商品按经济类别划分为 10 大类。大类下依次分为 67 章、261 组、1033 个目和 3118 个基本编号。海关合作理事会税则商品分类将全部商品分为 21 类，99 章，计 1011 个税目。第 1~24 章为农产品；第 25~99 章为工业品。税目号以 4 位数字表示。协调制度是在《海关合作理事会分类目录》和《国际贸易标准分类》的基础上，参照国际其他主要的税则、统计、运输等分类目录制定的一个多用途的国际贸易商品分类目录。

1980—1991 年，我国采用的《海关统计商品目录》是以联合国《国际贸易标准分类》（SITC）第二次修订本为基础编制的。自 1992 年起，我国开始采用《商品名称及编码协调制度》编制对外贸易统计，并根据我国对外贸易商品结构的实际情况，在《商品名称及编码协调制度》原 6 位编码的基础上增加了第 7 位和第 8 位编码，以便计税、统计及贸易管理。1999 年版《海关统计商品目录》分为 22 类，98 章（其中第 77 章为空号），6600 余个八位数商品编号。第 1 章至 97 章的前六位数编码及商品名称与《商品名称和编码制度》完全一致。第七、八两位数编码是根据我国关税、统计及贸易管理的需要设置的。下面是海关统计商品分类目录。

第一类 活动物；动物产品

第二类 植物产品

第三类　动、植物油、脂及其分解产品；精制的食用油脂；动、植物蜡

第四类　食品；饮料；酒及醋；烟草；烟草及烟草代用品的制品

第五类　矿产品

第六类　化学工业及其相关工业的产品

第七类　塑料及其制品；橡胶及其制品

第八类　生皮、皮革、毛皮及其制品；鞍具及玩具；旅游用品、手提包及类似品；动物肠线（蚕胶丝除外）制品

第九类　木及木制品；木炭；软木及软木制品；稻草、秸秆、针茅或其他编结材料制品；篮筐及柳条编结品

第十类　木浆及其他纤维状纤维素浆；纸及纸板的废碎品；纸、纸板及其制品

第十一类　纺织原料及纺织制品

第十二类　鞋、帽、伞、杖、鞭及其零件；已加工的羽毛及其制品；人造毛；人发制品

第十三类　石料、石膏、水泥、石棉、云母及类似材料的制品；陶瓷产品；玻璃及其制品

第十四类　天然或养殖珍珠、宝石或半宝石、贵金属、包贵金属及其制品；仿首饰；硬币

第十五类　贱金属及其制品

第十六类　机器、机械器具、电气设备及其零件；录音机及放声机、电视图像、声音的录制和重放设备及其零件、附件

第十七类　车辆、航空器、船舶及有关运输设备

第十八类　光学、照相、电影、计量、检验、医疗或外科用仪器及设备、精密仪器及设备；钟表；乐器；上述物品的零件、附件

第十九类　武器、弹药及其零件、附件

第二十类　杂项制品

第二十一类　艺术品、收藏品及古物

第二十二类　特殊交易品及未分类商品

二、海关统计

（一）海关统计的任务和特点

海关统计的任务是对进出中华人民共和国关境的货物进行统计调查和分析，科学、准确地反映对外贸易的运行态势，及时提供统计信息和服务，实施有效的统计监督，开展统计的交流和合作，促进对外贸易的发展。我国海关统计具有以下几个特点。

1. 海关统计范围全面

海关是国家的进出关境监督管理机关。不论是国有企业、集体企业，还是三资企业、私营企业和个人都必须向海关申领进出口货物报关单，经由海关办理申报、查验、征税、放行手续，接受海关的监督和检查，按进出口货物报关单作系统记录。因此，海关统计可以将进出我国国境口岸的全部进出口货物统计在内，从而全面反映我国进出口货物的实际情况。

2. 海关统计数字准确

海关统计的原始资料是经海关实际监管的进出口货物报关单及有关单证，能准确反映进出口商品的规模、构成、金额、国别、经营单位、贸易方式等情况。此外海关统计时间要求严格，出口货物按海关结关的日期进行统计，进口货物按海关放行的日期进行统计，因此，便于对各种资料进行动态分析。

3. 海关统计国际可比性较强

当今世界各国，特别是发达国家大都以海关统计为官方统计，海关统计是国际贸易统计的重要信息源。我国统计全面采用国际标准，统计方法与统计口径与各国通行的贸易统计方法是一致的，因此，利用海关统计资料与世界各国对外贸易统计资料对比，就有了较强的可比性。

正是由于海关统计具有上述特点，我国目前对外提供和发布进出口贸易的数据都是以海关统计数据为准的。

（二）海关统计的范围

为了加强各国编制的贸易统计资料的可比性，联合国对统计的范围划分为列入统计的货物，不列入统计的货物和单独统计的货物三种情况。我国从1995 年 1 月 1 日起对统计制度作了修订，使我国统计范围与联合国的海关统计范围一致。

列入海关进出口统计范围的货品有下列几项：一般贸易；国家间、国际组织无偿援助和赠送的物资；华侨、港澳台同胞、外籍华人捐赠物资；补偿贸易；来料加工装配贸易；进料加工贸易；寄售、代销贸易；边境小额贸易；加工贸易进口设备；对外承包工程出口货物；租赁贸易；外商投资企业作为投资进口的设备、物品；出料加工贸易；易货贸易；免税外汇商品；保税仓库进出境货物；保税区仓储转口货物；其他。

不列入海关进出口统计范围的货品有下列几项：过境、转运和通运货物；未进出境的转口货物；未进出境，在境内以外汇结算的货物；暂时进出口货物；租赁期一年以下的租赁进出境货物；无代价抵偿的进出口货物；退运货物；中国驻外国和外国驻中国使领馆进出口的公务用品和自用物品；中国驻香港特别行政区等单独关税地区军队的公务用品和自用物品；进出境旅客的自用物品（汽车除外）；进出境的运输工具在境外添装的燃料、物料、食品以及放弃的废旧物料；边民互市贸易进出境货物；其他。

　　不列入海关统计范围（即不列入我国进出口统计）但实施单项统计的货品有下列几项：免税品；进料加工以产顶进货物；来料加工以产顶进货物；进料加工转内销货物；来料加工转内销货物；加工贸易转内销设备；进料深加工结转货物；来料深加工结转货物；加工贸易结转设备；进料加工结转余料；来料加工结转余料；退运货物；进料加工复出口料件；来料加工复出口料件；加工贸易退运设备；保税区运往非保税区货物；非保税区运入保税区货物；保税区退区货物；保税仓库转内销货物；境内存入出口监管仓库货物；出口监管仓库退仓货物；过境货物。

　　（三）海关统计指标体系

　　为了全面、系统地反映我国对外贸易实际进出口货物的情况，需要设计一系列统计指标。目前，我国海关进出口统计指标体系，是由十余个子指标体系组成的。主要有：价值量指标、实物量指标、进出口商品目录、贸易伙伴指标、贸易方式指标、经营单位指标、收发货单位所在地指标、运输方式指标、进口用汇来源指标和海关关别指标等。价值量指标体系与实物量指标体系是海关进出口统计的基本统计指标体系。

　　1．价值量指标

　　海关进出口货物价值量指标主要有四个：进口总值、出口总值、进出口总值和进出口差额。

　　（1）进口总值

　　这是指一定时期内我国从境外进口的全部货物价值的总和。进口货物是采用到岸价格（CIF）计算价值的。统计进口的时间，进口货物一般以海关核准放行的日期为准。对暂时进口，如不再运出，则以向海关补办正式进口手续的日期为统计时间。进口总值能确切地反映我国外汇实际支出情况，它是编制国民经济收支平衡表和计算其他分析指标的依据。

　　（2）出口总值

　　出口总值是指一定时期内我国对境外出口的全部货物的价值总和。出口货物按离岸价格（FOB）计算。统计出口的时间，邮运出口的货物，以海关放行货物的日期为统计时间；以其他运输方式出口的货物，则以装运货物的运输工具经海关结关放行的日期为统计时间。对暂时出口，若不再运回，则以向海关补办正式出口手续的时间为统计时间。出口总值能反映我国实际收入外汇的情况，它是编制国民经济收支平衡表和研究出口贸易发展情况的重要资料。

　　（3）进出口总值

　　这是指我国在一定时期内进口和出口货物的价值总和。既包括对外贸易实际进出口的货物价值，也包括对外经济往来，如无偿援助和赠送的货物价值。进出口总值反映我国对外经济贸易往来的总规模和总体发展水平，是研究我国对外经济贸易往来和国际收支状况的重要依据。

（4）进出口差额

这是指一定时期内，出口总值与进口总值之间的差额。在计算时，通常用出口总值减去进口总值，其计算公式如下：

$$进出口差额＝出口总额－进口总额$$

上式中，如果出口总额大于进口总额则为顺差（或出超）；反之，如果进口总额大于出口总额则为逆差（入超）。进出口贸易的顺差和逆差，都会影响国际储备资产的增减，研究其成因，对于保持外汇的基本平衡有着十分重要的意义，也是表明国民经济运行状况和综合国力的根据。

2. 实物量指标

实物量作为计量货物在国际上运动的一个基本尺度，在对外贸易中起着重要的作用，它可以避免受价格变化、汇率变化的影响，使数据具有较强的可靠性和可比性。

进出口货物应按照《海关统计商品目录》所规定的计量单位统计数（重）量。凡《海关统计商品目录》规定有第二计量单位的货物，须同时统计其第二数（重）量。如发电机，除采用台外，还需用千瓦表示。凡以重量单位计量的货物，一律按净重计算。

（四）海关统计分组体系

进出口货物的分组统计是进行对外贸易经济分析和研究的重要资料。对进出口指标按不同标志进行分组，主要有以下几种：

1. 按国别分组

海关统计的国别是指我国进、出口货物的来源和去向。目前我国海关进出口贸易按原产/目的国别（地区）和起运/运抵国别（地区）双重原则统计。

按原产/目的国别（地区）分组，进口货物按原产国，即生产、开采或制造的国家（地区）统计；出口按最终目的国，即出口货物已知的消费、使用或进一步加工制造的国家（地区）统计。按原产/目的国别（地区）统计是研究我国与其他国家（地区）在进出口商品的生产、消费方面经济关系的重要资料，也是揭示我国同这些国家（地区）发展直接贸易可能性的依据。

按起运/运抵国别（地区）分组，进口货物按起运国，即进口货物发运的国家（地区）统计；出口货物按运抵国，即出口货物运达的国家（地区）统计。这种分组，对于分析研究国际经贸关系有十分重要的参考价值。

2. 按贸易方式分组

按贸易方式分组主要是反映各种贸易和经济交往方式在整个对外贸易中所占的比重。现行统计中的贸易方式包括：一般贸易，国家间、国际组织无偿援助和赠送的物质，华侨、港澳同胞、外籍华人捐赠物质，补偿贸易，来料加工装配贸易，进料加工贸易，寄售、代销贸易，边境小额贸易，加工贸易进口设备，对外承包工程出口货物，租赁贸易，外商投资企业作为投资进口的设备和物品，贸易，易货贸易，免税外汇商品，保税仓库进出境货物，保税区仓储转口货物，其他等。

3. 按经营单位分组

海关统计的经营单位是指已在海关注册登记，从事对外贸易经营活动的境内法人和其他组织。通过这种分组，可以反映各种经济类型的经营单位的进出口额在全部进出口额中的比重，据此了解不同经营单位的市场地位及其变动状况。按经营单位分组可分为 8 类：国有企业，中外合作企业，中外合资企业，外商独资企业，集体企业，私营企业，有报关权无进出口经营权企业，其他。

4. 按商品类别分组

凡列入海关统计范围的进出口货物，均应按照《中华人民共和国海关统计商品目录》归类统计。按商品类别分组可分为两大类，即初级产品和工业制成品。初级产品细分为食品及活动物，饮料及烟类，非食用原料，矿物燃料、润滑油，动植物油脂类及蜡；工业制成品细分为化学品，轻纺橡胶制品，矿冶产品，机械及运输设备，杂项制品和其他。

5. 按运输方式分组

在国际贸易业务中，买卖双方对进出口货物的交接，必须通过运输才能实现。海关统计的运输方式分为以下六种：江海运输、铁路运输、汽车运输、空运、邮运和其他。通过这种分组，可以了解货物进出境时所采用的不同运输方式，以及各种运输方式在整个进出口贸易中所占的比重。

此外，还有按收发货单位所在地分组，按外汇来源分组，按进口用汇来源分组，按境内目的地、货源地分组，按海关关别分组等。

三、对外贸易业务统计

（一）对外贸易业务统计的性质

对外贸易业务统计是按照对外贸易商品流转的业务环节而组织起来的一种统计报告制度。它是反映对外经济贸易中对外贸易部门的进出口贸易规模、水平、速度、结构、比例等发展趋势和规律，监督和检查对外贸易业务计划、协议、合同的执行情况等对外贸易业务活动总体情况的部门专业统计，是对外贸易业务工作不可缺少的一项重要工作，也是国民经济统计的一个重要组成部分。

我国对外贸易统计的基本作用体现在于：（1）准确、及时地掌握对外贸易商品流转活动的一系列重要信息，为有关部门制定宏观决策提供依据。（2）检查和监督外贸流转计划执行情况，为编制科学的流转计划服务。（3）为加强经济核算、改善经营管理提高经济效益服务提供数据资料。

（二）对外贸易业务统计的范围

对外贸易业务统计按照贸易原则、商品原则、国境原则进行统计。它的统计范围就是通过贸易方式从国（境）外进入国境的进口商品和从国内运出国境的出口商品。

对外贸易业务统计包括的范围：进料加工，来料加工、装配贸易，补偿贸易，来样加工，出料加工，各种对口合同，易货贸易，边境贸易，租赁，转口贸易，技术贸易，寄售代销等。

对外贸易业务统计不包括的内容：单纯的许可证贸易，未通过我国国境的直接转口贸易，未进出国境在国内以外汇结算的贸易，无偿赠送的物品，接受联合国和双边无偿援助的物品，边民互市贸易等。

（三）对外贸易业务统计指标体系

对外贸易业务统计，是按照对外贸易商品流转的业务环节而组织起来的部门专业统计。其指标体系的内容包括：出口商品收购统计，出口业务统计，进口业务统计和出口商品库存统计等四个方面的内容。

1. 出口商品收购统计

出口商品收购统计又称出口商品货源统计，它反映在一定时期内，从外贸系统以外购进的供应出口的商品货源、收购数量及构成等情况。

对外贸易出口商品收购，首先必须是为了供应出口或经过加工后再供应出口的商品收购；其次，必须是通过买卖和结算方式取得商品所有权；另外还必须是从对外经济贸易部门系统以外的单位和个人购进的商品。

对外贸易出口商品收购统计包括的范围有：（1）从国内工农业生产部门购进的出口商品；（2）从国有、集体和私营商业购进的出口商品；（3）从商业以外其他各类企业购进的出口商品；（4）从外贸生产基地、专厂、专车间购进的出口商品；（5）有进出口经营权的企业自己生产的出口商品；（6）用进口原料加工供应出口的成品；（7）作价购进的样品和展览品等。

出口商品收购统计的原则是"谁收购谁统计"，确定谁收购的原则主要根据直接结算者来划定。出口商品收购统计价格，无论是产地交货、集中点交货，还是直运口岸结算交货，一律都按实际价格计算，即对外贸易企业最初从生产等部门收购的价格作为起始点，购进后再包装，加工挑选的费用不包括在购进价内。

2. 出口业务统计

出口业务统计是对我国出口贸易各个工作环节的业务活动所进行的统计。通过出口业务统计，可以反映我国在一定时期内出口商品的规模、结构以及出口市场等情况。这一指标是检查出口计划完成情况，掌握外汇收支平衡，加强企业经济核算，提高企业经济效益的依据。

出口业务统计主要包括出口成交、出口交货和实际出口等方面的统计。

（1）出口成交统计

出口成交又称已签出口合同，是指对外贸易企业与境外机构和企业正式签订的出口合同，或经双方函电往来所达成的出口商品交易的行为。出口成交按合同价计算。

出口成交统计一般常用的指标是本年出口成交，按合同规定截止本季（月）末应交数和往年合同未交数（本年应继续执行的合同数）。

（2）出口交货统计

出口交货是指对外贸易企业按照出口商品合同向买方进行交货的行为。出口交货统计反映外贸企业履行出口成交合同的情况，出口成交合同按规定的价格进行统计。

出口成交统计的主要指标有本年合同本年交货数，上年预交数，补交往年数和预交下年数等。

（3）实际出口统计

实际出口是指出口商品实际离开我国的口岸或国境，它是出口成交的继续。实际出口统计反映对各国（地区）实际出口商品的品种、数量、金额及相关情况，以及一个国家（地区）出口创汇的能力。

实际出口按谁出口谁统计的原则进行。实际出口商品除特殊规定外，均按离岸价格（FOB）统计。实际出口统计的日期应根据有关运输凭证上的日期来进行统计。

3. 进口业务统计

进口业务统计反映在一定时间内进口商品规模、结构及其变化，以及进口货物来源国家（地区）的分布情况，为检查进口计划、协议、合同执行情况，国别（地区）政策贯彻情况，合理使用外汇，加强经济核算，提高经济效益提供可靠依据。

进口业务统计一般包括进口订货、进口交货和进口到货统计。

（1）进口订货统计

进口订货统计又称进口合同统计，反映我国与其他国家（地区）通过签订合同，定妥进口商品数量、金额。主要指标是本年已签进口合同数，按合同规定本期累计应交数和往年合同未交数。

（2）进口交货统计

进口交货是指国外（境外）企业按照进口合同的规定，向我国进行交货。主要指标是本年合同本年交货数，上年预交本年数，补交往年数和预交下年数。

（3）进口到货统计

进口到货即实际进口，进口到货统计是指从国外购进商品的活动中，以那些到达我国口岸或国境的进口商品为对象进行的统计。以谁执行合同（即与外商进行货款结算）谁统计的原则进行。

进口到货统计按到岸价格（CIF）统计，代理销售外国商品、样品、展览品的进口价格按实际结算的价格统计。进口到货的统计时间以有关凭证（到货通知书、进口货物明细单）上所填写的日期进行统计。

4. 出口商品库存统计

出口商品库存统计是反映某个时点上对外贸易出口商品的货源准备情况。为了保证对外贸易商品流转的顺利进行，对外贸易企业须保持一定的商品库存量。出口商品库存统计的范围，包括对外贸易企业取得商品所有权的全部出口商品库存，即在途出口商品、在库出口商品、口岸待运出口商品和加工中的出口商品。

四、海关进出口统计与对外贸易业务统计的区别

对外贸易业务统计与海关统计在主要经济项目上是一致的，但在以下方面存在差异：

（一）统计范围不同

海关进出口统计不仅包括对外贸易实际进出口的货物，还包括外资企业投资进口的设备和物品以及不需支付外汇的无偿援助和捐赠物品等，它反映我国同其他国家（地区）经济贸易联系和货物交往的全貌。

对外贸易业务统计仅对外贸企业进出口商品和收购、库存进行统计，不包括外资企业投资进口设备和物品以及需支付的无偿援助物质和赠送品。

（二）统计渠道和汇总方式不同

海关进出口统计是由各地海关将进出口货物的报关单直接上报给海关总署，由其加工汇总和编制全国海关的进出口资料。

对外贸易业务统计是各地区外贸企业单位，逐级汇总上报进出口业务统计资料，直至中央主管部门。

（三）统计商品目录不同

海关进出口统计的商品目录是以《商品名称及编码协调制度》为基础，结合我国实际情况编制而成的，是从课征关税的需要考虑的。

对外贸易业务统计商品目录主要依据《对外贸易进（出）口业务统一商品目录》，主要是为适应外贸企业经营管理的需要进行分类，进口和出口使用不同的商品目录。

（四）记录原则不同

海关进出口统计基本上采用"专门贸易记录制"，即以关境作为确定进口与出口的统计方式。

外贸业务统计基本上采用"总贸易记录制"，即以国境为准划分进口与出口的统计方式。

（五）统计时间不同

海关出口统计以装运货物的运输工具结关放行的日期为准，进口货物和邮运出口货物以海关放行的日期为准。

对外贸易业务统计则是以离开我国口岸或国境日期为准。

复习思考题

1. 何谓最初流转、中间流转和最终流转？它们各有什么特征？

2. 何谓批发流转与零售流转？

3. 何谓总流转与纯流转？两者的本质区别是什么？

4. 商品流转统计有哪些基本统计指标？

5. 何谓社会消费品零售？

6. 对外贸易统计的原则是什么？

7. 我国海关统计的基本任务是什么？它有哪些特点？

8. 我国的海关统计和对外贸易业务统计各有哪些主要统计指标？

9. 海关统计和对外贸易业务统计有何区别？

10. 根据下列有关资料，计算某商场本月购进、销售和月末库存指标（按零售价格计算）。

（1）月初库存额为 85600 元；

（2）从纺织品批发站购进服装 8600 元；

（3）从服装公司购进服装 12000 元；

（4）从木器厂购进家具 98200 元；

（5）从交电公司购进家用电器 304000 元；

（6）从食品公司购进糕点 2500 元；

（7）从烟酒公司购进烟酒 5000 元；

（8）向居民出售服装 14400 元；

（9）向居民和社会集团出售家具 48000 元；

（10）向居民和社会集团出售家用电器 302000 元；

（11）出售糕点烟酒 6600 元。

附 录

附表 1 二项分布临界值表

在 $P=q=\dfrac{1}{2}$ 下，x 或 $n-x$（不论何者为大）的临界值。

n	单侧检验(a)		双侧检验(a)	
	0.05	0.01	0.05	0.01
5	5	—	—	—
6	6	—	6	—
7	7	7	7	—
8	7	8	8	—
9	8	9	8	9
10	9	10	9	10
11	9	10	10	11
12	10	11	10	11
13	10	12	11	12
14	11	12	12	13
15	12	13	12	13
16	12	14	13	14
17	13	14	13	15
18	13	15	14	15
19	14	15	15	16
20	15	16	15	17
21	15	17	16	17
22	16	17	17	18
23	16	18	17	19
24	17	19	18	19
25	18	19	18	20
26	18	20	19	20
27	19	20	20	21
28	19	21	20	22
29	20	22	21	22
30	20	22	21	23

附表 2　标准正态曲线下的面积

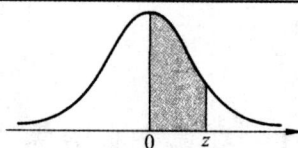

z	0.00	0.01	0.02	0.03	0.04	0.05	0.06	0.07	0.08	0.09
0.0	0.0000	0.0040	0.0080	0.0120	0.0160	0.0199	0.0239	0.0279	0.0319	0.0359
0.1	0.0398	0.0438	0.0478	0.0517	0.0557	0.0596	0.0636	0.0675	0.0714	0.0753
0.2	0.0793	0.0832	0.0871	0.0910	0.0948	0.0987	0.1026	0.1064	0.1103	0.1141
0.3	0.1179	0.1217	0.1255	0.1293	0.1331	0.1368	0.1406	0.1443	0.1480	0.1517
0.4	0.1554	0.1591	0.1628	0.1664	0.1700	0.1736	0.1772	0.1808	0.1844	0.1879
0.5	0.1915	0.1950	0.1985	0.2019	0.2054	0.2088	0.2123	0.2157	0.2190	0.2224
0.6	0.2257	0.2291	0.2324	0.2357	0.2389	0.2422	0.2454	0.2486	0.2517	0.2549
0.7	0.2580	0.2611	0.2642	0.2673	0.2704	0.2734	0.2764	0.2794	0.2823	0.2852
0.8	0.2881	0.2910	0.2939	0.2967	0.2995	0.3023	0.3051	0.3078	0.3106	0.3133
0.9	0.3159	0.3186	0.3212	0.3238	0.3264	0.3289	0.3315	0.3340	0.3365	0.3389
1.0	0.3413	0.3438	0.3461	0.3485	0.3508	0.3531	0.3554	0.3577	0.3599	0.3621
1.1	0.3643	0.3665	0.3686	0.3708	0.3729	0.3749	0.3770	0.3790	0.3810	0.3830
1.2	0.3849	0.3869	0.3888	0.3907	0.3925	0.3944	0.3962	0.3980	0.3997	0.4015
1.3	0.4032	0.4049	0.4066	0.4082	0.4099	0.4115	0.4131	0.4147	0.4162	0.4177
1.4	0.4192	0.4207	0.4222	0.4236	0.4251	0.4265	0.4279	0.4292	0.4306	0.4319
1.5	0.4332	0.4345	0.4357	0.4370	0.4382	0.4394	0.4406	0.4418	0.4429	0.4441
1.6	0.4452	0.4463	0.4474	0.4484	0.4495	0.4505	0.4515	0.4525	0.4535	0.4545
1.7	0.4554	0.4564	0.4573	0.4582	0.4591	0.4599	0.4608	0.4616	0.4625	0.4633
1.8	0.4641	0.4649	0.4656	0.4664	0.4671	0.4678	0.4686	0.4693	0.4699	0.4706
1.9	0.4713	0.4719	0.4726	0.4732	0.4738	0.4744	0.4750	0.4756	0.4761	0.4767
2.0	0.4772	0.4778	0.4783	0.4788	0.4793	0.4798	0.4803	0.4808	0.4812	0.4817
2.1	0.4821	0.4826	0.4830	0.4834	0.4838	0.4842	0.4846	0.4850	0.4854	0.4857
2.2	0.4861	0.4864	0.4868	0.4871	0.4875	0.4878	0.4881	0.4884	0.4887	0.4890
2.3	0.4893	0.4896	0.4898	0.4901	0.4904	0.4906	0.4909	0.4911	0.4913	0.4916
2.4	0.4918	0.4920	0.4922	0.4925	0.4927	0.4929	0.4931	0.4932	0.4934	0.4936
2.5	0.4938	0.4940	0.4941	0.4943	0.4945	0.4946	0.4948	0.4949	0.4951	0.4952
2.6	0.4953	0.4955	0.4956	0.4957	0.4959	0.4960	0.4961	0.4962	0.4963	0.4964
2.7	0.4965	0.4966	0.4967	0.4968	0.4969	0.4970	0.4971	0.4972	0.4973	0.4974
2.8	0.4974	0.4975	0.4976	0.4977	0.4977	0.4978	0.4979	0.4979	0.4980	0.4981
2.9	0.4981	0.4982	0.4982	0.4983	0.4984	0.4984	0.4985	0.4985	0.4986	0.4986
3.0	0.4987	0.4987	0.4987	0.4988	0.4988	0.4989	0.4989	0.4989	0.4990	0.4990

资料来源：Abridged from Table Ⅰ of A. Hald, *Statistical Tables and Formulas*(New York：John Wiley & Sons,Inc.),1952. Reproduced by permission of A. Hald and the publisher.

附表 3 t 统计量的临界值

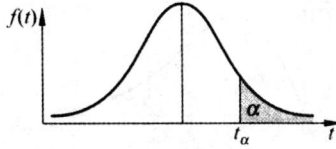

v	$t_{0.100}$	$t_{0.050}$	$t_{0.025}$	$t_{0.010}$	$t_{0.005}$	$t_{0.001}$	$t_{0.0005}$
1	3.078	6.314	12.706	31.821	63.657	318.31	636.62
2	1.886	2.920	4.303	6.965	9.925	22.326	31.598
3	1.638	2.353	3.182	4.541	5.841	10.213	12.924
4	1.533	2.132	2.776	3.747	4.604	7.173	8.610
5	1.476	2.015	2.571	3.365	4.032	5.893	6.869
6	1.440	1.943	2.447	3.143	3.707	5.208	5.959
7	1.415	1.895	2.365	2.998	3.499	4.785	5.408
8	1.397	1.860	2.306	2.896	3.355	4.501	5.041
9	1.383	1.833	2.262	2.821	3.250	4.297	4.781
10	1.372	1.812	2.228	2.764	3.169	4.144	4.587
11	1.363	1.796	2.201	2.718	3.106	4.025	4.437
12	1.356	1.782	2.179	2.681	3.055	3.930	4.318
13	1.350	1.771	2.160	2.650	3.012	3.852	4.221
14	1.345	1.761	2.145	2.624	2.977	3.787	4.140
15	1.341	1.753	2.131	2.602	2.947	3.733	4.073
16	1.337	1.746	2.120	2.583	2.921	3.686	4.015
17	1.333	1.740	2.110	2.567	2.898	3.646	3.965
18	1.330	1.734	2.101	2.552	2.878	3.610	3.922
19	1.328	1.729	2.093	2.539	2.861	3.579	3.883
20	1.325	1.725	2.086	2.528	2.845	3.552	3.850
21	1.323	1.721	2.080	2.518	2.831	3.505	3.792
22	1.321	1.717	2.074	2.508	2.819	3.505	3.792
23	1.319	1.714	2.069	2.500	2.807	3.485	3.767
24	1.318	1.711	2.064	2.492	2.797	3.467	3.745
25	1.316	1.708	2.060	2.485	2.787	3.450	3.725
26	1.315	1.706	2.056	2.479	2.779	3.435	3.707
27	1.314	1.703	2.052	2.473	2.771	3.421	3.690
28	1.313	1.701	2.048	2.467	2.763	3.408	3.674
29	1.311	1.699	2.045	2.462	2.756	3.396	3.659
30	1.310	1.697	2.042	2.457	2.750	3.385	3.646
40	1.303	1.684	2.021	2.423	2.704	3.307	3.551
60	1.296	1.671	2.000	2.390	2.660	3.232	3.460
120	1.289	1.658	1.980	2.358	2.617	3.160	3.373
∞	1.282	1.645	1.960	2.326	2.576	3.090	3.291

附表 4 χ^2 统计量的临界值

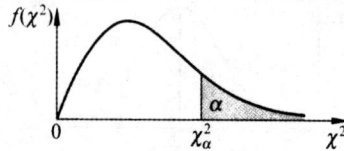

自由度	$\chi^2_{0.995}$	$\chi^2_{0.990}$	$\chi^2_{0.975}$	$\chi^2_{0.950}$	$\chi^2_{0.900}$
1	0.0000393	0.0001571	0.0009821	0.0039321	0.0157908
2	0.0100251	0.0201007	0.0506356	0.102587	0.210720
3	0.0717212	0.114832	0.215795	0.351846	0.584375
4	0.206990	0.297110	0.484419	0.710721	1.063623
5	0.411740	0.554300	0.831211	1.145476	1.61031
6	0.675727	0.872085	1.237347	1.63539	2.20413
7	0.989265	1.239043	1.68987	2.16735	2.83311
8	1.344419	1.646482	2.17973	2.73264	3.48954
9	1.734926	2.087912	2.70039	3.32511	4.16816
10	2.15585	2.55821	3.24697	3.94030	4.86518
11	2.60321	3.05347	3.81575	4.57481	5.57779
12	3.07382	3.57056	4.40379	5.22603	6.30380
13	3.56503	4.10691	5.00874	5.89186	7.04150
14	4.07468	4.66043	5.62872	6.57063	7.78953
15	4.60094	5.22935	6.26214	7.26094	8.54675
16	5.14224	5.81221	6.90766	7.96164	9.31223
17	5.69724	6.40776	7.56418	8.67176	10.0852
18	6.26481	7.01491	8.23075	9.39046	10.8649
19	6.84398	7.63273	8.90655	10.1170	11.6509
20	7.43386	8.26040	9.59083	10.8508	12.4426
21	8.03366	8.89720	10.28293	11.5913	13.2396
22	8.64272	9.54249	10.9823	12.3380	14.0415
23	9.26042	10.19567	11.6885	13.0905	14.8479
24	9.88623	10.8564	12.4011	13.8484	15.6587
25	10.5197	11.5240	13.1197	14.6114	16.4734
26	11.1603	12.1981	13.8439	15.3791	17.2919
27	11.8076	12.8786	14.5733	16.1513	18.1138
28	12.4613	13.5648	15.3079	16.9279	18.9392
29	13.1211	14.2565	16.0471	17.7083	19.7677
30	13.7867	14.9535	16.7908	18.4926	20.5992
40	20.7065	22.1643	24.4331	26.5093	29.0505
50	27.9907	29.7067	32.3574	34.7642	37.6886
60	35.5346	37.4848	40.4817	43.1879	46.4589
70	43.2752	45.4418	18.7576	51.7393	55.3290
80	51.1720	53.5400	57.1532	60.3915	64.2778
90	59.1963	61.7541	65.6466	69.1260	73.2912
100	67.3276	70.0648	74.2219	77.9295	82.3581
150	109.142	112.668	117.985	122.692	128.275
200	152.241	156.432	162.728	168.279	174.835
300	240.663	245.972	253.912	260.878	269.068
400	330.903	337.155	346.482	354.641	364.207
500	422.303	429.388	439.936	449.147	459.926

续表

自由度	$\chi^2_{0.100}$	$\chi^2_{0.050}$	$\chi^2_{0.025}$	$\chi^2_{0.010}$	$\chi^2_{0.005}$
1	2.70554	3.84146	5.02389	6.63490	7.87944
2	4.60517	5.99147	7.37776	9.21034	10.5966
3	6.25139	7.81473	9.34840	11.3449	12.8381
4	7.77944	9.48773	11.1433	13.2767	14.8602
5	9.23635	11.0705	12.8325	15.0863	16.7496
6	10.6446	12.5916	14.4494	16.8119	18.5476
7	12.0170	14.0671	16.0128	18.4753	20.2777
8	13.3616	15.5073	17.5346	20.0902	21.9550
9	14.6837	16.9190	19.0228	21.6660	23.5893
10	15.9871	18.3070	20.4831	23.2093	25.1882
11	17.2750	19.6751	21.9200	24.7250	26.7569
12	18.5494	21.0261	23.3367	26.2170	28.2995
13	19.8119	22.3621	24.7356	27.6883	29.8194
14	21.0642	23.6848	26.1190	29.1413	31.3193
15	22.3072	24.9958	27.4884	30.5779	32.8013
16	23.5418	26.2962	28.8454	31.9999	34.2672
17	24.7690	27.5871	30.1910	33.4087	35.7185
18	25.9894	28.8693	31.5264	34.8053	37.1564
19	27.2036	30.1435	35.8523	36.1908	38.5822
20	28.4120	31.4104	34.1696	37.5662	39.9968
21	29.6151	32.6705	35.4789	38.9321	41.4010
22	30.8133	33.9244	36.7807	40.2894	42.7956
23	32.0069	35.1725	38.0757	41.6384	44.1813
24	33.1963	36.4151	39.3641	42.9798	45.5585
25	34.3816	37.6525	40.6465	44.3141	46.9278
26	36.5631	38.8852	41.9232	45.6417	48.2899
27	36.7412	40.1133	43.1944	46.9630	49.6449
28	37.9159	41.3372	44.4607	48.2782	50.9933
29	39.0875	42.5569	45.7222	49.5879	52.3356
30	40.2560	43.7729	46.9792	50.8922	53.6720
40	51.8050	55.7585	59.3417	63.6907	66.7659
50	63.1671	67.5048	71.4202	76.1539	79.4900
60	74.3970	79.0819	83.2976	88.3794	91.9517
70	85.5271	90.5312	95.0231	100.425	104.215
80	96.5782	101.879	106.629	112.329	116.321
90	107.565	113.145	118.136	124.116	128.299
100	118.498	124.342	129.561	135.807	140.169
150	172.581	179.581	185.800	193.208	198.360
200	226.021	233.994	241.058	249.445	255.264
300	331.789	341.395	349.874	359.906	366.844
400	436.649	447.632	457.306	468.724	479.606
500	540.930	553.127	563.852	576.493	585.207

资料来源：Thompson CM. Tables of the Percentage Points of the χ^2-Distribution. Biometrika, 1941,32：188-189. Reproduced by permission of the Biometrika trustees.

附表 5　F 统计量的临界值

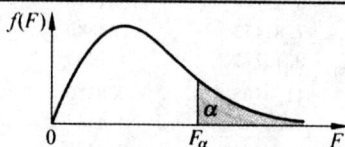

$F_{0.10}$

v_2 \ v_1	分子自由度								
	1	2	3	4	5	6	7	8	9
1	39.86	49.50	53.59	55.83	57.24	58.20	58.91	59.44	59.86
2	8.53	9.00	9.16	9.24	9.29	9.33	9.35	9.37	9.38
3	5.54	5.46	5.39	5.34	5.31	5.28	5.27	5.25	5.24
4	4.54	4.32	4.19	4.11	4.05	4.01	3.98	3.95	3.94
5	4.06	3.78	3.62	3.52	3.45	3.40	3.37	3.34	3.32
6	3.78	3.46	3.29	3.18	3.11	3.05	3.01	2.98	2.96
7	3.59	3.26	3.07	2.96	2.88	2.83	2.78	2.75	2.72
8	3.46	3.11	2.92	2.81	2.73	2.67	2.62	2.59	2.56
9	3.36	3.01	2.81	2.69	2.61	2.55	2.51	2.47	2.44
10	3.29	2.92	2.73	2.61	2.52	2.46	2.41	2.38	2.35
11	3.23	2.86	2.66	2.54	2.45	2.39	2.34	2.30	2.27
12	3.18	2.81	2.61	2.48	2.39	2.33	2.28	2.24	2.21
13	3.14	2.76	2.56	2.43	2.35	2.28	2.23	2.20	2.16
14	3.10	2.73	2.52	2.39	2.31	2.24	2.19	2.15	2.12
15	3.07	2.70	2.49	2.36	2.27	2.21	2.16	2.12	2.09
16	3.05	2.67	2.46	2.33	2.24	2.18	2.13	2.09	2.06
17	3.03	2.64	2.44	2.31	2.22	2.15	2.10	2.06	2.03
18	3.01	2.62	2.42	2.29	2.20	2.13	2.08	2.04	2.00
19	2.99	2.61	2.40	2.27	2.18	2.11	2.06	2.02	1.98
20	2.97	2.59	2.38	2.25	2.16	2.09	2.04	2.00	1.96
21	2.96	2.57	2.36	2.23	2.14	2.08	2.02	1.98	1.95
22	2.95	2.56	2.35	2.22	2.13	2.06	2.01	1.97	1.93
23	2.94	2.55	2.34	2.21	2.11	2.05	1.99	1.95	1.92
24	2.93	2.54	2.33	2.19	2.10	2.04	1.98	1.94	1.91
25	2.92	2.53	2.32	2.18	2.09	2.02	1.97	1.93	1.89
26	2.91	2.52	2.31	2.17	2.08	2.01	1.96	1.92	1.88
27	2.90	2.51	2.30	2.17	2.07	2.00	1.95	1.91	1.87
28	2.89	2.50	2.29	2.16	2.06	2.00	1.94	1.90	1.87
29	2.89	2.50	2.28	2.15	2.06	1.99	1.93	1.89	1.86
30	2.88	2.49	2.28	2.14	2.05	1.98	1.93	1.88	1.85
40	2.84	2.44	2.23	2.09	2.00	1.93	1.87	1.83	1.79
60	2.79	2.39	2.18	2.04	1.95	1.87	1.82	1.77	1.74
120	2.75	2.35	2.13	1.99	1.90	1.82	1.77	1.72	1.68
∞	2.71	2.30	2.08	1.94	1.85	1.77	1.72	1.67	1.63

分母自由度

续表

v_2 \ v_1	分子自由度									
	10	12	15	20	24	30	40	60	120	∞
1	60.19	60.71	61.22	61.74	62.00	62.26	62.53	62.79	63.06	63.33
2	9.39	9.41	9.42	9.44	9.45	9.46	9.47	9.47	9.48	9.49
3	5.23	5.22	5.20	5.18	5.18	5.17	5.16	5.15	5.14	5.13
4	3.92	3.90	3.87	3.84	3.83	3.82	3.80	3.79	3.78	3.76
5	3.30	3.27	3.24	3.21	3.19	3.17	3.16	3.14	3.12	3.10
6	2.94	2.90	2.87	2.84	2.82	2.80	2.78	2.76	2.74	2.72
7	2.70	2.67	2.63	2.59	2.58	2.56	2.54	2.51	2.49	2.47
8	2.54	2.50	2.46	2.42	2.40	2.38	2.36	2.34	2.32	2.29
9	2.42	2.38	2.34	2.30	2.28	2.25	2.23	2.21	2.18	2.16
10	2.32	2.28	2.24	2.20	2.18	2.16	2.13	2.11	2.08	2.06
11	2.25	2.21	2.17	2.12	2.10	2.08	2.05	2.03	2.00	1.97
12	2.19	2.15	2.10	2.06	2.04	2.01	1.99	1.96	1.93	1.90
13	2.14	2.10	2.05	2.01	1.98	1.96	1.93	1.90	1.88	1.85
14	2.10	2.05	2.01	1.96	1.94	1.91	1.89	1.86	1.83	1.80
15	2.06	2.02	1.97	1.92	1.90	1.87	1.85	1.82	1.79	1.76
16	2.03	1.99	1.94	1.89	1.87	1.84	1.81	1.78	1.75	1.72
17	2.00	1.96	1.91	1.86	1.84	1.81	1.78	1.75	1.72	1.69
18	1.98	1.93	1.89	1.84	1.81	1.78	1.75	1.72	1.69	1.66
19	1.96	1.91	1.86	1.81	1.79	1.76	1.73	1.70	1.67	1.63
20	1.94	1.89	1.84	1.79	1.77	1.74	1.71	1.68	1.64	1.61
21	1.92	1.87	1.83	1.78	1.75	1.72	1.69	1.66	1.62	1.59
22	1.90	1.86	1.81	1.76	1.73	1.70	1.67	1.64	1.60	1.57
23	1.89	1.84	1.80	1.74	1.72	1.69	1.66	1.62	1.59	1.55
24	1.88	1.83	1.78	1.73	1.70	1.67	1.64	1.61	1.57	1.53
25	1.87	1.82	1.77	1.72	1.69	1.66	1.63	1.59	1.56	1.52
26	1.86	1.81	1.76	1.71	1.68	1.65	1.61	1.58	1.54	1.50
27	1.85	1.80	1.75	1.70	1.67	1.64	1.60	1.57	1.53	1.49
28	1.84	1.79	1.74	1.69	1.66	1.63	1.59	1.56	1.52	1.48
29	1.83	1.78	1.73	1.68	1.65	1.62	1.58	1.55	1.51	1.47
30	1.82	1.77	1.72	1.67	1.64	1.61	1.57	1.54	1.50	1.46
40	1.76	1.71	1.66	1.61	1.57	1.54	1.51	1.47	1.42	1.38
60	1.71	1.66	1.60	1.54	1.51	1.48	1.44	1.40	1.35	1.29
120	1.65	1.60	1.55	1.48	1.45	1.41	1.37	1.32	1.26	1.19
∞	1.60	1.55	1.49	1.42	1.38	1.34	1.30	1.24	1.17	1.00

左侧纵列标题为「分母自由度」。

资料来源：Merrington M，Thompson CM. Tables of Percentage Points of the inverted Beta(F)-Distribution. Biometrika，1943，33：73-88. Reproduced by permission of the Biometrika trustees.

$F_{0.05}$ v_1	分子自由度								
v_2	1	2	3	4	5	6	7	8	9
1	161.4	199.5	215.7	224.6	230.2	234.0	236.8	238.9	240.5
2	18.51	19.00	19.16	19.25	19.30	19.33	19.35	19.37	19.38
3	10.13	9.55	9.28	9.12	9.01	8.94	8.89	8.85	8.81
4	7.71	6.94	6.59	6.39	6.26	6.16	6.09	6.04	6.00
5	6.61	5.79	5.41	5.19	5.05	4.95	4.88	4.82	4.77
6	5.99	5.14	4.76	4.53	4.39	4.28	4.21	4.15	4.10
7	5.59	4.74	4.35	4.12	3.97	3.87	3.79	3.73	3.68
8	5.32	4.46	4.07	3.84	3.69	3.58	3.50	3.44	3.39
9	5.12	4.26	3.86	3.63	3.48	3.37	3.29	3.23	3.18
10	4.96	4.10	3.71	3.48	3.33	3.22	3.14	3.07	3.02
11	4.84	3.98	3.59	3.36	3.20	3.09	3.01	2.95	2.90
12	4.75	3.89	3.49	3.26	3.11	3.00	2.91	2.85	2.80
13	4.67	3.81	3.41	3.18	3.03	2.92	2.83	2.77	2.71
14	4.60	3.74	3.34	3.11	2.96	2.85	2.76	2.70	2.65
15	4.54	3.68	3.29	3.06	2.90	2.79	2.71	2.64	2.59
16	4.49	3.63	3.24	3.01	2.85	2.74	2.66	2.59	2.54
17	4.45	3.59	3.20	2.96	2.81	2.70	2.61	2.55	2.49
18	4.41	3.55	3.16	2.93	2.77	2.66	2.58	2.51	2.46
19	4.38	3.52	3.13	2.90	2.74	2.63	2.54	2.48	2.42
20	4.35	3.49	3.10	2.87	2.71	2.60	2.51	2.45	2.39
21	4.32	3.47	3.07	2.84	2.68	2.57	2.49	2.42	2.37
22	4.30	3.44	3.05	2.82	2.66	2.55	2.46	2.40	2.34
23	4.28	3.42	3.03	2.80	2.64	2.53	2.44	2.37	2.32
24	4.26	3.40	3.01	2.78	2.62	2.51	2.42	2.36	2.30
25	4.24	3.39	2.99	2.76	2.60	2.49	2.40	2.34	2.28
26	4.23	3.37	2.98	2.74	2.59	2.47	2.39	2.32	2.27
27	4.21	3.35	2.96	2.73	2.57	2.46	2.37	2.31	2.25
28	4.20	3.34	2.95	2.71	2.56	2.45	2.36	2.29	2.24
29	4.18	3.33	2.93	2.70	2.55	2.43	2.35	2.28	2.22
30	4.17	3.32	2.92	2.69	2.53	2.42	2.33	2.27	2.21
40	4.08	3.23	2.84	2.61	2.45	2.34	2.25	2.18	2.12
60	4.00	3.15	2.76	2.53	2.37	2.25	2.17	2.10	2.04
120	3.92	3.07	2.68	2.45	2.29	2.17	2.09	2.02	1.96
∞	3.84	3.00	2.60	2.37	2.21	2.10	2.01	1.94	1.88

分母自由度

续表

v_1	分子自由度									
v_2	10	12	15	20	24	30	40	60	120	∞
1	241.9	243.9	245.9	248.0	249.1	250.1	251.1	252.2	253.3	254.3
2	19.40	19.41	19.43	19.45	19.45	19.46	19.47	19.48	19.49	19.50
3	8.79	8.74	8.70	8.66	8.64	8.62	8.59	8.57	8.55	8.53
4	5.96	5.91	5.86	5.80	5.77	5.75	5.72	5.69	5.66	5.63
5	4.74	4.68	4.62	4.56	4.53	4.50	4.46	4.43	4.40	4.36
6	4.06	4.00	3.94	3.87	3.84	3.81	3.77	3.74	3.70	3.67
7	3.64	3.57	3.51	3.44	3.41	3.38	3.34	3.30	3.27	3.23
8	3.35	3.28	3.22	3.15	3.12	3.08	3.04	3.01	2.97	2.93
9	3.14	3.07	3.01	2.94	2.90	2.86	2.83	2.79	2.75	2.71
10	2.98	2.91	2.85	2.77	2.74	2.70	2.66	2.62	2.58	2.54
11	2.85	2.79	2.72	2.65	2.61	2.57	2.53	2.49	2.45	2.40
12	2.75	2.69	2.62	2.54	2.51	2.47	2.43	2.38	2.34	2.30
13	2.67	2.60	2.53	2.46	2.42	2.38	2.34	2.30	2.25	2.21
14	2.60	2.53	2.46	2.39	2.35	2.31	2.27	2.22	2.18	2.13
15	2.54	2.48	2.40	2.33	2.29	2.25	2.20	2.16	2.11	2.07
16	2.49	2.42	2.35	2.28	2.24	2.19	2.15	2.11	2.06	2.01
17	2.45	2.38	2.31	2.23	2.19	2.15	2.10	2.06	2.01	1.96
18	2.41	2.34	2.27	2.19	2.15	2.11	2.06	2.02	1.97	1.92
19	2.38	2.31	2.23	2.16	2.11	2.07	2.03	1.98	1.93	1.88
20	2.35	2.28	2.20	2.12	2.08	2.04	1.99	1.95	1.90	1.84
21	2.32	2.25	2.18	2.10	2.05	2.01	1.96	1.92	1.87	1.81
22	2.30	2.23	2.15	2.07	2.03	1.98	1.94	1.89	1.84	1.78
23	2.27	2.20	2.13	2.05	2.01	1.96	1.91	1.86	1.81	1.76
24	2.25	2.18	2.11	2.03	1.98	1.94	1.89	1.84	1.79	1.73
25	2.24	2.16	2.09	2.01	1.96	1.92	1.87	1.82	1.77	1.71
26	2.22	2.15	2.07	1.99	1.95	1.90	1.85	1.80	1.75	1.69
27	2.20	2.13	2.06	1.97	1.93	1.88	1.84	1.79	1.73	1.67
28	2.19	2.12	2.04	1.96	1.91	1.87	1.82	1.77	1.71	1.65
29	2.81	2.10	2.03	1.94	1.90	1.85	1.81	1.75	1.70	1.64
30	2.16	2.09	2.01	1.93	1.89	1.84	1.79	1.74	1.68	1.62
40	2.08	2.00	1.92	1.84	1.79	1.74	1.69	1.64	1.58	1.51
60	1.99	1.92	1.84	1.75	1.70	1.65	1.59	1.53	1.47	1.39
120	1.91	1.83	1.75	1.66	1.61	1.55	1.50	1.43	1.35	1.25
∞	1.83	1.75	1.67	1.57	1.52	1.46	1.39	1.32	1.22	1.00

（左侧纵向标注：分母自由度）

资料来源：Merrington M，Thompson CM. Tables of Percentage Points of the inverted Beta(F)-Distribution. Biometrika，1943,33：73-88. Reproduced by permission of the Biometrika trustees.

$F_{0.025}$

v_2	v_1	分子自由度								
		1	2	3	4	5	6	7	8	9
	1	647.8	799.5	864.2	899.6	921.8	937.1	948.2	956.7	963.3
	2	38.51	39.00	39.17	39.25	39.30	39.33	39.36	39.37	39.39
	3	17.44	16.04	15.44	15.10	14.88	14.73	14.62	14.54	14.47
	4	12.22	10.65	9.98	9.60	9.36	9.20	9.07	8.98	8.90
	5	10.01	8.43	7.76	7.39	7.15	6.98	6.85	6.76	6.68
	6	8.81	7.26	6.60	6.23	5.99	5.82	5.70	5.60	5.52
	7	8.07	6.54	5.89	5.52	5.29	5.12	4.99	4.90	4.82
	8	7.57	6.06	5.42	5.05	4.82	4.65	4.53	4.43	4.36
	9	7.21	5.71	5.08	4.72	4.48	4.32	4.20	4.10	4.03
	10	6.94	5.46	4.83	4.47	4.24	4.07	4.95	3.85	3.78
	11	6.72	5.26	4.63	4.28	4.04	3.88	3.76	3.66	3.59
	12	6.55	5.10	4.47	4.12	3.89	3.73	3.61	3.51	3.44
	13	6.41	4.97	4.35	4.00	3.77	3.60	3.48	3.39	3.31
	14	6.30	4.86	4.24	3.89	3.66	3.50	3.38	3.29	3.21
分母自由度	15	6.20	4.77	4.15	3.80	3.58	3.41	3.29	3.20	3.12
	16	6.12	4.69	4.08	3.73	3.50	3.34	3.22	3.12	3.05
	17	6.04	4.62	4.01	3.66	3.44	3.28	3.16	3.06	2.98
	18	5.98	4.56	3.95	3.61	3.38	3.22	3.10	3.01	2.93
	19	5.92	4.51	3.90	3.56	3.33	3.17	3.05	2.96	2.88
	20	5.87	4.46	3.86	3.51	3.29	3.13	3.01	2.91	2.84
	21	5.83	4.42	3.82	3.48	3.25	3.09	2.97	2.87	2.80
	22	5.79	4.38	3.78	3.44	3.22	3.05	2.93	2.84	2.76
	23	5.75	4.35	3.75	3.41	3.18	3.02	2.90	2.81	2.73
	24	5.72	4.32	3.72	3.38	3.15	2.99	2.87	2.78	2.70
	25	5.69	4.29	3.69	3.35	3.13	2.97	2.85	2.75	2.68
	26	5.66	4.27	3.67	3.33	3.10	2.94	2.82	2.73	2.65
	27	5.63	4.24	3.65	3.31	3.08	2.92	2.82	2.71	2.63
	28	5.61	4.22	3.63	3.29	3.06	2.90	2.78	2.69	2.61
	29	5.59	4.20	3.61	3.27	3.04	2.88	2.76	2.67	2.59
	30	5.57	4.18	3.59	3.25	3.03	2.87	2.75	2.65	2.57
	40	5.42	4.05	3.46	3.13	2.90	2.74	2.62	2.53	2.45
	60	5.29	3.93	3.34	3.01	2.79	2.63	2.51	2.41	2.33
	120	5.15	3.80	3.23	2.89	2.67	2.52	2.39	2.30	2.22
	∞	5.02	3.69	3.12	2.79	2.57	2.41	2.29	2.19	2.11

续表

v_2 \ v_1	分子自由度								
	10	12	15	20	24	30	40	60	120
1	968.6	976.7	984.9	993.1	997.2	1001	1006	1010	1014
2	39.40	39.41	39.43	39.45	39.46	39.46	39.47	39.48	39.49
3	14.42	14.34	14.25	14.17	14.12	14.08	14.04	13.99	13.95
4	8.84	8.75	8.66	8.56	8.51	8.46	8.41	8.36	8.31
5	6.62	6.52	6.43	6.33	6.28	6.23	6.18	6.12	6.07
6	5.46	5.37	5.27	5.17	5.12	5.07	5.01	4.96	4.90
7	4.76	4.67	4.57	4.47	4.42	4.36	4.31	4.25	4.20
8	4.30	4.20	4.10	4.00	3.95	3.89	3.84	3.78	3.73
9	3.96	3.87	3.77	3.67	3.61	3.56	3.51	3.45	3.39
10	3.72	3.62	3.52	3.42	3.37	3.31	3.26	3.20	3.14
11	3.53	3.43	3.33	3.23	3.17	3.12	3.06	3.00	2.94
12	3.37	3.28	3.18	3.07	3.02	2.96	2.91	2.85	2.79
13	3.25	3.15	3.05	2.95	2.89	2.84	2.78	2.72	2.66
14	3.15	3.05	2.95	2.84	2.79	2.73	2.67	2.61	2.55
15	3.06	2.96	2.86	2.76	2.70	2.64	2.59	2.52	2.46
16	2.99	2.89	2.79	2.68	2.63	2.57	2.51	2.45	2.38
17	2.92	2.82	2.72	2.62	2.56	2.50	2.44	2.38	2.32
18	2.87	2.77	2.67	2.56	2.50	2.44	2.38	2.32	2.26
19	2.82	2.72	2.62	2.51	2.45	2.39	2.33	2.27	2.20
20	2.77	2.68	2.57	2.46	2.41	2.35	2.29	2.22	2.16
21	2.73	2.64	2.53	2.42	2.37	2.31	2.25	2.18	2.11
22	2.70	2.60	2.50	2.39	2.33	2.27	2.21	2.14	2.08
23	2.67	2.57	2.47	2.36	2.30	2.24	2.18	2.11	2.04
24	2.64	2.54	2.44	2.33	2.27	2.21	2.15	2.08	2.01
25	2.61	2.51	2.41	2.30	2.24	2.18	2.12	2.05	1.98
26	2.59	2.49	2.39	2.28	2.22	2.16	2.09	2.03	1.95
27	2.57	2.47	2.36	2.25	2.19	2.13	2.07	2.00	1.93
28	2.55	2.45	2.34	2.23	2.17	2.11	2.05	1.98	1.91
29	2.53	2.43	2.32	2.21	2.15	2.09	2.03	1.96	1.89
30	2.51	2.41	2.31	2.20	2.14	2.07	2.01	1.94	1.87
40	2.39	2.29	2.18	2.07	2.01	1.94	1.88	1.80	1.72
50	2.27	2.17	2.06	1.94	1.88	1.82	1.74	1.67	1.58
120	2.16	2.05	1.94	1.82	1.76	1.69	1.61	1.53	1.43
∞	2.05	1.94	1.83	1.71	1.64	1.57	1.48	1.39	1.27

（分母自由度 v_2）

续表

$F_{0.01}$	v_1				分子自由度				
v_2		1	2	3	4	5	6	7	8	9
	1	4052	4999.5	5403	5625	5764	5859	5982	5928	6022
	2	98.50	99.00	99.17	99.25	99.30	99.33	99.36	99.37	99.39
	3	34.12	30.82	29.46	28.71	28.24	27.91	27.67	27.49	27.35
	4	21.20	18.00	16.69	15.98	15.52	15.21	14.98	14.80	14.66
	5	16.26	13.27	12.06	11.39	10.97	10.67	10.46	10.29	10.16
	7	12.25	9.55	8.45	7.85	7.46	7.19	6.99	6.84	6.72
	8	11.26	8.65	7.59	7.01	6.03	6.37	6.18	6.03	5.91
	9	10.56	8.02	6.99	6.42	6.06	5.80	5.61	5.47	5.35
	10	10.04	7.56	6.55	5.99	5.64	5.39	5.20	5.06	4.94
	11	9.65	7.21	6.22	5.67	5.32	5.07	4.89	4.74	4.63
	12	9.33	6.93	5.95	5.41	5.06	4.82	4.64	4.50	4.39
	13	9.07	6.70	5.74	5.21	4.86	4.62	4.44	4.30	4.19
	14	9.86	6.51	5.56	5.04	4.69	4.46	4.28	4.14	4.03
	15	8.68	6.36	5.42	4.89	4.56	4.32	4.14	4.00	3.89
分	16	8.53	6.23	5.29	4.77	4.44	4.20	4.03	3.89	3.78
母	17	8.40	6.11	5.18	4.67	4.34	4.10	3.93	3.79	3.68
自	18	8.29	6.01	5.09	4.58	4.25	4.01	3.84	3.71	3.60
由	19	8.18	5.93	5.01	4.50	4.17	3.94	3.77	3.63	3.52
度	20	8.10	4.85	4.94	4.43	4.10	3.87	3.70	3.56	3.46
	21	8.02	5.78	4.87	4.37	4.04	3.81	3.64	3.51	3.40
	22	7.95	5.72	4.82	4.31	3.99	3.76	3.59	3.45	3.35
	23	7.88	5.66	4.76	4.26	3.94	3.71	3.54	3.41	3.30
	24	7.82	5.61	4.72	4.22	3.90	3.67	3.50	3.36	3.26
	25	7.77	5.57	4.68	4.18	3.85	3.63	3.46	3.32	3.22
	26	7.72	5.53	4.64	4.14	3.82	3.59	3.42	3.29	3.18
	27	7.68	5.49	4.60	4.11	3.78	3.56	3.39	3.26	3.15
	28	7.64	5.45	4.57	4.07	3.75	3.53	3.36	3.23	3.12
	29	7.60	5.42	4.54	4.04	3.73	3.50	3.33	3.20	3.09
	30	7.56	5.39	4.51	4.02	3.70	3.47	3.40	3.17	3.07
	40	7.31	5.18	4.31	3.83	3.51	3.29	3.12	2.99	2.89
	60	7.08	4.98	4.13	3.65	3.34	4.12	2.95	2.82	2.72
	120	6.85	4.79	3.95	3.48	3.17	2.96	2.79	2.66	2.56
	∞	6.63	4.61	3.78	3.32	3.02	2.80	2.64	2.51	2.41

续表

v_2 \ v_1	分子自由度									
	10	12	15	20	24	30	40	60	120	∞
1	6056	6106	6157	6209	6235	6261	6287	6313	6339	6366
2	99.40	99.42	99.43	99.45	99.46	99.47	99.47	99.48	99.49	99.50
3	27.23	27.05	26.87	26.29	26.60	26.50	26.41	26.32	26.22	26.13
4	14.55	14.37	14.20	14.02	13.93	13.84	13.75	13.65	13.56	13.46
5	10.05	9.89	9.72	9.55	9.47	9.38	9.29	9.20	9.11	9.02
6	7.87	7.72	7.56	7.40	7.31	7.23	7.14	7.06	6.97	6.88
7	6.62	6.47	6.31	6.16	6.07	5.99	5.91	5.82	5.74	5.65
8	5.81	5.67	5.52	5.36	5.28	5.20	5.12	5.03	4.95	4.86
9	5.26	5.11	4.96	4.81	4.73	4.65	4.57	4.48	4.40	4.31
10	4.85	4.71	4.56	4.41	4.33	4.25	4.17	4.08	4.00	3.91
11	4.54	4.40	4.25	4.10	4.02	3.94	3.86	3.78	3.69	3.60
12	4.30	4.16	4.01	3.86	3.78	3.70	3.62	3.54	3.45	3.36
13	4.10	3.96	3.82	3.66	3.59	3.51	3.43	3.34	3.25	3.17
14	3.94	3.80	3.66	3.51	3.43	3.35	3.27	3.18	3.09	3.00
15	3.80	3.67	3.52	3.37	3.29	3.21	3.13	3.05	2.96	2.87
16	3.69	3.55	3.41	3.26	3.18	3.10	3.02	2.93	2.84	2.75
17	3.59	3.46	3.31	3.16	3.08	3.00	2.92	2.83	2.75	2.65
18	3.51	3.37	3.23	3.08	3.00	2.92	2.84	2.75	2.66	2.57
19	3.43	3.30	3.15	3.00	2.92	2.84	2.76	2.67	2.58	2.49
20	3.37	3.23	3.09	2.94	2.86	2.78	2.69	2.61	2.52	2.42
21	3.31	3.17	3.09	2.88	2.80	2.72	2.64	2.55	2.46	2.36
22	3.26	3.12	2.98	2.83	2.75	2.67	2.58	2.50	2.40	2.31
23	3.21	3.07	2.93	2.78	2.70	2.62	2.54	2.45	2.35	2.26
24	3.17	3.03	2.89	2.74	2.66	2.58	2.49	2.40	2.31	2.21
25	3.13	2.99	2.85	2.70	2.62	2.54	2.45	2.36	2.27	2.17
26	3.09	2.96	2.81	2.66	2.58	2.50	2.42	2.33	2.23	2.13
27	3.06	2.93	2.78	2.63	2.55	2.47	2.38	2.29	2.20	2.10
28	3.03	2.90	2.75	2.60	2.52	2.44	2.35	2.26	2.17	2.06
29	3.00	2.87	2.73	2.57	2.49	2.41	2.33	2.23	2.14	2.03
30	2.98	2.84	2.70	2.55	2.47	2.39	2.30	2.21	2.11	2.01
40	2.80	2.66	2.52	2.37	2.29	2.20	2.11	2.02	1.92	1.80
60	2.63	2.50	2.35	2.20	2.12	2.03	1.94	1.84	1.73	1.60
120	2.47	2.34	2.19	2.03	1.95	1.86	1.76	1.66	1.53	1.38
∞	2.32	2.18	2.04	1.88	1.79	1.70	1.59	1.47	1.32	1.00

（分母自由度 = v_2）

附表 6　秩和检验表

表中列出了秩和下限及秩和上限的值

α=0.05								α=0.025							
n_1	n_2	$T_1(\alpha)$	$T_2(\alpha)$	n_1	n_2	$T_1(\alpha)$	$T_2(\alpha)$	n_1	n_2	$T_1(\alpha)$	$T_2(\alpha)$	n_1	n_2	$T_1(\alpha)$	$T_2(\alpha)$
2	4	3	11	5	5	19	36	2	6	3	15	5	6	19	41
2	5	3	13	5	6	20	40	2	7	3	17	5	7	20	45
2	6	4	14	5	7	22	43	2	8	3	19	5	8	21	49
2	7	4	16	5	8	23	47	2	9	3	21	5	9	22	53
2	8	4	18	5	9	25	50	2	10	4	22	5	10	24	56
2	9	4	20	5	10	26	54	3	4	6	18	6	6	26	52
2	10	5	21	6	6	28	50	3	5	6	21	6	7	28	56
3	3	6	15	6	7	30	54	3	6	7	23	6	8	29	61
3	4	7	17	6	8	32	58	3	7	8	25	6	9	31	65
3	5	7	20	6	9	33	63	3	8	8	28	6	10	33	69
3	6	8	22	6	10	35	67	3	9	9	30	7	7	37	68
3	7	9	24	7	7	39	66	3	10	9	33	7	8	39	73
3	8	9	27	7	8	41	71	4	4	11	25	7	10	43	83
3	9	10	29	7	9	43	76	4	5	12	28	8	8	49	87
3	10	11	31	7	10	46	80	4	6	12	32	8	9	51	93
4	4	12	24	8	8	52	84	4	7	13	35	8	10	54	98
4	5	13	27	8	9	54	90	4	8	14	38	9	9	63	108
4	6	14	30	8	10	57	95	4	9	15	41	9	10	66	114
4	7	15	33	9	9	66	105	4	10	16	44	10	10	79	131
4	8	16	36	9	10	69	111	5	5	18	37				
4	9	17	39	10	10	93	127								
4	10	18	42												

参 考 文 献

[1] 米子川．统计软件方法．北京：中国统计出版社，2002

[2] 李莉，胡本田．统计学概率．北京：中国商业出版社，2001

[3] 宋文力，胡波．统计学教程．北京：经济管理出版社，2001

[4] 李洁明，祁新娥．统计学原理．上海：复旦大学出版社，2001

[5] 黄良文，曾五一，统计学原理．北京：中国统计出版社，2003

[6] 吴可杰，邢西治．统计学原理．南京：南京大学出版社，2001

[7] 耿修林．商务经济统计学．北京：科学出版社，2003

[8] 曲绍仲．统计学教程．北京：经济科学出版社，2001

[9] 刘汉良．统计学教程．上海：上海财经大学出版社，2002

[10] 王维国．计量经济学．大连：东北财经大学出版社，2002

[11] 王美今．经济预测与决策．厦门：厦门大学出版社，1997

[12] 何晓群．现代统计分析方法与应用．北京：中国人民大学出版社，1998

[13] 钱伯海，黄良文．统计学．成都：四川人民出版社，1992

[14] 陈共．财政学．第二版．北京：中国人民大学出版社，2000

[15] 邓子基，邱华炳．财政学．北京：高等教育出版社，2000

[16] 储敏伟，杨君昌．财政学．北京：高等教育出版社，2000

[17] 张康琴，曹梅颐．外国经济统计分析概论．北京：北京大学出版社，1989

[18] 钱伯海等．国民经济统计学．北京：中国统计出版社，2000

[19] 王怀伟等．统计学教程．北京：清华大学出版社，2004

[20] 邱东等．国民经济核算．北京：经济科学出版社，2002

[21] 王文博．统计学．西安：西安交通大学出版社，2005

[22] 徐锡平．金融统计．北京：中国金融出版社，2003

[23] 杜金富．货币与金融统计学．北京：中国金融出版社，2003

[24] 刘红梅，王克强等．金融统计学．上海：上海财经大学出版社，2005

[25] 高敏雪，许健，周景博．资源环境统计．北京：中国统计出版社，2004

[26] 国家环境保护总局规划与财务司．环境统计概论．北京：中国环境科学出版社，2001

[27] 蔡保森．环境统计．武汉：武汉理工大学出版社，2004

[28] 刘利兰等．贸易统计及其分析．北京：当代世界出版社，1998

[29] 丁立宏．贸易统计学．北京：北京经济学院出版社，1996

[30] S. 伯恩斯坦，R. 伯恩斯坦．统计学原理（上）——描述性统计学与概率．北京：科学出版社，2002

[31] S. 伯恩斯坦，R. 伯恩斯坦．统计学原理（下）——推断性统计学．北京：科学出版社．2002

[32] V. F. 夏普．社会科学统计学．北京：科学技术出版社，1990

[33] P. H. 卡梅尔，M. 波拉赛克．应用经济统计学．北京：中国统计出版社，1988

[34] David Freedman. 统计学．北京：中国统计出版社，1988

[35] W. W. 丹尼尔，J. C. 特勒．经营管理统计学．北京：中国商业出版社，1984